チェーザレ・ベッカリーア

犯罪と刑罰

[増補新装版]

小谷眞男 [訳]

Cesare Beccaria

Dei delitti e delle pene

東京大学出版会

Dei delitti e delle pene
(quinta edizione, 1766)
[nuova edizione accresciuta]
By Cesare Beccaria
Translation by Masao KOTANI
University of Tokyo Press, 2024
ISBN 978-4-13-033207-1

犯罪と刑罰——目　次

凡　例

＊ 本書は、Cesare Beccaria, *Dei delitti e delle pene* の全訳である。底本としては、原著第五版系統にもとづいて編集された『国民版チェーザレ・ベッカリーア全集　第一巻　犯罪と刑罰』所収の校訂版テキスト（Cesare Beccaria, Dei delitti e delle pene, in *Edizione nazionale delle opere di Cesare Beccaria*, vol. 1: *Dei delitti e delle pene*, a cura di Gianni Francioni con le edizioni italiane del《Dei delitti e delle pene》di Luigi Firpo, Milano, Mediobanca, 1984, pp. 15-129）を用いた。

＊ 翻訳に際しては、以下のイタリア語各版および各国語訳も適宜参照した（日本語訳については、「訳者解説」の一八八一一八九頁に挙げた（a）～（f）を参照）。

〔イタリア語版〕

Dei delitti e delle pene; Consulte criminali, introduzione e note di G. Armani, Milano, Garzanti, 1987.

Dei delitti e delle pene, prefazione di S. Rodotà, a cura di A. Burgio, Milano, Feltrinelli, 1991.

Dei delitti e delle pene, prefazione di A. D'Orsi, a cura di G. Carnazzi, Roma, Rizzoli, 2010.

〔フランス語訳〕

Des délits et des peines, préface de R. Badinter, traduction par M. Chevallier, Paris, Flammarion, 1991.

Des délits et des peines; Dei delitti e delle pene, introduction, traduction et notes de P. Audegean, texte italien établi par G. Francioni, Lyon, ENS, 2009.

〔英語訳〕

On Crimes and Punishments, translated from the Italian in the author's original order, with notes and introduction by D. Young, Indianapolis (IN), Hackett, 1986.

On crimes and punishments: fifth edition, translation, annotations, and introduction by G. R. Newman and P. Marongiu, New Brunswick (NJ), Transaction, 2009.

〔ドイツ語訳〕

Über Verbrechen und Strafen, nach der Ausgabe von 1766 übersetzt und herausgegeben von W. Alff, Frankfurt am Main, Insel, 1966.

＊　傍点は、原文のイタリックを示す。

＊　原注は、本文の段落が切れたところに配した。

＊　原文では改行していないが、訳者の判断で適宜改行した箇所がある。

＊　本文中の〔　〕内は、読者の理解を助けるために訳者が補った部分である。

＊　文意の補足的な解釈、関連する歴史的出来事の紹介、そしてベッカリーアが執筆に当たって直接参考にしたと推定される古典的文献の挙示などのために、適宜訳注を付した。

＊　本書が底本とした全集版テキストは、ベッカリーア自身による原著第五版がそうであったことに忠実にならって、第三版における加筆挿入部分を〈　〉の記号で、また第五版における加筆挿入部分を《　》の記号でそれぞれ囲むことによって、初版・第三版・第五版と、どのようにテキストが増補されていったかを表示している。しかし、本翻訳では、煩雑を避けるため、本文中における当該表示はすべて省略し、とくに重要な意味があると思われる場合にのみ訳注でその点を示す程度にとどめた。

引用文献一覧

訳注において引用した主な文献の略号と基本的な書誌情報は以下の通りである。引用に際しては、邦訳がある文献の場合は、以下に掲げた訳書の頁数などを示した。邦訳がない文献の場合は、以下に掲げた刊本にもとづいて、原著の頁数などを示した。

〔ベッカリーア自身の著作〕

＊ *EN1*

Edizione nazionale delle opere di Cesare Beccaria, vol. 1: *Dei delitti e delle pene*, a cura di G. Francioni con le edizioni italiane del《Dei delitti e delle pene》di L. Firpo, Milano, Mediobanca, 1984：『国民版チェーザレ・ベッカリーア全集　第一巻　犯罪と刑罰』（本書の底本である『犯罪と刑罰』の校訂版テキストのほか、同書の初版下書き原稿テキスト、初版本テキスト、編者解説、イタリア語版各種エディションの網羅的リストなどを収録）

＊ *EN2*

Edizione nazionale delle opere di Cesare Beccaria, vol. 2: *Scritti filosofici e letterari*, a cura di L. Firpo, G. Francioni e G. Gaspari, Milano, Mediobanca, 1984：『国民版チェーザレ・ベッカリーア全集　第二巻　哲学・文学』（『イル・カッフェ』誌に掲載されたベッカリーアの論考七本、『文体の性質をめぐる研究』、「ベーコン抜き書きノート」、文学・哲学にかかわるその他の断片的文章などを収録）

＊ *Ricerche intorno alla natura dello stile*

C. Beccaria, *Ricerche intorno alla natura dello stile*, 1770（a cura di G. Gaspari, in *EN2*, pp. 63-206）：ベッカリーア『文体の性質をめぐる研究』（邦訳なし）

＊『公共経済の諸要素』

C. Beccaria, *Elementi di economia pubblica*, 1804：ベッカリーア（三上禮次訳）『公共経済の諸要素』九州大学出版会、一九九七年

〔ベッカリーア以前および同時期の文献〕

＊*De dignitate et augmentis scientiarum*

F. Bacon, *De dignitate et augmentis scientiarum*, 1623（in J. Spedding et al., eds., *The Works of Francis Bacon*, London, 1858, vol. I）：ベーコン『学問の尊厳と進歩』（一六二三年ラテン語版。邦訳なし）

＊『戦争と平和の法』

H. Grotius, *De iure belli ac pacis*, 1625：グローチウス（一又正雄訳）『戦争と平和の法』（I～III）巌松堂、一九五〇年

＊『市民論』

T. Hobbes, *De Cive*, 1642：ホッブズ（本田裕志訳）『市民論』京都大学学術出版会、二〇〇八年

＊『リヴァイアサン』

T. Hobbes, *Leviathan*, 1651：ホッブズ（水田洋訳）『リヴァイアサン』（I～IV）岩波文庫、一九九二年

＊『パンセ』

B. Pascal, *Pensées*, 1670：パスカル（前田陽一・由木康訳）『パンセ』（前田陽一責任編集『世界の名著24　パスカル』中央公論社、一九六六年、所収）

＊『市民政府論』

J. Locke, *Two Treatises of Government*, 1690：ロック（鵜飼信成訳）『市民政府論』岩波文庫、一九六八年

＊『ペルシア人の手紙』

Montesquieu, *Lettres persanes*, Amsterdam, 1721：モンテスキュー（井田進也訳）『ペルシア人の手紙』（井上幸治責任編集『世界の名著28　モンテスキュー』中央公論社、一九七二年、所収）

＊『法の精神』

Montesquieu, *De l'esprit des lois*, Genève, 1748：モンテスキュー（野田良之ほか訳）『法の精神』（上・中・下）岩波文庫、一九八九年

＊『人間不平等起原論』

J. J. Rousseau, *Discours sur l'origine et les fondements de l'inégalité parmi les hommes*, 1755：ルソー（本田喜代治・平岡昇訳）『人間不平等起原論』岩波文庫、一九五七年

＊『社会契約論』

J. J. Rousseau, *Du contrat social*, 1762：ルソー（桑原武夫・前川貞次郎訳）『社会契約論』岩波文庫、一九五四年

＊Helvétius, *De l'esprit*

C. A. Helvétius, *De l'esprit*, Paris, 1758（Fayard, 1988）：エルヴェシウス『精神論』（邦訳なし）

＊『哲学辞典』

Voltaire, *Dictionnaire philosophique portatif*, 1764：ヴォルテール（高橋安光訳）『哲学辞典』法政大学出版局、一九八八年

＊*Orazione panegirica sulla giurisprudenza milanese*

P. Verri, *Orazione panegirica sulla giurisprudenza milanese*, 1763（in P. Verri, *Osservazioni sulla tortura*, a cura di G. Barbarisi, Serra e Riva, 1985, pp. 121-144）：P・ヴェッリ「ミラノの司法についての礼賛演説」（邦

訳なし）

＊*Il Caffè*

《*Il Caffè*》, 1764-1766（a cura di G. Francioni e S. Romagnoli, Bollati Boringhieri, 1998）：『イル・カッフェ』（邦訳なし）

〔ベッカリーア以後の文献〕

＊*Osservazioni sulla tortura*

P. Verri, *Osservazioni sulla tortura*, 1804（Serra e Riva, 1985）：P・ヴェッリ『拷問論』（邦訳なし）

＊『人倫の形而上学』

I. Kant, *Die Metaphysik der Sitten*, 1797：カント（加藤新平・三島淑臣訳）『人倫の形而上学〈法論〉』（野田又夫責任編集『世界の名著32　カント』中央公論社、一九七二年、所収）

＊『監獄の誕生』

M. Foucault, *Surveiller et punir: naissance de la prison*, Gallimard, 1975：M・フーコー（田村俶訳）『監獄の誕生——監視と処罰』新潮社、一九七七年

犯罪と刑罰

一筋縄ではいかない難しいことがらに取組む場合においては、その難事が何であっても、種を蒔くと同時に収穫を刈り入れるなどということが期待されるべきではない。必要なのは、じっくり準備を整えることである。そのようにすることによって、徐々に事態もまた熟していくであろう。

（F・ベーコン『随筆集〔一六三八年ラテン語版〕』第45章「交渉について」）

この本を読む人へ

　今から一二〇〇年ほど前、コンスタンティノープルに君臨した一人の帝王〔＝ユスティニアヌス帝のこと〕によって、ある古代の征服民が遺した法律〔＝ローマ法のこと〕の残骸を編纂する事業がおこなわれた。のちに、それは、ロンゴバルド族の慣習と混ぜこぜにされ、さらに有象無象《うぞうむぞう》の注釈者たちがめいめい勝手に書き散らした寄せ集め的な巻き物の山のなかに吸い込まれていった。ヨーロッパの大部分においては、このような遺物を「法律」という名で呼ぶ伝統がなお健在である。そして嘆かわしいことだが、どこでも、カルプツォフ[1]の説、クラーロ[2]によって示された古くからのしきたり、ファリナッチョ[3]がいまいましくなるような得意顔で考案した拷問などが、いまだに「法律」とみなされているのだ。姿勢を正して人々の生命と財産を守っていかなければならない人々が、このような「法律」に唯々諾々と盲従しているのだ。

　こういった法律は、野蛮きわまる時代の残りカスである。この本は、そのなかでも刑事法体系にかかわる部分にメスを入れようとするものである。そして、無知蒙昧で忍耐心に欠ける人々を喜ばせるような通俗的な文体ではなく、むしろ公共の幸福の問題にたずさわる人々に向けて、それらの法律の無秩序なさまをあえて白日のもとにさらす。本書は、純粋な真実探究の成果であり、社会通念に縛られることなく書かれている。このようなことができたのは、ひとえに、開明的で寛容な現政府[4]のもとで、この本の著者である私が生きているおかげである。われわれを統治している人間性を尊ぶ偉大な君主たちは、熱意に満ちているが決して狂信的ではないような名もない哲学者によって解き明かされる真理こそを大切にしてくれるだろう。そのような哲学者を忌み嫌うのは、理性の世界に入ることを拒絶された結果、力や策略にしがみついて事に当たろうとする連中だけである。そして、ここで示された法律の無秩序なさまは、それをよく理解してもらえたならば、過去の時代に対する諷刺であり非難であって、決してわれわれの時代や現在の立法者たちに対する諷刺や非難ではないということを納得してもらえるだろう。

したがって光栄にもこの本を批判してくださるという人にお願いしたいのは、それが誰であっても、まずはこの仕事のめざしているところを正しく理解することから始めていただきたいということである。正統な権威をおとしめるというような意図は私にはさらさらない。もしも人々のあいだで、力よりも言論のほうがより強いものであって、そしてまた、寛容と人間性こそが権威を正当化するものだと誰の目にも映るのであれば、むしろ私の仕事は正統な権威を高めることに役立つはずである。この本〔の初版〕に対して発せられた悪意ある批判は、諸概念の混乱にもとづく。だから私としては、ここで聡明なる読者に対する論述をしばし中断し、変革を恐れるあまりの激昂から生ずる誤りや、悪質な妬みから生ずる中傷を、永久かつ完璧に封じ込めておかねばならない。

人々を律する道徳と政治の原理(5)は、三つの源から発している。すなわち、神の啓示、自然法(6)、社会についての人為的な協約(7)、である。むろん啓示と、自然法・社会的協約とは、〔神による人間の救済という〕究極目的との関係においては、比べものにならない。しかし、死すべき運命を生きる人間を幸福に導くという意味では、この三つはお互いに似通っている。そして本書が社会的協約に関することがらを考察の対象にしているからといって、啓示や自然法における諸関係を否定しているわけではない。いや、むしろ啓示や自然法は、それらが神聖で不変のものであるにもかかわらず、偽りの宗教だとか、あるいはまた人がでたらめに決めた美徳と悪徳に関する観念だとか、そういった人間自身の誤りによって、人々の腐った精神のなかで何千通りにも姿かたちを変えさせられてしまっている。だからこそ、啓示や自然法についての考察とは切り離して、共通の必要と利益のために現実に取り結ばれた協約であれ、仮に想定された協約であれ、人間同士の協約から生ずる諸問題だけを純粋に検討する必要があるように思われるのである。あらゆる宗派もあらゆる道徳体系も、この考え方にはすべからく同調してしかるべきであろう。そして、人間たちを〔自然状態から〕社会生活へと押し出す原理に、頑迷な人々や神を信じようとしない人々をも従わせようとする努力は、つねに賞賛されるべき取り組みであろう。

以上のことから、美徳と悪徳にも区別できる三つのレベルがあることが分かる。すなわち、宗教的レベル、自然的レベル、政治的〔＝社会的というほどの意。以下同様〕レベル、がそれである。これら三つのレベルは決して互いに矛盾してはいないが、あるレベルから生ずる結論や義務のすべてが必ずしもほかのレベルからも同じように引き出されるとは限らないのである。啓示が求めることのすべてを、自然法が求めるわけではないし、自然法が求めることのすべてを、純然たる社会の法律が求めるわけではない。だからこそ、この協約、すなわち現実に取り結ばれた、あるいは暗黙の、人間同士の協定(8)から生ずる諸問題だけを取り上げることはこのうえなく重要なのである。というのは、社会的協約は、至高の存在からの特別なお告げなどとは無関係に、人間同士の関係に正当に行使されうる権力をどのように限界づけるかという点にのみかかわっているからである。したがって、政治的な徳の観念は、可変的なものといってさしつかえない。それに対して自然的な徳の観念は、もしも人々の無理解や情念によって混濁させられることさえなければ、本来はいつも澄み切っていて明瞭なはずである。また、宗教的な徳の観念は、つねにひとつであり一定である。なぜなら、それは神によって直接明らかにされ、神によって保たれているからである。

だから、ある人がもっぱら社会的協約とそこから生ずる結果について語っているときに、その人が自然法や啓示について語っていないからといって、「自然法や啓示に反する諸原理を述べている」とその人を非難することは誤りであろう。また、ある人が「社会状態の前には戦争状態があった」と書いているとしても、その人が戦争状態をホッブズ的な意味あいで、つまり人を拘束する〔社会状態に〕先立つ義務など何もない状態と想定している、と決めつけることは誤りであろう。その反対に、戦争状態は、人間的本性の堕落と、はっきりと定められた制裁とが欠けていることによって生じる、という事実をその人が指し示そうとしているにすぎないと考えることもできるはずである。いずれにせよ、ある人がもっぱら社会的協定から生ずる諸問題について考察しているときに、協定そのものに先立つ状態を認めないという罪でその人を告発することは誤りであろう。

神の正義と自然の正義は、本質的に不変であり一定である。なぜなら、ふたつの同じ対象のあいだの〔絶対的〕関係はいつも同じだからである。しかし人間の正義、言いかえれば政治的正義は、人間の行動とさまざまに変わりうる社会状態のなかで成り立つひとつの〔相対的〕関係でしかありえないので、その行動がその社会にとってどの程度まで必要であるか、有益であるかによってつねに変化しうる。政治的正義は、市民的結合における非常に変動の激しい複雑な諸関係を分析することなしには、容易に判断することができないものなのだ。本質的に異なるこれらの諸原理が混同されると、公共のことがらについて適切に論ずることはもはや望めなくなる。(9) 行為に内在する悪意や善意にかかわらせて正と不正との間の境界線を定めることは神学者の任務である。政治的な正と不正、すなわち社会にとって有益なことと有害なこととの間の諸関係を定めるのは公共の問題を研究する者の任務である。この仕事の結果が他方をそこなうことは決してない。なぜなら、純粋に政治的な徳など、神によって発せられた不変の徳のまえにひれ伏さねばならないことは誰の目にも明らかだからである。

したがって、繰り返しになるが、光栄にもこの本を批判してくださるという人にお願いしたいのは、それが誰であっても、私の論述のなかに道徳や宗教を破壊する諸原理があると決めてかからないようにしていただきたいということである。私が述べる諸原理はそのようなものではないということを、私は右に示した。そして私が神を信じようとしない輩であるとか謀反を扇動する不届き者であるとかいって非難するのではなく、論の運びがまずいとか政治についての理解が表面的だとかいうふうに私を批判していただきたい。人類の利益をはかろうとする〔この本のなかの〕ひとつひとつの命題にただ震えおののくのではなく、私が述べる諸原理から政治的な無駄や害悪が生ずるかもしれないのであれば、それを私に示して納得させていただきたい。そして旧来の法実務のメリットがあることを私に示していただきたい。私は、〔この本の初版に対する批判として書かれた〕『注記と考察』という書物に〔第三版で〕応答することによって、自分の信仰と自らの主君に対して恭順であることの証しを公にした。[10] 同じような非難がさらに繰り返されたとしても、それに応答することはもはや重複であろう。しかし、まっすぐな人間にふさわしい礼儀正しさと、基本的諸原理を私にもう一度説明し直させるような面倒をかけないだけの聡明さをもって本書を批判してくださる人ならば、その批評がどんな性質のものであっても、その人は、私の中にただ弁明しようとだけやっきになるような者の姿ではなく、真理をおだやかに愛する者の姿を見てとることだろう。[11]

序論

すぐれた法律は、その性質上、人々のあいだにあまねく利益をゆきわたらせるものである。少数の者たちだけに権力と富が集中し、残る大多数の者たちは不利な立場に置かれ、貧困に陥ってしまいがちな傾向に歯止めをかけるのも、すぐれた法律の役割である。それなのに、人々は、〔法律を作るという〕この最も重要な決定事項を、日々の場当たり的な思いつきや、すぐれた法律とは利益が相反する立場にあるような人たちの思いのままにゆだねて、大抵の場合そのまま放ったらかしにしてしまっている。なぜなら、人々は、生命と自由にとって最も肝腎なことがらにおいてすら、何千もの誤りを繰り返したあとでなければ、そして最悪の事態にいたるような害悪に苦しみぬき疲れ切ったあげくの果てでなければ、自分たちを身動きできなくしてしまっているこの無秩序を何とかしようという気にはなれず、明々白々な真理すらをも認めようとはしないからだ。この、真理というものは、まさにそれ自身の単純さのために、かえって通俗的な精神からはすっと逃げていってしまうものである。通俗的な精神というものは、批判することよりも伝統にしたがうことを重視するため、対象を分析することができず、ほんの断片から全体の印象を描いてしまうからである。

歴史をひもといてみよう。〔本来は〕法律がたとえ自由な人間同士の協定であったとしても、いや自由な人間同士の協定であるはずだとしても、大部分の法律は、ごくわずかな人たちの情念の道具にすぎないか、たまたま何かの必要があって場当たり的に作られたにすぎないかの、ふたつにひとつである。人間の本性を冷静に観察し批判する者によって定められた法律などほとんどない。そのような者であれば、人間たちのさまざまな言動をただ一点に、すなわち次のような観点に絞り込んで考察することであろう。すなわち、「より多くの者たちのあいだに分けられた最大の幸福」[1]という観点である。しかしほとんどの国では、人と人との結びつきと出来事の移り変わりとの緩慢な動きが、ついに最悪の事態にまで陥って、はじめてものごとが良いほうへと転換する兆候も現れてくるだろうなどと、人々はただ手をこまぬいて〔無責任に〕傍観しているだけなのである。逆に、すぐれた法律を定めて、良い方向へ移りゆく動きを力強く後押ししようとする、そんな幸せな国はほとんどない。だからこそ、人目を忍ぶ朽ち果てた書斎のすみからあえて顔を出し、長い時間をかけてようやく実を結ぶような有益な真理の種を民衆のあいだに初めて蒔いたかの勇敢な哲学者[2]は、人々の感謝を受けるだけの十分な価値があるのだ。

　哲学的真理が印刷術のおかげで広く共有されるところとなり、主権者と臣民[3]とのあいだの、また国と国とのあいだの正しい関係が知られるようになった。〔人や物の〕交流も活発になり、国と国とのあいだでは、〔本物の戦争よりも〕人間的な戦争、理性的な人間によりふさわしい、産業という見えない戦争の火ぶたが切っておとされた。これらは今世紀の光明がもたらした成果にちがいない。それにもかかわらず、残虐な刑罰や不当な刑事裁判手続きに批判をくわえ、それらと戦った者はほとんどいない。立法のなかでもこれほど肝要な部分が、ヨーロッパのほぼ全域において、ないがしろにされているのだ。何世紀にもわたって積み重ねられてきた誤りを、一般的な諸原理にまで立ち戻って否定した者がいないのはもちろん、冷酷残忍な行為を当然のごとく今にいたるまで繰り返してきた悪しき権勢の暴走に対して、これまでに認められてきた真理の力によって何とかしてブレーキをかけようとした者すらほとんどいない。しかしながら、残虐なまでの無知と救いがたい鈍感さの犠牲となった弱い者たちの呻き声、証拠のない犯罪または単なる想像上の〔社会的実害のない〕犯罪を理由に無益な苛酷さを尽くして科される野蛮きわまりない拷問の数々、囚人たちにとって最も残酷なやり方である気まぐれな死刑執行のせいでエスカレートする監獄内の悲惨と恐怖、こういった光景を目の当たりにするならば、人々の考え方を導くべき政府高官たち[4]は、とうてい平然としてはいられないはずだろう。

不滅の高等法院長官モンテスキュー[5]も、このテーマについては、駆け足で触れているにすぎない。真理の道はただひとつであるから、私もこの偉人の輝かしい足跡をたどらざるをえない。しかし、私は自分の頭で考えることができる人たちに向けてこの本を書いている。そういう人たちならば、モンテスキューの歩みから、私自身の歩みを区別することができるだろう。もし私も、モンテスキューと同じように、理性を尊ぶ控えめで穏やかな人々からひそかな感謝を受けることができるならば、そして感じやすい魂が人間性を擁護する人の言葉に感応するときの、あの甘い戦慄を私もまた読む人にふるい起こすことができるならば、ああなんと私は幸せなことだろう！

1　刑罰の起源

一人ひとりばらばらに独立した人間たちが、ひとつに統合して社会を形成するための条件、それが法律である。人間たちは、絶え間なき戦争状態のもとで生き延びるのに疲れた。確実に保持し続けていくことが望めないため、役に立たないものとなった自由を享受することに疲れたのだ。人間たちは、〔自然的に有する〕自由の一部分を犠牲として差し出す代わりに、手元に残る自由の持ち分をもっと安全かつ平穏に確保することにしたのである。このように各人の善のために差し出された自由の一部分の総和が、一国の主権を形づくる。そして主権者とは、この各人が差し出した部分的自由の、正統な受寄者(1)であり、管理者である。

しかし、この寄託関係を取り結ぶだけでは十分ではない。その寄託財産を守ること、とくに各人による私的な横領から守ることが必要である。というのは、人は、寄託財産から自分自身の差し出した分をつねに取り戻そうとするだけではなく、他人の分まで横取りし自分のものにしてしまおうとするからである。そのためには、各人の横暴な魂が、社会を成り立たせている法律をかつての混沌にふたたび沈みこめようとするのを思いとどまらせるのに十分なほどの、感覚に訴えかけるような動因(2)が必要であった。この感覚に訴えかける動因が、法律に違反する者たちに対して定められた刑罰なのである。「感覚に訴えかける動因」と私は述べた。なぜなら経験が次のことを示しているからだ。すなわち大多数の人々は、五感を直接に刺激するような動因をもってしなければ、安定した行動原理にしたがうことはないし、物理や精神の世界において観察できる散逸という普遍的な原理(3)から遠ざかることもない。感覚に訴えかける動因が絶え間なく脳裏に浮かんでくることによってはじめて、普遍的な善に相反するような個別的な情念がもたらす強烈な印象に対抗して、これを抑制できるのである。どのような雄弁も、どのような宣言も、最も崇高な真理ですら、現に目の前にある対象の生き生きとした働きかけによって掻きたてられる情念を長いあいだにわたって抑えつけておくのには十分ではないのだ。

2 刑罰権

どんな刑罰でも、絶対に必要だということでなければ、それは専制的である、と偉大なモンテスキューは言っている[1]。これをもっと一般的な命題のかたちで言い換えるなら、次のようになるだろう。すなわち、「ある人の他の人に対する行為は、それが〔正統な〕権限にもとづくいかなる行為であっても、絶対的必要性から導き出されたものではないときには、それは専制的である」と。したがって、この絶対的必要性という土台に、犯罪を処罰するという主権者の権限が基礎付けられているのだ。つまり、公の安寧秩序のために取り決められた寄託財産を特定の個人による侵害から守ることが〔絶対的に〕必要であるからこそ、主権者には犯罪を処罰する権限が認められているのである。そして、安全というものが神聖かつ不可侵であればあるほど、また主権者が臣民に対して留保する自由が大きければ大きいほど、それだけ刑罰はよりいっそう正しいものとなる[2]。いま人の心の内奥に〔刑罰権の根拠を〕たずねてみよう。そうすれば、犯罪を処罰するという主権者の真正なる権限についての基本的原理を、そこに見出すことができるだろう。というのは、もしもある政治的道徳が、消し去ることのできないような人の〔内奥の〕感情に逆らうものだったとしたら、そのようなものからは、長続きするような利益を期待することなどまったくできないだろうからである。どんな法律でも、それが人の感情に逆らうものならば、その法律はつねに逆向きの抵抗に出会い、その抵抗が結局は勝利をおさめることになるのだ。これは、たとえ微弱な力でも、もしも絶え間なく物体に作用し続けるならば、その物体に加えられるどんな激しい一撃にも勝るのと同じことである。〔人の感情という見地から考えると〕公共善のために良かれという理由で、自らの自由の一部分を無償で献上する者などいないことは明らかである。そんなファンタジーはおとぎ話のなかにしかない。われわれはみな、それぞれひとりの人間としては、他の人をも等しく拘束する協定が自分だけは拘束しなければよいのに、と思っているものだ。人は誰でも、自分を中心にして地球上のすべての結びつきをとらえているからである。〔ではなぜ人は自分の自由の一部をあえて差し出したかというと〕それじたいとしては大した増え方ではなかったにもかかわらず、人類の繁殖は人々のあいだの物資の交換をますます活発化させ、その結果人類の需要は、必要な分を満たしてくれていたはずの未開拓で不毛な自然がもたらす生活手段を、はるかに上回るようになってきたのだ。そのため、野生の人たちによる最初の連合が生じた。最初の連合体は、これに対抗するほかの連合体を必然的に生み出した。このようにして、戦争状態は、個人のレベルから、国家のレベルに移行したのである。

こういうわけで、〔社会を形成し平和を維持するためには〕人々は自らの自由の一部を譲り渡さざるをえなくなったのである。とはいえ、各人は、公の寄託に、他人にその寄託関係を守らせるのに最低必要なだけの、できるかぎり少ない量しか差し出したくはないのである[(3)]。この最少部分の供出の総計が刑罰権を形成する。その最小限度を超える分は、すべて〔刑罰権行使の〕濫用であり、正義に反する。そのような事実を見出すことはできるかもしれないが、それは法ではない。この法という言葉は、力という言葉と矛盾するものではないことに注意してもらいたい。むしろ、法は、整形された力なのである。つまり、力というものを、できるかぎり多くの者にとって最も有益な形に整えたものが、法なのである[(4)]。また、正義という言葉については、私は一人ひとりの特殊な利益を一緒にまとめておくために必要な拘束という意味でしか使っていない。もしその拘束がなければ、特殊利益は再びバラバラに分解して、かつての非社会的な状態に逆戻りしてしまうだろう。この拘束を維持するのに必要な程度を超える刑罰はすべて、その性質上、不正である。この正義という言葉に、物理的な力とか、あるいは実在するものというような、なにか現実のものごとの観念を付着させないように注意する必要がある。正義とは、人間たちについて考察するときのひとつの単純な方法にすぎない。しかし、その方法は、それぞれの人の幸福にかぎりなく大きな影響をおよぼす。ただし、神から発せられた別の種類の正義については、ここで語るつもりはない。それは死んだ後に下される罰と報いに直接かかわるものだからである。

3 いくつかの帰結

これらの諸原理から導かれる第一の帰結は次のようなものである。すなわち、法律だけがひとつひとつの犯罪に対応する刑罰を定めることができるということ。そして、この〔刑罰制定の〕権限は立法者にのみ帰属するということ。なぜなら、立法者は社会契約[1]によって統合された社会全体を代表するものだからである。それに対して、せいぜいでも社会の一員でしかない司法官は、同じ社会の誰か他のメンバーに対する刑罰を、〔法律にもとづかない〕正義の名でもって自己の判断で勝手に決めることはできない[2]。さらに法律が定める限度を超えて科された刑罰は、〔法律が定める〕正しい刑罰のうえに、〔司法官の裁量による〕もうひとつ別の刑罰を重ね加えたものとなってしまう。だから、司法官は、たとえ熱意のあまりとか公共善のためとかのどんな口実にもとづくものであっても、犯罪をおかした市民に対して、あらかじめ定められた限度以上に刑罰を重くすることはできない[3]。

第二の帰結は以下のようなものである。すなわち、もし一人ひとりのメンバーが社会に拘束されているのなら、契約というものは本来当事者双方を義務付けるものだから、社会もまた同じようにその一人ひとりのメンバーに拘束されているということ。この義務は、王宮から掘っ立て小屋までをつらぬくものであり、最も身分の高い者たちから最も身分の低い者たちまでを平等に拘束する。それは、大多数の者にとって有益な協定が順守されることが万人にとっての利益になるということ以外のなにものをも意味しない。たった一人でもその協定に違反するなら、それは無政府状態を承認することへの第一歩となるのだ。〔原注1〕社会そのものを代表する主権者は、その社会のメンバー全員を拘束するような、一般的な法律だけを作ることができる。誰かあるメンバーが社会契約に違反したかどうかについての〔個別的な〕判定を主権者がおこなうことはできない。なぜならば、もしそんなことができるという話になれば、国は、契約違反を主張する主権者によって代表される側の勢力と、契約違反を否認する訴追された側の勢力と、ふたつの勢力に分裂してしまうことになるだろうからである。したがって、第三者が事実の真相を判断することが必要となってくる。これが司法官というものを必要とする理由である。司法官の判決は上訴できないものでなければならず、単に特定の事実〔または行為〕についての肯定的判断または否定的判断のいずれかによってのみ構成されるものでなければならない。(4)

〔原注1〕「義務」という用語は、その他のどんな学問分野においてよりも、道徳の領域においてはるかによく耳にする用語のひとつである。道徳の領域で頻繁に使用される用語は、損得勘定の省略記号であって、理念の省略記号ではない。義務という言葉のなかに理念的要素を探し求めても無駄であろう。損得勘定をおこなえば、自分自身を理解することができ、ほかの人にも理解されるだろう。(5)

第三の帰結は以下のようなものである。すなわち、たとえ刑罰の残虐さがただちには公共善にも犯罪を予防するという目的そのものにも反するわけではないとしても、残虐な刑罰は、慈悲深さという美徳に反する。慈悲深さという美徳は、臆病な残酷さから永遠に逃れられない奴隷の群れよりも幸福な人たちを治めることを好む、そのような開明的理性にこそ似つかわしい。そればかりではなく、その残虐な刑罰は役に立たないということが証明されたならば、それは正義および社会契約そのものの性質にも反しているということになる。

4　法律の解釈

第四の帰結は、刑事裁判官は、立法者ではないというその同じ理由にもとづき、刑事法を解釈する権限ももちえないということである。[1] 裁判官たちは、遠いわれわれの父祖たちから、家の伝統とか、あるいは心してしたがうべき教訓を子孫に言い残す遺言のようなものとして、法律を受け取ったわけではない。そうではなく、現に生きている社会から、またその社会の代表者であり、万人の意思の現実的結論の正当な受寄者[2]としての主権者から、裁判官たちは法律を受け取っているのである。裁判官たちは法律を、旧い誓約から生ずる義務として受け取っているのではない。そのような義務は無効である。なぜなら旧い誓約によって、〔そのときには〕存在しなかった意思を拘束することはできないからである。そのような義務は不当でもある。なぜなら旧い誓約は人間たちを社会状態から単なる羊の群れへと引き戻すからである。そうではなく、裁判官たちは、現に生きている臣民たちが、意思の統合によって主権者に対しておこなった暗黙または明示の誓約の効果として、すなわち個人的な利害関心の秘められた熱情にブレーキをかけるための必要な道具として、法律を受け取るのだ。これが法律というものの物理的で現実的な威力である。ではいったい誰が法律の正当な解釈者であろうか？　万人の現実的意思の受託者である主権者か、または誰かある人が法律に反する行為をしたかどうかをチェックすることだけがその職務である裁判官だろうか？

どのような犯罪に対してであれ、裁判官は、ひとつの完全な三段論法を適用しなければならない。[3] 大前提は〔裁判官が参照する〕一般的法規でなくてはならない。小前提はその行為が法律に合致しているか否かでなくてはならない。結論は無罪放免か刑罰かでなくてはならない。しかし裁判官が〔その法律に複数の解釈が可能の場合には〕いくつかの三段論法を試しに適用せざるをえなかったり、またはそうしようと欲するのであれば、仮にその解釈の選択肢がたった二通りにすぎなかったとしても、すでに不確実性へのドアが開かれたことになるのだ。

法律の精神を参照することが必要だ、という広く知られた公理ほど危険なものはない。この公理によって堤防は決壊し、諸説の氾濫がもたらされたからである。国民のあいだに深く根をおろしている誤った諸原理のために将来生ずるであろう致命的な帰結よりも、〔法律の文言を厳格に守ることから生ずる〕目先の小さな混乱のほうに振り回されがちな通俗的精神には、〔私がここで説明しようとしている〕この真理は、ひとつのパラドックスに映るだろう。しかし、私には、これはすでに論証ずみの真理であるように思われるのである。われわれの認知の仕方と、すべての観念とは、お互いに関連しあっている。認知の仕方と観念とが複雑多様になればなるほど、そこへと至る経路も、そこから出ていく経路も多くなる。こうして、一人ひとりの人がそれぞれ自分だけの見方をもつようになる。〔それどころか〕同じ人でも、ときが変われば見方も変わるのだ。だから、法律の精神を参照する、といっても、その中身は、たかだか一人の裁判官の論理の組み立て方の良し悪しの結果、胃袋の調子の良し悪しの結果にすぎない。裁判官の情念の激しさや、被告人の弱さや、裁判官と被害者との人間関係や、人間の気まぐれな魂に作用してあらゆる対象の見かけを変えてしまうささいな力のあれこれに、裁判官の判断は左右されてしまうかもしれないのだ。それで、ある市民の運命が裁判所を移るたびに何度も転変するのを、そしてあわれな者たちの人生が、ある一人の裁判官のでたらめな理屈付けやそのときの気分の良し悪しの犠牲となるのを、われわれは見ることになる。裁判官は、正当な解釈と称して、その精神をかきまわす一連の混乱した観念によってでたらめな結論をくだす。こうしてわれわれは、同じ犯罪が同じ裁判所によって異なるときには異なる処罰を受けるのを見ることになる。こういったことはすべて、法律という確かな定まった声を聴こうとはせずに、解釈という不安定で紛らわしい声を聴くことから生ずるのである。

ある刑事法の文言を厳格に守ることから生ずる混乱など、解釈から生ずる混乱とは比べものにならないほど小さい。厳格な文理解釈に不都合があったとしても、それは一時的なものにすぎない。そのような場合、必要に応じて解釈論争を引き起すような法律の言葉を手直ししなければならないだろうが、それは決して困難なことではない。他方、法律の文言を厳格に守っていれば、金銭欲がらみで口からでまかせの言い争いを引き起こすだけの勝手な言い草を封ずることができる。文言通りに順守されねばならない定まった法典によって、市民の行為が書かれた法律に合致しているか違反しているかをチェックし、判定するという職務だけが裁判官に割り当てられるならば、そして無学な市民であれ、学ぶことを好む市民であれ、同じように万人の行動を律する正と不正についての規範が、〔解釈〕論争の対象になるのではなく、〔右に述べたような意味での〕事実問題にすぎなくなるならば、そのときは、もう民が数多くの小圧政に支配されることがなくなるときだ。〔裁判官による〕小圧政は、苦しむ者と苦しませる者とのあいだの距離が近いぶん、それだけ苛酷なものであり、たった一人の専制者による大圧政よりも致命的である。なぜなら、数多くの小圧政は、たった一人の専制者によってしか矯正することはできないだろうし、圧政の苛酷さは、専制者の力に応じてではなく、出会う抵抗の大きさに応じてひどくなるだろうからだ。

〔裁判官に法律の解釈を許さないとき、〕市民たちは、はじめて、自らの安全を手に入れることができる。それは正しいことだ。なぜなら、安全こそは、人間たちが社会に自ら従おうとする目的だからである。それは有益でもある。なぜなら、違法なことをすればどのような不都合が生ずるかを人々が正確に計算することができるようになるからである。[4] そうなれば、確かに市民たちは独立の精神を勝ち取るだろう。この独立の精神は法律をかき乱したり、崇高なる司法官たちにさからうものではない。けれども、それは、自らの私利私欲や気まぐれな思いつきに安易に身を委ねる弱さを、徳という神聖な名前であえて呼んできた者たちの言葉には、もはや従わないだろう。このような原理は、あたかも上からこうむった圧政のくびきを下へと押しつける権利があるかのようなふりをしてきたような者たちにとっては、さぞかし気に入らないことだろう。もしも圧政者の精神が読書する精神でもありうるのであれば、〔このようなことを書いてしまって大丈夫かと〕私はあれこれ心配すべきなのかもしれないが〔、まあその必要はないだろう〕。

5　分かりにくい法律

もし法律の解釈がひとつの悪であるならば、分かりにくい法律がもうひとつの悪であることは明らかである。法律が分かりにくければ、当然その解釈が必要になってくるからである。まして、もし法律が人々にとってなじみのない言語〔＝ラテン語〕で書かれていたとしたら、その法律はとんでもなく悪い法律だということになるだろう。なじみのない言語で書かれた法律だと、人々は、自らの自由を行使した結果がどうなるのか、自分たちの仲間はどうなるのかについて、自分自身では先を読むことができない。だから、〔その言語を解する〕何人かのごくわずかな人たちの言うなりになるほかなくなる。そのような分かりにくい言語は、公の場で堂々と読まれるべき書物を、限られた人たちだけの私物にしてしまうだろう。それなのに、このような事態が、教養深く光に照らされたヨーロッパのほとんどにおける根深い慣行なのだ。なんということだろう、いったいぜんたい私たちはこのような人間たちについてどう考えればいいというのだろう！　神聖な法典を手にもち、それを理解できる人たちの数が多ければ多いほど、犯罪はそれだけ少なくなるはずなのに。なぜなら、刑罰について無知だったり刑罰が不確かだったりするからこそ、情念の出番がそれだけ多くなることは疑いないからだ。

この考察から導かれることは、分かりやすく書かれた法律なしには、ひとつの社会は、ひとつの定まった政治体制を決してもちえないということである。分かりやすい法律をもつ社会においては、権力は一部の人ではなく、全員の合意の結果である。法律は、一般意思によってでない限り、改変させられることはない。そのような法律は、私的利害が狂奔する嵐のなかをくぐりぬけても、なお歪曲させられることがない。経験と理性とは、ともに次のことを示している。すなわち、人間的伝統などというものは、その起源から遠ざかれば遠ざかるほど、不確かなもの、不安定なものになっていくということである。社会的協定という明確な記念碑《モニユメント》がなかったら、時の流れと情念という不可避の力に、法律がどう抵抗できるだろうか。

ここから、印刷という技術がどれほど有益かがよく分かる。印刷技術は、神聖なる法律という寄託財産(1)を、わずかな人たちのものではなく、公のものとする。そして、理性の光と学問の広まりは、ペテンや悪だくみをめぐらす暗闇の精神を徹底的に駆逐してきた。連中は光と学問を一見すると軽蔑しているようだったが、実際には恐れていたのだ。このことこそが、ヨーロッパにおいて残虐な犯罪が減少してきた本当の理由なのである。犯罪の残虐性に、われわれの父祖たちは呻き苦しみぬいた。父祖たちは、その苦しみの末に、あるときは圧政者に、またあるときは奴隷になった。二〇〇年前、三〇〇年前の時代と今の時代とを両方知っている人は、贅沢(2)と柔和のなかから、いかにして最も優しい徳、すなわち人間性・慈善・人の過ちに対する寛容が生まれてきたかを知っているだろう。また、「古代の素朴さ」とか「信義」などと間違ってよばれている徳の結果がどんなものだったかも知っているだろう。今世紀〔＝一八世紀〕のことを、ときに堕落の世紀と非難する人たちもいるけれども、ぬきがたい迷信深さのもとで呻き苦しむ人間たち、貪欲さ、財宝箱〔＝国庫〕と王座とを血まみれにしてきた一握りの者たちの野心、ひそかな裏切り、あからさまな殺戮、平民に対する貴族のあらゆる横暴、穏やかな神に毎日のように触れるその手を血で染める福音の真理の伝道者たち〔＝異端審問〕、こういった絵図は、実は光に照らされ始めた今世紀にふさわしい産物では決してないのだ。

6　犯罪と刑罰のあいだのバランス

犯罪が起きないことは共通の利益であるが、重要なのはそれだけではない。もし、社会にとても大きな害悪をもたらす犯罪が起きる頻度がとても低ければ、それもまた共通の利益である。だから、公共善に反する程度が大きければ大きいほど、そしてまた、その犯罪へと人をそそのかす誘引力が大きければ大きいほど、そのような犯罪から人を遠ざける障害物はそれだけいっそう高くなければならない。この意味において、犯罪と刑罰とのあいだにはバランスが取れていなくてはならない。

人間の情念はいたるところで衝突を起こしているから、そこから生ずるすべての混乱を防ぐことは不可能である。そのような混乱は、人口増大と特殊利益の交錯との相乗効果で、ますます拡大している。特殊利益の交錯を、公にとって有益になるようにと、幾何学的に方向付けることはできない。政治の算術においては、数学的精度はなじまない。そこでは、確率計算でものを考える必要がある。[1] 歴史に目を転ずるならば、ある帝国の領土が拡張すればするほど、それだけその帝国の混乱が大きくなることに気がつくだろう。そして、それと反比例して国民的一体感は弱まっていく。この混乱に乗じて一人ひとりが利益をかすめとろうとするために、人を犯罪へと促す衝動はますます増大する。こうして刑罰を重くする必要性がますます高まるのだ。[2]

〔人を犯罪へと促す情念の〕この力は、重力にも似て、つねにわれわれを安楽な生活へと引きずり降ろそうとする。その力に拮抗する障害の強さだけが、その力を押しとどめうる。この力は人間の行動に影響を及ぼし、一連の混乱を引きおこす。これらの混乱した行動によって人間たちは互いに衝突し、損害を与えあう。「政治的障害物」ともよばれるべき刑罰は、その悪影響を抑止する。といっても、刑罰は、人間を混乱した行動に駆り立てる元の原因までを破壊することはない。それは、人間という存在から分かち難い、ものを感受する働きそのものだからである。むしろ立法者は、有能な建築家のようでなければならない。有能な建築家の職務とは、材料の重力という破壊的ベクトルを逆手に取り、むしろその破壊的な力を、建物を支える力と相補い協働させるようにすることにある。(3)

人間たちの結集が必要であると、すなわち私的利害に対抗するためにどうしても協定が必要であると、仮定してみよう。そうすれば、人間の行動がもたらす混乱にも段階というものがあることに気がつくであろう。その一番上のランクには、社会を直接的に破壊する混乱が位置づけられる。一番下のランクには、社会の一メンバーに対してなされたごく些細な不正行為がくる。この両端のあいだのどこかに、公共善に反するすべての行動がおさまる。これらすべてを犯罪とよぶ。およそすべての〔犯罪〕行為は、〔人の感覚では〕とうてい識別できないほど精密な度数にしたがって、最高ランクから最低ランクへとだんだん弱くなっていく段階のどこかに位置付けることができるはずだ。もしもあいまいで理解し難い人間の行動を幾何学の適用によって厳密にランク付けできるのであれば、刑罰に照応するひとつの尺度も手に入れることができるだろう。それは、最も重い刑罰から最も軽い刑罰までだんだんと下がっていく尺度のはずである。しかし、賢明な立法者に対しては、ここでは主要なポイントだけ示してみせれば十分であろう。要は、序列を乱さないようにすることである。最も重い犯罪に対して最も軽い刑罰を科すというような、そういう法律ではいけないということである。もしも刑罰と犯罪についての正確かつ普遍的な尺度を手にすることができたら、われわれはいろいろな国々がどの程度まで専制的か、自由か、あるいはどの程度まで無慈悲か、人間的か、についての度合いをはかることができる、利用可能性の高い共通の尺度をもつことになるだろう。

上で述べた上限と下限とのあいだにおさまらない行為は、それがなんであっても、「犯罪」とよぶことはできないし、犯罪として処罰することもできない。もっとも、その行為をあえて犯罪とよぶことに何がしかの利益を見出す人たちは話が別である。実際、この上限と下限とが一定でないため、諸国において立法と矛盾する道徳が生み出されてきた。あるいは、複数の現行法がお互いに食い違っているという問題をもたらしている。最も聡明な人たちを最も過酷な刑罰にさらすような法律が乱立する一方で、「悪徳」と「美徳」の名称が気まぐれに入れ替わって道徳の存在そのものが危うくなっている。そのことによってまた、政治体〔＝ここでは「社会」とほぼ同義〕にとって致命的な無気力と昏睡とが広まっている。

諸国の規範集とその年代記を哲学者の眼で吟味すれば、誰でも、ほとんどつねに悪徳と美徳の名称が、あるいは善き市民と罪人の名称が、ときの移りかわりとともに転変交替していることに気がつくだろう。しかも、その転変は、諸国のおかれた状況に応じて、共通の利益につねに合致するようにとの考えから生じているのでは必ずしもない。そうではなく、数々の立法者たちを次々と突き動かした情念や誤りの結果にすぎないのだ。ある時代の情念は、しばしば未来の時代のモラルの基礎となることを人は見出すだろう。時間というものは、すべての物理現象と精神現象を均衡状態に還元していくが、狂信と熱狂の娘である赤裸々な情念も、時間とともに弱まっていき、いうなれば時間によってむしばまれていく。そして、それはだんだんと新時代の分別となり、強い立場にある者や機敏な者の手の中の有益な道具となっていく。こんなふうにして、名誉と徳という、きわめてあいまいな概念が生まれてきたのだ。なぜあいまいかといえば、時間とともにその中身は変わっていくからだ。そして時間は、中身はともかく、名前だけはそのまま生き残らせるのである。また、名誉とか徳とかは、川や山を越えると、その中身もまた変わってしまう。川とか山とかは、物理的な意味だけではなく、人文的な意味における地理においてもまた、たいていはものごとの境界線となるのだ。(4)

もしも快楽と苦痛とが感覚的存在の原動力だとすれば、そして、人を最も崇高なおこないに押し出す動因のなかにすら、見えざる立法者〔＝神〕によって定められていた賞罰があるのだとすれば、刑罰が正確に按配されないことから生ずる矛盾は、考察されることこそ少ないかもしれないが、実は至るところで大問題を引き起こしているに違いないのである。その矛盾の最たるものは、刑罰〔の不適切な設定の仕方〕が〔新たな〕犯罪を誘発し、その犯罪に対してまた同じ刑罰が科される、といった類いの悪循環である。たとえば、社会に与える実害の程度が異なるふたつの犯罪に対して、もしも同じ刑罰が科される決まりになっていたとすればどうだろうか。より重大な犯罪によって、より大きな利益が得られるのだとしたら、より重大な犯罪に対しては、より高い障害物が設置されなければいけないはずなのに、決してそのようにはみなされないだろう(5)。

7　刑罰の尺度についての誤り

ここまでの考察から、私は次のように主張してよいだろう。すなわち、犯罪の重さを測定する唯一にして真の尺度は、国民〔＝社会〕に対してその犯罪がどの程度の実害を与えたかということであって、その犯罪をおかした者の意図を尺度とする考え方は間違っている、と。(1) なぜなら犯罪者の意図は、そのとき目前にある対象物について抱く心象とかそれまでの精神状態とかによって左右される。そういった心象とか精神状態とかは、頭のなかに次々浮かんでは消えるもろもろの想念や情念、うつりかわりゆく周囲の状況に応じて、万人にとってそれぞれ異なり、また同じひとりの人間においても刻々変化する。したがって、ただ単に市民一人ひとり専用の法典がひとつひとつ必要となるだけではなく、あらゆる犯罪行為ひとつひとつについて、いちいち新しい法律をひとつひとつ作らなければならなくなってしまう。ときに人間は、最良の意図をもちながら社会にとっては最悪のことをしでかし、またときには、極悪のことをなそうとする意思をもちながら社会にとって最良の貢献をしてしまうものなのである。

また、犯罪を測定するのに、その犯罪が公共善にとってどの程度の重大な損害を与えたかということよりも、侵害を受けた側の地位の高さのほうを重くみるべきだ、という人たちもいる。もしもこれが犯罪の真の尺度だとしたら、至上の存在〔＝神〕に対するどんな不敬なおこないでも君主の暗殺より酷《むご》い処罰に値するということになってしまうだろう。というのも、神は、その性質上、絶対的優位にあるので、この二つの侵害行為の間の距離は無限大で永遠にこれを埋めつくすことができないほどだからである。

最後に、罪深さの度合いが犯罪の尺度に含められるべきだと考える人たちもいる。人間と人間とのあいだ、また人間と神とのあいだの真の関係について虚心に吟味する者は、この考え方が偽りであることをすぐに見抜くだろう。人間と人間とのあいだの関係は平等の関係である。情念の衝突や利害の不一致に対処するために、ただ必要だったからという理由のみによって、共通の効用という観念が生じ、これが人間的正義の基礎となったのである。人間と神とのあいだの関係は、完全なる存在かつ創造主に人間が従属するという関係である。神は立法者であり同時に裁判官であるという権利を自分自身に対してだけ保持した。なぜなら、神だけが両者を兼ねても差し支えのない存在だからである。もし全能の神自らが、神に従順でないものに対する永遠の処罰を定めたのだとしたら、いまさら神の正義をあえて補おうとする虫けらがいったいどこにいようか？　自ら十分充足している存在、対象物から快楽や苦痛のどんな印象をも受けとることのない存在、すべての存在のなかで唯一反作用なしに作動できる存在のために、あえてその敵を討ちとろうとする虫けらがいったいどこにいようか？　罪深さの度合いは、心の奥底の推し測りがたい悪の問題である。それは有限の存在たる人間にとっては、神の啓示なしには、とうてい知りえないものである。だとすれば、罪深さの度合いを、どうやって犯罪を処罰するための規範に組み込むことができるだろうか。そんなことをしたら、神ならばお許しになられるであろうような行為を人間たちが処罰し、神ならば処罰されるだろう行為を人間が許すというようなことにもなりかねない。もしも人間が全能の神を侵害することによって神に反する存在でありうるのだとすれば、罪深さに関して間違った処罰を下すことによって神に反するということもありうるのだ。[2]

8　犯罪の分類

われわれは、犯罪の重さを測定する真の尺度が、その犯罪が社会に与えた損害の度合いであることを確認した。これはもう手に取るように分かる真理のひとつであって、それを発見するためには、何も四分儀〔＝天体の測量や航海などに用いられた観測機器。象限儀〕や望遠鏡などいらず、平均的知性を備えていればそれで十分のはずである。したがって、いつの時代でもどの国でも、このような類いの明白な真理を確かな自信をもって表明しているのが、ほんのわずかな考え深い人たちだけであるという事態は、驚くべき偶然の重なりの結果であるしかないように思われる。ところが実際は、アジア的〔＝ここでは専制主義的という意味〕な通念や、権威と権力をまとって強められた情念の働きが、たいていは無分別な衝動によって、まれには人間というものは臆病で迷信深いものだという乱暴なイメージを作り上げることによって、生まれたばかりの社会における始原の哲学を形づくっていた単純明快な概念を、世の中から追い払ってしまったのだ。しかし、今世紀の啓蒙の光が、幾何学的な証明に裏打ちされたきわめて確かな足取りで、われわれを苦しめ、邪魔するものを取り払って、ふたたびその始原の哲学にわれわれを立ち帰らせてくれているように見える。

さて、ここで順序として、さまざまな種類の犯罪を区別し、それぞれの犯罪を処罰するやり方を検討してみることにしよう。もっとも、時と場所と状況に応じて犯罪と刑罰の性質も多様に変化しうるので、ここでその膨大な枝葉のすみずみまでを羅列するのは消耗であろう。私としては、最も一般的な諸原理と、最も致命的な悪弊とを指摘すれば、それで十分だと思う。なぜなら、それを示しただけでも、一方では自由というものの愛し方を取り違えているために無秩序状態を引き起こそうと欲している者たちに、他方では人間たちを修道院のような規則ずくめに押し込めたがっている者たちに、それぞれが陥っている誤りを気付かせることができるであろうからである。

ある犯罪は、社会または社会の代表者を直接的に侵害する。べつの犯罪は、市民個人の私的な安全、つまりその生命・財産・名誉を侵害する。さらにその他の犯罪は、公共善という見地から法律が各人にそれをなすように義務付けていること、あるいはそれをなさないように禁止していることに、あえて違反する[1]。一番目の種類の犯罪は、最も重大な犯罪である。より大きな損害を社会にもたらすからである。これを大逆罪[2]と人はよんできた。しかるに、もろもろの用語と明快な観念とに混乱をもたらす専制と無知だけが、性質の異なるほかの犯罪にもこの大逆罪という名称をあたえ、したがってまた最も重い刑罰を科すのだ。そして、このようにして人間を、ほかの幾千もの場合と同じように、ひとつの言葉の犠牲にしてしまうのである。あらゆる犯罪は、たとえそれじたいは私的なものであっても、確かに社会に損害を与える。しかし、あらゆる犯罪が、直接的に社会を破壊しようとするわけではないのだ。すべての自然の作用と同様に、人間の精神の活動範囲も、肉体的活動の場合と同じく、時間的にも空間的にもさまざまな意味で制約されている。しかし、奴隷の哲学ともいうべき屁理屈に満ちた法律解釈だけが、永遠の真理によって明確に区別されたこの動かしがたい関係を混同してしまうのである。

この最も重大な犯罪の次に、一人ひとりの個人の安全をおびやかす犯罪がつづく。あらゆる正当な集合体の主要目的が各個人の私的安全だったのだから、市民一人ひとりが勝ち得た安全への権利の侵害に対しては、相当重い刑罰のうちのどれかを、法律の定めによって割り当てなければならない。

市民一人ひとりが、法律に触れないすべての行為を、その行為じたいによって生じうる不都合以外は何の心配もなしに安心しておこなうことができるという見解こそは、人々によって信奉されるべき、そして法律の品行方正な守護者たる至高の統治者たち(3)によって宣言されるべき、政治的教理である。これは神聖な教理であり、それなしには正当な社会は成り立ちえない。なぜなら、〔右のような意味での法のもとでの行動の自由は、〕あらゆる感覚的な存在に共通の、すべてのものごとについて好きなようにふるまうという行動、ただ自らの体力の限界によってのみ制約されうる行動の自由を、人間たちが〔社会契約を取り結ぶ際に部分的に〕犠牲にしたことの正当な代償だからである(4)。

この教理は、自由で活動的な魂と、明るく輝く精神をはぐくむ。運命を自分の力で切り開く強さを人間に与える。これは恐怖に屈服することがないという徳である。先行きの知れない不確かな運命に身をゆだねて辛抱するような者にのみふさわしい、「長いものには巻かれろ」的な小賢しさのことを言っているのではない。以上から、市民の安全と自由をおびやかす行為は、相当に重い犯罪のひとつである。このカテゴリーには、平民に属する人たちによる殺人や窃盗だけではなく、有力貴族(5)や高級官吏によってなされる同様の行為も含まれる。有力貴族や高級官吏による行為の影響力は、広い範囲にわたって大きな力で作用し、民のあいだに存在する正義と義務の観念を破壊し、それらを強い立場にある人の権能という観念にとってかえてしまう。強者の権能というこの観念は、この権能を行使する人にとっても、それに服する人にとっても、たいへん危険なものである。

9　名誉について

市民法と名誉とよばれる法とのあいだには、いちじるしい矛盾がある。[1] 市民法が市民一人ひとりの身体と財産についてのほかの何よりも用心深い守護者であるのに対して、名誉とよばれる法は世評を気にかける。この名誉という言葉は、繰り返し取り上げられて長々と論じられてきたテーマのひとつであるが、結局それについてしっかりと定まった考え方は何ひとつ作られていない。

人間精神のおかれている状況の何とあわれなことだろうか！　天体の運行というような、それほど重要とも思えないこの世離れしたことが、もっと身近で切実な精神的概念よりも、的確に認識され提示されているのだ。対照的に、精神的概念ときたら、情念の嵐に翻弄され、仕組まれた無知の世界に迷い込み、そこから抜け出すことができない。つねに右へ左へと揺れ動き、混乱をきわめている。しかし、目を近づけすぎると物体がかえってよく見えなくなるのと同じように、精神に関する諸観念があまりにも身近なために、本来は単純明快なその構成要素はすぐに混ざり合ってごちゃごちゃになってしまうのだ。人間の心情がどのような動き方をするかについてを幾何学的に観察しようとする際に必要なものごとの区別も、すぐにあいまいになってしまうのだ。このように考えるならば、さきほどの見かけ上の謎〔＝天文学の発達と人間の心に関する学問の未確立という対比〕は消えてなくなるだろう。そして、人間にかかわるものごとを虚心に探究する者にとっては、それはなおさら全く驚くべきことではないだろう。そのような者は、人間がただ安心して幸福に暮らしていくためには、あれやこれやとうるさく言われている徳目だの義務だのは、ひょっとして必要ないのではないかと疑いはじめているだろうからである。

さて、この名誉というやつ、確かにそう単純な観念ではない。それは単純な観念が組み合わさっただけでなく、もともと複雑な諸観念がさらに複合的に組み合わさったものだからである。その複雑な諸観念は、精神の多様な側面において、名誉の観念を構成するさまざまな要素を、受入れたり、斥けたりする。だから、その複雑な諸観念は、〔名誉の観念を構成する諸要素のなかで〕ほんのわずかな、いくつかの観念だけを、共通に有しているにすぎない。それはあたかも代数におけるいくつかの複合数がひとつの公約数をもつのと同じようなものである。そこで、人々が名誉という名称のもとに形成する多様な諸観念のあいだに公約数を見つけるためには、社会の形成プロセスについてあらためてざっと振り返ってみることが必要となる。すなわち、原初の法律と原初の司法官は、人間同士の力ずくの支配という混乱状態を収拾する必要性から生まれた。これが社会の設立目的であった。そして、この第一の目的こそは、実質を伴っていたにせよ見かけ上にすぎなかったにせよ、すべての法典の冒頭につねに掲げられていた。たとえ、それがどんな破滅的な法典であったとしても例外はなかったのである。しかし人間たちが互いに接近し、その知識が進歩するにつれて、限りなく多種多様の関係と欲求とが生じ、さらに相乗効果でそれらはお互いに増え続けた。その多様化のプロセスに、法律の規定はつねに遅れを取り続けた。そのため、一人ひとりの実力がものをいう場面がしばしば生じた。このとき、世間の評判というものの専制が始まったのである。一人ひとりの実力がものをいう場面では、世間の評判だけが自らの利益を他人から勝ち取り、他人による自らへの侵害をはねのける唯一の手段だったからである。その点に関しては、法律の規定だけでは不十分だったのだ。

ところで世評というものは、賢人をも俗人をも悩ませる。というのは、世評は、徳そのものよりも徳の見かけに重きをおくからである。世評は、極悪人をも宣教師のようにする。なぜなら、極悪人ですらそこに

〔＝宣教師というような良き世評を得ることに〕自らの利益を見出すからである。したがって、人並みのレベルより下に転落しないためには、世間に認めてもらうことが、単に有益という以上に、むしろ不可欠なものとなった。だから、もし野心家が世評を勝ち取ることを自分に有利だと考え、見栄っ張りは自らが価値ある者であるという証しとして世間に認めてもらうことを乞い願うとすれば、名誉ある人〔＝一人前の市民として社会的に認められている人〕が世評を不可欠のものとして必要とすることはあきらかである。このように名誉こそは、大多数の人々が自らの存在の必要条件としているものなのである。それは社会の形成のあとに生まれたものであるから、共通の寄託財産[2]として管理するというわけにもいかない。いやそれどころか、名誉が問題になる状態というのは、自然状態への一時的な回帰であるともいえる。どういうことかというと、この場合、法律は市民を満足には守ることができないのだから、自らの人格を一時的にそのような法律の保護の枠外に置く〔＝自然状態に戻る〕ほかはないからである。[3]

したがってまた、究極の政治的自由においても、逆に究極の従属においても、名誉の観念は消えてなくなるか、または、ほかの観念と完全に融合してしまう。なぜなら、極限的な政治的自由〔が保障されている状態〕においては、法律の専制[4]が確立しているので、ことさらに他人に認めてもらおうという努力は不要となるからである。また、極限的な従属においては、人間による専制が成立しているので、市民としての存在は否定されて、各個人は単にその場その場の気まぐれでもてあそばれるにすぎない、はかない存在と化しているからである〔ので名誉の観念は不要となる〕。だから、名誉は、〔極端な自由も極端な従属もなく、法律によって一定の制限を受けるような〕和らげられた専制主義の一種である、君主制の基本原理のひとつなのである。そして名誉は、専制的国家において革命が果たすのと同一の機能を、君主制において果たす。すなわち、自然状態への一時的回帰をもたらし、人間たちが平等であった、かつての状態を君主に思い出させるのである。

10　決闘について

世間に認めてもらうというこの必要性から、私闘が生まれた。それは、まさしく法の無秩序に起源をもつ。古代においては、私闘は知られていなかったとされているが、おそらくそれは、古代の人々が疑り深く武器を携帯して神殿や劇場や友人の家に集まったりはしなかったからであろう。そしておそらく、決闘というものは、大衆的でありふれた見世物だったのだろう。それは卑しい奴隷である剣闘士たちが民衆に対して見せるものだったから、自由人たるものは、私的な争いを起こすことによって、自分が剣闘士であるとみなされ、そう扱われることを潔しとしなかったのだろう。

〔時代が下ると〕決闘の申し入れを受けて立つ者は誰であれ死罪とする、というような法令をもって決闘の慣習をなくそうという試みもあったが、その努力は無駄に終わった。この慣習は、人によっては死ぬことよりも強く恐れている、ある事態に根ざしているからである。つまり、〔もし決闘の申し入れを断ってしまえば〕世間に認めてもらえなくなって、名誉を重んずる人は、完全に孤立した存在になってしまう我が身をイメージしてしまう。社会との関係において生きる人間にとって、それはまったく耐え難い状態である。もしくは、侮辱と中傷にさらされる我が身をイメージしてしまう。たとえ刑罰を科される危険を犯しても、そのような屈辱の繰り返しにだけはさらされないようにしておかねばならない。一般の人々が、有力貴族ほどにはあまり決闘をしないのは、いったいどういうわけなのだろうか？　それは単に一般の人々が武器を保有していないからというだけではなく、平民のあいだにおいては、世間に認めてもらうという必要性がそれほど強くないからでもある。それに対して、社会的地位が高くなればなるほど、人は、それだけ強い猜疑心と嫉妬心でお互いを監視し合うようになる。

すでに他の人たち[1]が書いていることではあるが、それをもう一度ここで繰り返しても無益ではなかろう。つまり、この犯罪を予防するための最良の手段は、先制攻撃を仕掛けた者、すなわち決闘を申し入れた者こそを処罰することである。そして、自らには落ち度がなかったにもかかわらず、〔決闘の申し入れを受けて立つことによって〕現行の法律が保護していないもの、つまり自分についての世評を守らざるをえなかった人、そして〔自分からは犯罪である決闘の申し入れを決してしようとはしなかったが、申し入れられた決闘は自らの名誉のために受けて立ったということによって〕同じ社会に生きる市民たちに対して、自分が、人間ではなく法律だけを恐れるということを示してみせた人を、無罪と宣告することである。

11　公共の平安について

最後に、第三の種類の犯罪のなかでは、とくに公共の平安と平穏な市民生活を乱す罪を挙げることができる。たとえば、公道で乱闘騒ぎを起こすとか、どんちゃん騒ぎをするなどして、商いとか市民の通行を妨害するような行為がこれに当たる。あるいは、群衆特有の好奇心をあおり立てるような狂信的な説教もそうである。そのような群衆は、集まる人の数が増えるとますます興奮しやすくなる。明晰で冷静な理性の働きを、巨大な人波のさなかに見出す余地はない。群衆は、不分明で謎めいた神がかり状態になって、その狂信的な説教にますます沸き立つばかりである(1)。

〔だから〕公の費用で夜間照明をつけること、都市の各街区に警備員を配すること、当局によって保護された聖域における沈黙と神聖な静寂さのなかでのみ宗教の単純な訓話をおこなうようにすること、公私の利害関係を主張する弁論は、国民の集会か議会、そのほか主権者の威厳がゆきわたる場でおこなうようにすること、こういったことはすべて民衆感情の危険な濃縮を防ぐために効果的な手段である。これらが、官吏による公安活動の主な内容をなす。フランス人たちは、それを警察とよんでいる。しかしながら、官吏の取り締まりが、もし全市民が手もとに置いている法典によってその根拠をきっちりと確かめることができないような、そういう恣意的な〔自由裁量を許す〕法律によっておこなわれるならば、政治的自由の周りを取り囲んでいる専制への扉が開かれてしまうことになる。私は、以下の一般的な公理にいかなる例外をも見出しえない。

その公理とは、一人ひとりの市民は、どんなときに有罪とされ、どんなときに無罪とされるかを、知らされていなければならない、という公理である。もしも風紀取締官が、より一般的には恣意的な〔自由裁量権を振るう〕官吏が、何らかの政府にとって必要であるなら、それはその政府の体制が弱いからである。体制がよく整えられた政府は、その性質上、そういった特別の官吏など必要としないものだ。先行きの見通しの利かない専制においては、〔恣意的な取り締まりや裁量的な判断の結果〕自らの運命がどうなるか分からないという不確かさによって生ずる犠牲者の数が、公然かつ厳粛におこなわれる暴虐な行為によって生ずる犠牲者の数よりもずっと多い。公然かつ厳粛な暴虐行為は、人々の意気を阻喪させるというよりは、むしろ反抗を招くものである。ほんとうの専制は、いつも、人の勇気をくじくように世評を操作することから始める。勇気とは、真実の明るい光のもとで、または燃えさかる情念のなかで、あるいはまた危険を知らない状態においてのみ、輝くことができるものだからである。

それにしても、これらの犯罪(2)にふさわしい刑罰は何であろうか？　死刑は、社会の安全と良き秩序のために本当に有益かつ必要な処罰だろうか？　拷問と責め苦は正当であり、法律が掲げる目的を達成するであろうか？　犯罪を防ぐための最良のやり方とはどんなものであろうか？　同じ刑罰が、どんな時代においても、いつも同じように有益であろうか？　刑罰は習俗にどのような影響を及ぼすだろうか？　これらの諸問題には、幾何学的な明晰さをもって解答を与える価値がある。この問題を考える際には、煙に巻くような屁理屈、人の心をあれこれ惑わす口達者、小心者のもつ疑り深さなどをしりぞけなければならない。もしも、他の国民がすでに書きつけ、実行にさえ移し始めていることを、できる限り明確な仕方でイタリアで最初に提示したという以外には、とくに何も評価されるべき点が私にはないとしても、私は自分を何と幸せだと思うだろう。しかし、もしも、人の権利と、否定しようもない真実とを擁護することによって、専制と、またはそれと同様に致命的な無知との不運な犠牲者の誰かを、死の苦悶から引き離すことに貢献できるとすれば、たとえそれがたった一人だったとしても、その無実となった者の喜びにあふれる祝福と歓喜の涙が、人々のいかなる蔑みにさらされても、私を慰めてあまりあることだろう。

12　刑罰の目的

ここまでに明らかにしてきた真理についての単純な考察から、以下のことが言える。すなわち、刑罰の目的は、感覚ある存在である人間を苦しめ苛むことではない。すでになされた犯罪を帳消しにすることでもない。政治体というものが感情で動くのではなく、むしろ個々人の感情を冷静に調整するものであるならば、どうして刑罰の目的が、専制の怒りや狂信または弱さが振り回す、この無益なむごたらしさを温め直すことでありうるだろうか？　また〔過酷な刑罰に苦しむ〕不幸な者の呻き声が、もう元には戻りえない時の流れに逆らって、すでになされてしまった行為を今ここに甦らせることができるかもしれない、とでもいうのだろうか？　思うに、刑罰の目的は、その犯罪者が仲間の市民たちに対してふたたび害を与えるのを阻止するということ、そして誰か他の者が同じことをしないように図るということ、これ以外ではありえないはずだ。したがってまた、刑罰、そして刑罰を科す方法は、なされた犯罪とのバランスを保ちつつ、人間の心に対して、より効果的でより長続きする印象を刻みこむよう案配されたものでなくてはならない。そして、犯罪者の身体に対しては、できる限り苦痛が小さいものでなければならない(1)。

13 証人について

犯罪の証人や証拠の信用性について正確に決めておくことは、あらゆる良き立法が考慮すべき重要な点である。理性ある人は誰でも証人となりうる。ここで「理性ある人」とは、一貫した考え方をもてる人であり、その感覚が他の人たちと一致する人のことである。証人の信用性を測定する真の尺度は、真実を言うこと、または言わないことによって、何かその人が利益を得るところがあるかどうか、という観点だけである。だから、ウソをついても一銭の得にもならないという場合は、女性について、その女性が弱き性だからという理由だけで証人としての信用性がない、とするのは根拠薄弱であるように思える。また有罪判決を言い渡された人についても、同様に、市民としての死亡[1]〔という法的擬制〕を証人としての信用性にも適用して、あたかも本当に〔自然人として〕死亡しているかのように扱うのは子どもじみた考え方であるように思える。さらに、名誉剝奪の刑罰[2]を受けた者についても、また同様に、その烙印をもって、証人としての信用性を欠くとすることには、一貫性が認められないだろう。むしろ信用性は、その人と被疑者・被告人とのあいだに、憎しみや友情、あるいは緊密な人間関係があればあるほど低下する。

また証人は、複数必要である。なぜなら〔証人が一人しかいない場合〕証人が肯定して被告人が否定したら、何も確かではなくなってしまうからである[3]。そして、その場合には、無罪の推定を受けるという各人の有する権利が優先されることになる。さらに、犯罪が凶悪であればあるほど[原注2]、情況がありそうもないことであればあるほど、それだけ証人の信用性は顕著に低くなる。たとえば魔術とか、大した理由も見当たらない残虐行為とかの場合がそうである。最初の〔魔術に対する〕訴追においては、ウソをつく人間が多いと考えられる。なぜなら、神によって創造されたいかなる存在にも、神が与えてこなかった力あるいは奪い去った力〔＝魔術〕を人間が振るうということは、あまりありそうにないことだからである。それよりも、複数の人間が、無知に由来する幻想や憎しみから結託して口裏を合わせ、迫害者となることのほうが、よほどありそうなことであろう。二番目の訴追〔＝理由なき残酷行為〕においても同様である。なぜなら、人間というものは、自らの利害関心、憎しみ、心のうちに抱かれた恐怖などの強さに応じて、はじめてそれだけ残酷となりうるものだからである。人間においては、それ以外のいかなる余分な感情もない。感情は、五感に刻まれた印象の程度と常に比例的である。同様に、その慣行や主義がよく知られていないか、または世間とは異なるような何らかの私的結社に証人が属しているときは、その証人はあまり信用できない。そのような者は、自らの情念のみならず、他人〔＝所属している結社〕の情念にも動かされるということになるからである。

（原注2）刑事法学者たちのもとでは、犯罪が凶悪であればあるほど、証人の信憑性は高まる、とされている。彼らが信奉している最も残酷で愚かな鉄則は、以下のようなものである。すなわち、"*In atrocissimis leviores coniecturae sufficiunt, et licet iudici iura transgredi.*" このラテン語の法諺《ほうげん》を日常的な言葉に翻訳してみよう。そうすれば、ヨーロッパの人々は、自分たちが知らないあいだに従っていた非常に多くの合理的な〔＝反語的用法〕戒律の一例を、ここに見出すことになるだろう。すなわち、「凶悪極まる犯罪においては（つまり滅多に起りそうもない犯罪においては、という意味であるが）、きわめて大雑把な推測で充分である。そして、そのような場合は、裁判官は法を越えてよい」というものである。馬鹿げた立法例は、恐怖の産物であることがしばしばである。恐怖こそは人間的矛盾の主たる源泉なのである。立法者たちは、誰か無実の者に有罪判決が下されてしまうのを恐れて、司法に対して過度の形式主義を課し、他方で例外措置をも設けた。クジ引きによって全決定権限を付与され、自分の利害関心とカネに応じて筆を動かす者として、人間たちの運命を左右する仲裁者であり立

法者となった法律家たちについても、全く同様である。こんな形式主義と例外措置とを忠実に遵守すれば、正義の座るべき王座に節操のない不処罰を座らせることになってしまうだろう。そのような立法者たちは、他方では、凶悪犯罪とか、立証困難な犯罪〔が処罰されずに済まされてしまうこと〕を恐れて、自ら定めた形式主義それじたいを逸脱〔して、そのような犯罪を処罰〕する必要性を確信するに至った。このように、立法者たちは、女のように心配性かと思えば、専制君主のように気が短い。そういった連中が、重大な審理の場を、ある種のゲームに変えてしまうのだ。そのゲームにおいては、いちかばちかの勝負とか策略とかが、主たる役割を果たすようになるのである。

最後に、言葉のみによって成り立つ犯罪の場合には、証人の信用性はほとんどゼロである。なぜなら、言葉のトーンや身振り、同じ言葉に付着させているいろいろの観念の前後にあるすべての要素が、すでに言ったことを正確に繰り返すことがほとんど不可能になるようなやり方で、ある人の発言を変貌させたり修正したりするからである。正真正銘の犯罪である暴力的行為とか、通常の慣習を逸脱する行為とかは、周囲の無数の状況や、その行為に由来する結果のなかに、それ自身の痕跡を残すものである。しかし、言葉は、だいたいにおいて不正確で、しばしば聞き手によって改変された記憶のなかにしか残らない。だから、人の行為について中傷するよりも、人の言葉について中傷するほうがはるかに容易である。なぜなら、〔行為についての中傷の場合は〕証拠として示される個別的情況の数がそれだけ多いので、それに応じて被疑者の側が自己を正当化するために利用できる手段もたくさんあることになるからだ。

14 犯罪の徴候と審理形式

事実関係の確実性を評価する際に、非常に有益な一般定理がある。たとえば、犯罪の事実を示す徴候の証明力に関する、以下のような定理がある。ある事実に関する証拠がお互いに依存しあっているとき、つまり〔ある犯行事実があったことを示す〕徴候が徴候同士の間でのみ証明として有効であるにすぎないときは、そのような証拠がいくつ寄り集まっても、問題になっている事実がほんとうに起きたといえる蓋然性は低いままである。なぜなら、それら証拠のうちのひとつでも欠ければ、それに続いて他の証拠も次々と消えてしまうことになるだろうからだ。ある事実の証拠がすべて特定の証拠に等しく依存しているときは、証拠の数は問題になっている事実の蓋然性を高めも低めもしない。それらの証拠の価値のすべては、全証拠が依存しているところの特定の証拠の価値に吸収されてしまうからだ。ある事実の証拠がお互いに独立の関係にあるとき、つまり個々の徴候が、他の徴候がどう判断されるかにかかわらず証明として有効であるときは、そのような証拠が多ければ多いほど、問題になっている事実がほんとうに起きたといえる蓋然性は、それだけより高まる。なぜなら、そのうちのひとつの証拠が虚偽であると判断されたとしても、他の証拠には影響がないからだ。

ある犯罪が処罰に値するといえるためには、その事実が確実でなければならないのに、ここで私は、そのような犯罪に関する議論において、蓋然性[1]などという言葉を用いている。しかし、いかにももっともだと思えるような確実性[2]とは、厳密にいえば、ある種の蓋然性以外の何ものでもないと考える者にとっては、この食い違いは消滅するであろう。いや、そのような蓋然性こそが、確実性とよばれるのである。なぜそうよばれるかといえば、良識を備えている人なら誰でも、何らかの行動をとらざるをえない必要から生じた、いかなる熟考にも先立つ慣習的なしきたりに従って、必然的にそのことを認めるだろうからである。[3] したがって、ある人間を犯人と判定するために必要とされる確実性とは、あらゆる人間が日常生活において重要な決断を下すときに頼る確実性と、同じ性質のものなのである。

さて、ある犯罪の証拠のなかで、完全な証拠と不完全な証拠を区別することができる。完全な証拠と私がよぶのは、その人が犯人ではないという可能性を排除する証拠のことである。不完全な証拠と私がよぶのは、その可能性を排除しない証拠のことである。完全な証拠は、たとえたったひとつでもあれば、有罪判決を下すのに十分である。不完全な証拠のほうは、〔有罪判決を下すためには、より集まって〕ひとつの完全な証拠を形成したと言えるのに十分なほど、数多く必要である。言い換えれば、これらの証拠は、ひとつひとつの個別的証拠としては、その人は犯人ではないという可能性が残るが、同じ事項について寄せ集めた証拠全体としては、その人が犯人ではないという可能性はゼロとなる、という場合がそれである。注意を喚起しておきたいのは、何らかの不完全な証拠に対して被告人が抗弁できるのに、そのような抗弁をきちんとしなかった場合は、その不完全な証拠は完全な証拠に転ずる、ということである。

しかし、証拠の認定に関する、いかにももっともだと思えるような確実性については、厳密に定義づけることよりも、それを感じ取ることのほうが一般に容易である。それゆえ、私は、主席裁判官の脇に、何らかの基準にもとづいて念入りに選抜されたのではなく、単にクジ引きで決められた陪審員を着席させる法律を最良のものと信ずるのである。なぜなら、証拠の認定に関しては、あれこれの見解に惑わされて決めつけをするような学者気取りの者よりも、感覚の命ずるままに判断する単純素朴な者のほうが、より確かな認定をおこなうだろうからだ。法律が明瞭・的確であれば、判事の任務は、事実関係を認定すること以外のなにものでもない。たとえある犯罪の証拠を見つけ出すには一定の能力と技術が要求されるとしても、また、証拠認定の結果を提示するには明確さと厳密さが必要だとしても、その結果じたいからものごとの判断をする際には、ただシンプルで通常の良識が必要とされるだけである。そのほうが、〔職業的〕裁判官の専門的知識などというものよりも、よほど間違いが少ないのだ。裁判官ときたら、犯人探しを習い性とし、学問などと称して習得したつもりになっているだけの借りものの体系に、一切の情報を無理矢理あてはめようとするだけなのだから。ああ法律が学問になっていない国は幸いなるかな！　あらゆる人が、自分と同じ身分の者たちによって裁かれると定めた法律はきわめて有益である。なぜなら、市民の自由と財産が尊重されているところでは、不平等な状態にまつわる感情は沈黙していなければならないからだ。恵まれた人間が不幸な者を見下す優越感、あるいは目下の者が目上の者を見るときの憤り、こういった感情は、そのような〔あらゆる人が自分と同じ身分の者たちによって裁かれる〕審理においては出番がない。ただし、犯罪が第三者に被害を与えるものであるときは、判事団[4]は、半分は被告人と同等の身分の者、残りの半分は被害者と同じ身分の者で構成されなければならない。このようにして、あらゆる私的利害関心のあいだに釣り合いが取れることになり、期せずして事件の外見も修正されることになるだろう。そうすれば、その場では、ただ法律と真実だけが語るようになるだろう。また、次のような仕組みも正義にかなう。すなわち、被告人は、ある一定の限度内で、自分には疑わしいと思える判事〔＝この場合、陪審員〕を忌避できるとすることである。この忌避をいつでも障害なくできるとしておけば、〔被告人は自分に不利と思われる陪審員を思いのままに排斥できるわけだから、もし有罪になったとしても〕被告人はあたかも自分自身によって自分に有罪宣告をするかのように見えることだろう。

　さらに、審理は公開でなければならない。犯罪の証拠も公開されねばならない。世評をして、権力と情念の働きにブレーキをかけさせるためである。世評こそは、社会をひとつに結び合わせる、おそらく唯一のものである。そしてまた、人々をして「われわれは奴隷ではない。われわれは〔法律に〕保護されている」と言わしめるようにするためである。この安心感こそは、人を勇気づけるものである。そして真の利益を追求しようとする主権者にとっては、それは貢納品にも等しいはずである。私は、同じような制度が要求する、その他の詳細な論点や注意事項には、これ以上立ち入るつもりはない。もしすべてを漏れなく言う必要があるのだとしたら、私は何も言ってないのと同じことになるだろうから。

15 密告

混乱を招くことが明らかでありながら、その利用が認められているもの、それが密告である。それどころか、多くの国では、政治体制が弱体であるがゆえに、密告を必要とさえしている。密告が横行すると、人々はウソつきになり、また隠しごとをするようになる。ひょっとしたら他人はスパイではないかと疑う者は誰でも、人を見たら敵だと思うようになる。こうして人々は、自分のありのままの感情を覆い隠すことに慣れていく。そして、人目から自分の感情を覆い隠してばかりいると、ついには自分自身に対しても自己の感情をいつわるようになる。このような状態にまでなってしまっているなら、その人たちは何と不幸なことであろうか。確かな進路を示してくれる基本的指針をもつことができないから、さまざまな憶測が飛び交う広大な海のなかを揺れ動き、右往左往するしかない。自分を脅かす怪物の難から逃れることだけに、いつも汲々とするようになる。その人たちが生きる現在の一刻一刻は、不確かな未来によって生気を奪われている。安心かつ安全の状態を落ち着いて楽しむことができないから、惨めな一生のうちで、気まぐれに浮かんでぱっと消えてしまうような束の間の快楽だけが、その人たちの人生をわずかに慰めてくれるにすぎない。果たしてわれわれは、こんな人たちの中から、祖国や王座を守る勇敢な兵士が出てくることを期待できるだろうか。果たしてわれわれは、こんな人たちの中から、公明正大な政府高官を見つけ出すことができるだろうか。自由な雄弁、そして愛国的な雄弁によって、主権者の真の利益を守り、そして拡大するような統治者、全階層の人々の愛と祝福を王座に貢納品として捧げるような、そのことによって宮殿にも掘立て小屋にも平和と安全と希望をもたらすような、そういう統治者たちを見つけ出すことができるだろうか。真面目に働けば、それだけ暮らし向きがよくなるという希望こそは、国家に活力を吹きこむ元気の素なのだ。

事実に反する虚偽の告訴が、専制の最も強力な楯である秘密によって保護されるとき、いったい誰がそれから自分の身を守ることができるというのだろう？　統治者が、あらゆる民を敵ではないかと疑い、公共の平安のためには一人ひとりの民からその平安を取り去らねばならないというような、そんな状態にある政府とは何たる政府だろうか？

告訴・告発や処罰を、秘密のうちにおこなおうとする動機とはいったい何であろうか。公共の安寧・安全のためか、それとも統治体制の保全のためか。だが、権力を自ら握り、さらにその権力以上に効果的な世評をも動かせる者が、市民一人ひとりを恐れているとは、何という奇妙な体制であろうか。告訴や告発をした者の身の安全のためか？　そうだとすれば、法律はそのような者を十分に保護できない、ということになる。つまり臣民は主権者よりも強い、ということになってしまう！　スパイの汚名を被らないようにという配慮からか？　そうだとすれば、密かにおこなわれる虚偽の告訴が許容され、公然とおこなわれる場合はペナルティを科される、ということになってしまう！〔内密にしておくべきだということが〕犯罪の性質だからというのか？　もしも自分の利害とは無縁の行為、もしくは公共のために有益であるような行為までもが犯罪とよばれるのであれば、告訴・告発や法廷審理をどんなに秘密にしても、まだ足らないぐらいだろう。犯罪とは、公の利益に対する侵害行為である。その犯罪に対する審理を公開し、どのような罰を科したかをひとつの事例として公にすることが、万人の利益にはならない、ということがどうしてありうるだろうか？　私はあらゆる政府に敬意を表するものである。そして今、私は、特定の政府について語っているのではない。ただ、ある国の病巣がその国の固有のシステムと切っても切れない関係にあるため、その元凶を取り去ろうとすれば国全体が瓦解せざるをえない、と思われるような状況に陥っている政府も、ときにはある。[1] しかし、もしも私が、どこか世界の打ち捨てられた片隅で新しい法律を定めることになったとしたら、このような〔密告という〕慣行を認める前に、私の手は震え出すだろう。そして、〔そのような悪法に苦しむ〕すべての子孫たちを眼前に想起してしまうだろう。

すでにモンテスキューは次のように言っている。「公開の訴追は、共和国にこそふさわしい。共和国では、公共の利益は市民たちの第一の関心事のはずだからである。君主国においては、〔その君主制という〕統治の性質そのものから、公共心という感情が薄弱である。だから、公の名前で違法者を訴追する担当官〔＝検察官〕を特設することが最良である。しかし、あらゆる政府は、共和制であれ君主制であれ、虚偽の告訴をおこなった者に対しては、仮に虚偽告訴をされた者が、有罪だったとすれば科されたであろう処罰を、虚偽告訴をおこなった者にこそ与えねばならない。[2]」

16　拷問について

大多数の国で慣行上承認されている野蛮な手段、それが取調べ手続きにおける被疑者・被告人に対する拷問である。その目的は、たとえば犯罪を自白するように強要するため、または被告人の供述が示す矛盾を追及するため、あるいは共犯者を発見するため、さらに形而上学的で理解不能な、不名誉の浄化[1]とやらのためである。最後に、何か別の犯罪をおかしたのではないかという疑いを明らかにするために拷問が使われる場合もある。その犯罪についてはまだ告訴されていないにもかかわらず、である。

裁判官の判決が下されるまでは、ある人を有罪とよぶことはできない。〔社会契約を結んだ市民に〕公的保護を保障する協約にその人は違反した、という決定が下されたのでない限り、社会もまたその人からそれを奪うことはできない。したがって、ある市民が真犯人なのか無実なのかまだ疑わしい段階で、その市民にある種の刑罰〔＝拷問〕を科す権限を裁判官に与える法とは、もしそれが力ずくの法ということでなければ、いったい何だというのだろう？　その犯罪についての事実関係が明らかであるか、そうでないかというジレンマは、新しくも何ともない。もし犯罪の事実が確かであれば、法律によって定められた以外の刑罰は無用であり、拷問も無用である。なぜなら、被告人の自白は不要なのだから。もしそれが不確かであれば、つまり犯罪についての証明が完全でない以上は、その人は法律上は無罪とみなされるのだから、無罪の者を拷問にかけてはならないはずである。さらに、ある人が被告人であると同時に、自らに対する告訴人〔＝自白によって自ら罪を認めることを指す〕にもなれと要求することは、すべての〔因果〕関係をひっくり返して混乱を引き起すだけだということを、私は付け加えておきたい。苦痛によって真実があぶり出されるはずだという主張もまた、同じである。これではまるで、真実の判定基準が、哀れな人間の筋肉や神経網のなかに宿っているかのようではないか。そんなやり方では、頑強な悪人は無罪放免となり、気の弱い無辜の者が有罪となってしまうことは間違いない。これこそが、真実を判定できると言われている拷問という手段の、致命的な欠点なのである。こんな判定法は、人食い人種にこそふさわしい。さまざまな論拠から野蛮人とよばれるにふさわしい古代ローマ人ですら、拷問は、奴隷に対してのみ用いただけだった。奴隷たちこそは、はなはだしく賞賛されているが本当は残忍なだけの徳(2)の犠牲者だったのである。

刑罰の政治的〔＝社会的〕目的は何であろうか？　それは、他の人たちに対する威嚇〔による犯罪の抑止〕である。しかし、そうだとすれば、罪人にも無実の者にも科されるところの、人目を避けた密室内での責苦という問答無用の慣行に対して、われわれはいったいどのような評価を与えればよいというのだろうか？白日のもとにさらされたあらゆる犯罪は、処罰を免れることがない、ということは〔他の人たちへの威嚇による犯罪抑止のために〕重要である。しかし、闇から闇へと葬り去られた犯罪について、それは誰がやったのかと〔拷問によって事実を〕ほじくりだそうとすることは無用である。すでになされた悪行それじたいは、何をしても、もはや取り返しのつかないことである。「罪を犯しても処罰されることはないだろう」などというあらぬ期待を人に抱かせることによって、世の中に悪影響を及ぼす恐れがあるときのにみ、政治的社会〔＝社会契約にもとづく社会〕はその悪行を処罰することができるのだ。そもそも、威嚇によるのであれ徳によるのであれ、法律を尊重する人のほうが、法律に違反する人よりも多いというのが本当ならば、そして、ある人が、同じ条件のもとでは法律を無視するよりも尊重する蓋然性が高いというのであれば、それだけ無実の者を拷問にかけてしまうリスクも高いと見積もっておかねばならないはずである。

拷問を用いるもうひとつの滑稽な動機は、不名誉の浄化のためという理屈である。つまり、法律によって名誉剝奪〔＝訴訟能力の否定、公法上の能力制限等〕を宣告された人は、〔供述する能力も否定されているため、拷問の結果〕骨が脱臼したことをもって、はじめて真実を供述したと認めてもらえる、というのである。このような蛮行は、一八世紀においては許容されるべきではない。ひとつの〔身体的〕感覚であるところの苦痛が、ひとつの純然たる精神の関係であるところの不名誉を浄化する、と信じられているのである。だが、苦痛によって真実があぶり出されるはずだとでもいうのであろうか。あるいはまた不名誉は、〔苦痛によって浄化されるような〕混ざり気のある不純物だとでもいうのであろうか。

　この滑稽な法律の起源にさかのぼることは、それほど難しくはない。なぜなら、ある国全体によって採用されている馬鹿げたものごとは、その国民によって尊重されているその他の一般的な思考との間に、つねに何らかの関連性を有しているはずだからである。この場合は、いつでもどこでも人々の考え方に絶大な影響を及ぼしてきた、宗教的・霊的な観念と関係しているように思われる。誤ることがないという〔カトリック教会の〕教義によれば、人間的な弱さから生じるが、至高存在の永遠の怒りに触れるほどでもないような汚点は、人の理解を越えた炎〔＝煉獄の炎〕によって浄化されなければならない、という。そうすると、もし不名誉というものが現世の汚点だとしたら、そして苦痛と炎が霊的で非身体的な汚点を取り除くのだとすれば、どうして拷問の痛みが不名誉という現世の汚点を取り除かないわけがあろうか、というわけである。私が思うに、あちこちの裁判所で有罪判決を下すための必須要件とされている被告人の自白は、これと似通った起源を有している。なぜならば、かの神秘的な改悛の裁判所〔＝告解のことを指す〕では、罪人《つみびと》の告白が〔告解の〕秘蹟の必須要素とされているからである。啓示という最も確かな光明を、人間はかくも濫用してきたのである。そして啓示の光は、無知の時代における唯一の支えであったから、従順な人間たちはあらゆる機会にその啓示の光にすがってきた。そしてその光を、もっとも馬鹿げた、もっとも本質から遠い形で人間は転用してきたのである。しかし、不名誉というものはひとつの感情であり、法律にも理性にも服さない。名誉か不名誉かは世間の評判に左右されるものである。だから、拷問こそは、その犠牲となるものにとって、本当の不名誉となる。したがって、この場合の拷問は、不名誉を取り除きつつ不名誉を与える、という〔矛盾した〕ことになるのである。

拷問を用いる第三の動機は、取調べにおいて、矛盾した供述をする被疑者に対して与えられる場合に見出される。人が供述において矛盾に陥るのは、恐怖におびえる無辜の者の場合も、何とか事実をごまかそうとしている犯罪者の場合も、処罰〔＝この場合、拷問も含む〕に対する恐怖、判決に対する不安感、裁判所などの威圧的な機構、悪党だろうと無辜の者だろうとほとんどすべての人たちに共通の無知、そういったものによるのである。あるいは、人は平静なときですら、ともすると人間という存在につきものの、矛盾という状態に陥りがちなものである。迫り来る危険から身を守ろうという考えでいっぱいになって、頭が混乱しきっているときには、なおさらその矛盾はひどくなる。それなのに、この第三の動機を拷問の正当化理由として挙げる者は、まるでそんなことは一切関知しないかのようなのである。

真実をあぶり出すために拷問を加えるという恥ずべき慣行は、古い野蛮な立法の名残りといえる。古の立法とは、炎だとか煮えたぎる熱湯による証明とか、武器による対決の誰にも予測できない結末が、神の判断と呼ばれていた時代のものだ。それはまるで、第一原因〔＝神〕の掌中にある永遠の鎖の輪〔＝因果関係の連鎖のこと〕のひとつひとつが、人間ごときが思いつきで作った制度のために、その瞬間瞬間に散り散りばらばらに解体する〔＝通常の因果関係を越えるような超常現象が起きるという意味〕かのようである。拷問と、これら炎とか熱湯とかによる証明とのあいだの唯一の違いは、拷問の場合は、その結果が被告人の意思によっているように見えることである。これに対して神明判断の結果は、純粋に身体的で外面的な事実に依存しているように思えるだろう。しかし、このような差異はあくまで見かけの上でのことにすぎず、本当は大した違いではない。人の目をごまかす術策にでもよらない限りは、炎や熱湯による火傷の跡を自由に消し去ることはできなかったのと同じぐらい、拷問に苦しめられている人には、任意に真実を話す自由などない。意思にもとづくように見えても、人のあらゆる行為は、つねに、五感を通じて感受される印象の強さと比例しているのであり、この五感を通じての印象こそが、人の行為の原因なのである。そしてどんな人間であっても、五感で感受するに耐えうる限度というものがある。だから、痛覚が非常に強まっていくと、拷問にかけられている者は、ついにはその苦痛だけしか感じられなくなって、その瞬間、この処罰から逃れるための一番の近道を選ぶ以外に、いかなることも考える自由を失う。だから、被疑者の自白は、炎や熱湯が与える火傷の跡のように、必然なのである。つまり、五感に強烈な刺激を与えられた無辜の者は、拷問から逃れるには自白するしかないと諦めてしまい、自ら罪を犯したと認めてしまうのである。疑わしい者たちの間に存在する多種多様な差異は、まさに真偽を識別するために採用されているこの拷問という手段によって、かえってすべて消え去ってしまうのだ。拷問の苦痛に耐えかねて無実の者たちが自ら罪を犯したと認めた例は、あらゆる国と時代を通じて数えきれないほどある。ここでいちいちその冤罪の例を引いて、ここでの主張に裏付けを与える必要はないだろう。

それにしても人間というものはなかなか変わらないものである。結果を見透かす、ということをいつまでたってもしない。なぜなら日々の生活の要求を超えて、自分の考えを思い切って飛翔させ、謎めいたひめやかな声で自らのほうへと人を誘いこむ自然に、ときには心惹かれなかった人などいないというのに、精神を蹂躙する〔反自然的な〕慣習という暴君が(3)、人を元の場所に押し戻し、おじけづかせるからだ。かくして拷問の結果は、体質と計算の問題に帰着する。つまり、人の頑丈さとか感じやすさとかによって、拷問の結果は異なってくるということだ。実際、拷問という方法を用いる場合は、裁判官よりも、数学者のほうが解をきっちり導くことができるだろう。無実の者の筋肉の強度と神経網の感度を所与のデータとして、被疑者に犯行を自白させるに足る苦痛の程度を算出すればよいのだから。

被疑者の取調べは真実を知るためにおこなわれる。しかし、もしこの真実が、ただでさえ平静な人間の態度とかジェスチャー、あるいは顔つきから容易に知れるものではないとすれば、ましてや激痛によって、すべての外見的徴候が歪んでしまっているような人間から真実を引き出すことは、ますます難しいということになるではないか。人間というものは、大部分の場合、表情にうかがえる微妙な徴候から、意に反してときには真実が滲み出てくることがままあり、真偽の判別ができることもある。それなのに、あらゆる暴力的行為は、その対象物の微妙な差異を破壊し、わざわざ消滅させてしまうのである。

これらの真理は、ローマ法の時代〔＝およそ二〇〇〇年前〕の立法者たちによってすでに知られていた。だから、ローマでは、いかなる拷問道具も、およそ人格として認められていなかった奴隷以外には、用いられた形跡がない。これらの真理は、イングランドでもまた知られている。イングランドこそは、学芸の栄光、商業と富の優越性、したがってまた権力の強大さ、徳と勇気の模範性、そういったことから、その法律がすぐれていることに疑いのない国である。拷問はスウェーデンでも廃止され[4]、さらに、ヨーロッパのなかでも最も立派な、もうひとつの君主国でも廃止された。その君主国では、王位の座に哲学が据えられ、その臣下たちと友愛の関係に立つ立法者〔＝プロイセンのフリードリヒ二世を指す〕が、臣下たちを法律上平等で自由な存在としているのである。理性的な人々が現在の状況において要求できる唯一の平等と自由は、ただ法律上の平等と自由だけである。ところで、軍法は拷問を必要としていない。軍隊は、その大半がそれぞれの国のはみ出し者たちによって構成されているから、ほかのあらゆる階層よりも軍隊でこそ、拷問が役に立つにちがいないと思われがちである。〔それなのに軍法が拷問を必要としていないという事実は〕慣習という暴君が、いかに強力なものであるかということについて考えない人にとっては、さぞ奇妙に思えることだろう。それにしても、平和的な法律が、最も人間的な判定の方法を、大量殺戮と流血によって麻痺し、硬化した魂から学び習わなければならないとは！

このような真理は、一進一退しながらではあるが、ついに、その真理から遠ざかった人たち自身ですら、気がつくところとなってきている。たとえば、拷問によって引き出された自白は、拷問を終えたのちに宣誓によってあらためて確認されたのではない限り、もはや有効ではない。だが、そこでもし、被告人が自分の犯行を認めないというのであれば、新たに拷問にかけられるだけの話である。何人かの法学者やいくつかの国は、このような恥ずべき論点先取のごまかしを三回までしか許容しないとしている。その判断を裁判官の裁量に委ねるべきだという意見や立法例もある。いずれにせよ、同じように無実の二人の人間、あるいは同じように有罪の二人の人間がいるとして、頑丈で気が強い方が無罪放免となり、傷つきやすく気が弱い方が有罪となるのだ。それは正確に以下のような理屈による。「裁判官である私は、かくかくしかじかの犯罪の犯人を見つけなければならない。こっちの強い方のお前は、苦痛に抵抗することができたから、無罪放免としよう。そっちの弱い方のお前は、苦痛に屈したから、有罪としよう。〔法は〕苦悶のさなかで絞り出された告白はいかなる効力ももたないという。しかし、私はもしお前が苦悶のさなかでしゃべったことを認めないというのであれば、お前をもう一度拷問にかけてやるまでのことだ。」

拷問の使用に必然的に由来する奇妙な結果は、無実の者が、罪人よりも不利な立場におかれるということである。その両者がともに拷問にかけられるとしよう。無実の者にとっては、どう転んでも不利な状況である。というのも、もし〔拷問に屈して虚偽の〕罪を告白したら有罪判決を下されるし、たとえ〔拷問に耐え抜いて〕最終的には無罪を勝ち取ったとしても、本来負わされるいわれのない責め苦をさんざん受けたことになるからである。しかし、罪人にとっては、有利な状況になる場合がありうる。つまり、もし拷問に頑強に耐え抜けば、最後は無実のものとして放免されるにちがいない。この場合、その人は、本当はより重い刑罰を受けるはずだったのに、実際にはより軽い責め苦〔＝拷問〕で済んだことになる。だから、無実の者は必ず損をするのに、犯人はひょっとすると得をするかもしれないというわけである。

拷問を命ずる法律は、次のようなことを言っているに等しい。「諸君、この苦痛に耐えてみよ。そして、もし自然が君らのなかに消し去ることのできない自己愛を創造したとしても、もし自然が君たちに譲渡できない自衛権を与えたとしても、私は、君たちの中にまったく逆の愛情を創り出してやろう。つまり、英雄的な自己憎悪を創り出し、自分自身を自ら告発するように、そいつに命じてやろう。筋肉がずたずたに引き裂かれ骨がはずされるなかでも、なおそこに真実を見出すことができるのだぞ。」

被疑者が、訴追されている犯罪以外に、何か別の犯罪をもおかしているかどうかを発見するために用いられる拷問については、以下のような理屈を言っているのに等しい。「お前は、あるひとつの犯罪の犯人だ。だから、別の多くの犯罪の犯人でもありうる。私はそう疑っているので、私の信ずる真実の判定基準に照らしてそのことを確かめたい。法律にしたがってお前を拷問にかけよう。なぜなら、お前は犯罪者で、だから他の犯罪の犯人でも大いにありうるからで、そしてそうであることを私が望んでいるからだ。」

最後に、問題になっている犯罪の共犯者を見つけ出すために、被疑者に拷問が加えられる場合について考えてみよう。ここまでの検討によって、拷問は真実を発見するためには適切な手段ではないことが示されたとすれば、どうして拷問が、発見されるべき真実のひとつである、共犯者をあばくのに役立つというようなことがありうるだろうか？　まるで、自分自身をすら自ら告発するほどの人が、他人を告発するなんてことは滅多にしないものだ、とでもいわんばかりである。他人の犯罪に関して、人を拷問することが果たして正しいだろうか？　証人の取調べ、被疑者の取調べ、証拠、犯行態様、要するに、被疑者に関して犯行を確認するために役立つはずのこれらすべての手段から、共犯者は発見されるのではないか？　共犯者というものは、仲間が収監されると、たいていはすぐに〔その国の官憲の手の及ばない国外へと〕逃亡してしまうものだ。こういう逃亡者たちの運命の不確かさじたい、共犯者たち自身に〔追放刑という〕有罪判決が下されたようなものである。なぜなら逃亡者は、一人孤独の亡命生活を送ることになり、他方、そのことによって、国は新たな犯罪の発生という危険を遠ざけることになるからである。こうして、犯罪者に対して公権力によって科される処罰は、その唯一の目的を得る。つまり、〔刑罰という〕威嚇によって、他の人たちを、同じような犯罪の危険から遠ざけることになるのである。

17 国庫について

かつては刑罰といえば、たいていすべて財産刑だった。人々の犯罪は、君主の財源だったのである。なかでも公共の安全を脅かす罪は、一大収入源だった。こうして治安を守るべき立場の人たちが、むしろ治安が侵害されることによって利益を得ていたのである。したがって刑事裁判とは、こういった科料の徴収人である国庫サイドと被告人とのあいだの〔いわば金銭的〕紛争であった。つまり、ある意味でそれは民事事件であり、または税務争訟のような性質の事件であって、公法的というよりは私法的な争いの場だった。国庫サイドには、公共の防衛のために付与された〔予防を目的として処罰を科すという〕権限ではない、別の権限が与えられたことになり、被告人サイドには、被告人が陥った過ちに対して、見せしめのために必要な〔予防を目的とする〕処罰ではない、別の処罰が科されることになったのである。だから、裁判官は、利害を超越した真実の探求者というよりは国庫サイドに立つ弁護士であり、法律の保護者とか管理人とかいうよりも、一人の徴税代理人であった。

そして、このシステムにおいては、犯行の自白は、国庫に対する負債者となると自ら認めることを意味した。当時の刑事手続きの目的はまさにそのことにあったわけであるが、それゆえに、犯罪の自白こそは、それも国庫にとって好都合であり、損害を与えないようなやり方でなされた自白こそは、すべての刑事法秩序の中心的関心事となったのである。そして、結果というものは、つねに、原因よりもずっと長く存続し続けるものであるから、今もなお、自白が刑事手続の中心的関心事であり続けているのだ。自白を得ることに失敗すれば、疑いのない証拠によって有罪間違いなしということになっても、被告人に対してはあらかじめ定められた基準よりも軽い刑罰が言い渡される[1]。また、自白がなければ、その被告人が犯した可能性のある余罪の有無を明らかにするために、拷問が科されるということもない。逆に自白が得られれば、裁判官は被告人の身体の主人となり、型通りの手続きに従ってその身体を絞り上げる。まるで自分が取得した土地のように、できる限り多くの利益をその身体から絞り取ろうとする。犯罪があったことじたいは確かであるとき、誰が犯人なのかを決定づける証拠となるのは、自白である。そしてこの自白という証拠を間違いないと感じさせるためには、被告人が自白するときに、苦悶と、科された苦痛から生ずる絶望がともなっていなければならない。というのは、正規の取調べではない場所で自白したときの被告人の様子が、落ち着き払っていて、まるで他人事のような態度であり、これから自分にとって過酷な裁定が言い渡されることへの切迫した恐怖感が見られないというような場合は、有罪判決を下すのには十分ではないとされているからである。事実関係を明らかにしてくれるにもかかわらず、国庫サイドの理屈にとって都合が悪い結果になりそうであれば、そのような捜査や証拠は排除される。被告人に対して責め苦を与えるのをときには控えることがあるのも、被告人に哀れをもよおしたり、被告人が弱ったりしたためではなく、今となってはわれわれの理解を越える単なる空想上の存在でしかない、この国庫という制度[2]が失いかねない過料徴収上の理屈のせいなのである。

こうして裁判官は、鎖につながれた被告人、悲痛と責め苦に身をまかせて身の毛もよだつ恐ろしい運命へとひきずられていく人間の敵になる。裁判官は、ことの真相を採り出そうとするのではなく、何としてでも被告人を犯人に仕立て上げようとして罠をかける。もし失敗したら、自分の負けだと思っているのである。そんなことになったら、どんなことについても決して自分は判断を間違えないと、偉そうに自認している裁判官の面目が丸つぶれになる。どれぐらいの〔犯罪事実を示す〕徴候があれば逮捕勾留を許可するか、その権限は裁判官が握っているのである。自分が無罪であると証明するためには、まず被告人として訴追される必要があるのだ。このような手続の仕組みを攻撃型訴訟[3]とよぶ。光に照らされた一八世紀のヨーロッパのほとんどあらゆる場所で、刑事手続は、まだまだそんなレベルにあるのだ。真の訴訟、すなわち情報収集型訴訟は[4]、裁判官が被告人の敵でも味方でもない立場で事実関係を探り出すという、理性が命ずるところに従う手続を踏む。それは軍法が採用する手続であり、アジア的な専制主義すら、これといった特徴もないありふれた事件には取り入れているほどのものなのだ。しかし、〔光に照らされているはずの〕ヨーロッパの裁判所ではめったにお目にかかれない。笑止千万。これでは、まるで出口の分からない奇怪な迷宮のようではないか[5]！われわれよりずっと幸福な未来の子孫たちには、こんな話はもちろん到底信じ難いだろう。そんな未来の社会においては、ひとり哲学者だけが人間の本性を読み解き、攻撃型訴訟のようなシステムが過去においてなぜ存在しえたのかという理由を検証しうることだろう。

18　宣誓について

法律と人間の自然な感情とのあいだの矛盾のひとつは、宣誓から生ずる。被告人は〔手続開始に当たって〕真実を語る人間であるようにと宣誓をさせられるのであるが、それはまさしく、被告人が虚偽の供述をするのがその人にとって最大の利益となるような場面でのことなのだ。これではまるで、あたかも人間というものは、自分を破滅に導く義務を自ら引き受けると誓うことができる、とでもいうかのようである。あるいはまた、利己心が頭をもたげてきても、大多数の人においては宗教心もまた黙っていないはずだ、とでもいうかのようである(1)。

すべての時代の経験が示すところによれば、この天からの貴重な贈り物〔＝宣誓〕ほど濫用されているものはほかにない。非常に賢明だと定評のある人たちですら、しばしば宣誓を守らないことがあるというのに、いったいいかなる動機から、悪人たちが宣誓通りに真実を言うなどということがあるだろうか。宗教は〔死への〕恐怖におののく心や、生への愛着心に対抗して働きかけるものであるが、その動因力は、五感から遊離しすぎているため、たいていの人にとっては弱すぎる。天上界は、人間界を支配している法則とは似ても似つかぬ法則によって支配されているのだ。それなのに、どうして両方の世界の法則を混交させようとするのか？　神に背くか、自らの破滅へと走らせるか、という究極のジレンマにどうして人間たちを陥らせようとするのか？　このような、宣誓を強制する法律は、悪しきキリスト教徒になるか、それとも殉教者になるかの選択を無理強いするようなものである。〔逆に〕宣誓が、徐々に単なる形式になりさがるのならば、〔今度は〕大多数の人間にとって、正直さの唯一の担保である宗教感情の力を、そのように崩壊させていくことになるではないか。宣誓がどれほどまでに無益なものであるかということは、これまでの経験から分かることだ。実際、どんな宣誓も、被告人に真実をしゃべらせることはできないと、あらゆる裁判官が私に証言してくれるだろう。以上は、ものごとの道理に照らしても明らかである。すなわち、人間の自然な感情に反する法律はすべて無益であり、その結果として有害なのだ。そんな法律は、川の流れに真っ向から逆らう堰のようなものである。そんな堰は、川の流れに丸ごと押し流されて飲み込まれてしまうか、もしくはせき止められて渦巻く水流によって浸食されていき、知らず知らずのうちになし崩しにされてしまうか、どちらかなのである。

19　処罰の迅速性

処罰が迅速であればあるほど、つまり犯罪が起きてからの時間的間隔が短ければ短いほど、それだけその処罰は正しく、かつ有益なものとなろう。刑罰は迅速なほど正しい、と私が言うわけは、〔いったい自分の処遇がどうなるのかについて〕不確かな状態に留めおくという無益で残酷な責め苦を、被告人になるべく味わわせないためである。そのような責め苦は、想像力が豊かであったり、自らを弱いと感じている気持ちが強いとそれだけ増大する。また、自由の剝奪は、それじたい処罰という意味があり、本来は判決に先行することのできないものである。ただ必要に迫られた場合に、やむをえず〔勾留による自由の剝奪が〕許されるのである。その意味でも、迅速な刑罰は正しいといえる。

だいたい勾留とは、単に無罪か有罪かの判定がなされるまでのあいだの、市民の身柄の確保にすぎない。そして勾留は本質的に耐え難い状態なのだから、できる限り時間的に短く、またできる限り苦痛が小さいようにしなければならない。勾留期間をできる限り短くするための基準として重要なのは、その被告人の審理に必要以上の時間を取らない、という点である。そしてまた、先に勾留された者から順番に、先に裁かれる権利を有する、とすべきである。〔まだ有罪か無罪か決まっていない人間を〕狭苦しい監獄に留めおくという措置は、ただ逃亡を防ぐため、もしくは犯行の証拠隠滅を図らないようにするためだけに必要な範囲内にとどめなければならない。そして審理じたいを、できる限り短い期間で終結させなければならない。なかなか腰を上げようとしない怠惰な裁判官と、いつ始まるともしれない審理を苦悶しながら待つ被告人、これ以上に残酷なコントラストがほかにあるだろうか？　一方では、無神経な司法官が安泰な生活をだらだらと送りながら事に当たり、他方では、惨めな被告人が日々涙にくれているのだ。一般的にいって、犯行の報いとしての刑罰の重さを決める場合は、他の人間たちに対してどれほどの効果を与えるのかが最も肝腎な点であるが、刑罰を科される者の側からいえば、できる限りその苦痛が小さいものでなければならない。なぜなら、人々が服する害悪が小さければ小さいほど、それだけ望ましいという原理は誤りようのない原理だからである。そのような原理を認めない社会は、到底正当な社会とはいえないだろう。

刑罰が迅速であることは有益である、とも私は言った。そのわけは、犯行と処罰との間に経過する時間の長さが短ければ、それだけ人間の精神における「犯罪」と「刑罰」というふたつの観念の間の結びつきが強くて長持ちすることになるからである。そうすることによって、人は、犯罪を原因とし、刑罰を欠くべからざる必然的な結果として、否応なく関連付けて思い浮かべるようになる。この種の観念の結合こそは、人間的知性という構築物全体をつなぎとめるセメントであって、それなしには、快楽も苦痛もばらばらに孤立した感情にすぎず、何の効果ももたらさないことは明らかである。人間は、一般的な観念と普遍的な原理から遠ざかれば遠ざかるほど、つまり、通俗的になればなるほど、それだけ短絡的で安易な連想にのみもとづいて行動するようになり、より深いレベルでの複合的な観念の結びつきなどは、一顧だにしなくなる。そのような深遠で複合的な連想は、自分が関心を有する対象に我を忘れて夢中になるような人にしか、役に立たないだろう。なぜかというと、そのような人の場合、注意力の光線が、自分が関心をもったひとつの事物だけを明るく照らし出し、その他の事物を暗闇におきざりにしてしまうからである(1)。また、それは、さらに高次の精神にも同様に役立つ。そのような高次の精神は、多数の事物を素早く一瞥することに慣れており、さまざまな感情の断片相互を容易に対比させることができるからである。こうして、結果として表れる行動も、

〔深遠で複合的な連想によって〕より危険の少ない、より確実なものとなる。

しかし、粗野で通俗的な精神においては、何か自分の利益になりそうな犯罪のイメージが心に浮かんでクラッときたとき、さっと処罰の連想が湧いて、その犯罪のイメージが打ち砕かれるようになっていることが望ましい。そうだとすれば、犯行と処罰との間隔が時間的に短いことは最高度に重要なことなのである。処罰が延々と遅れてしまうと、犯罪と刑罰というこの二つの観念の結びつきが弱まり、薄れていくという以外に、何の効果をも生み出さない。そのような場合、ある犯罪に対する懲罰が仮に何らかの印象を人に与えるとしても、それはもはや本人への懲罰としての印象というよりも単なる見せものとしての印象にすぎないことになろう。そして見る人の心においては、本来ならばその犯罪は刑罰への恐怖感を強めるのに役に立ったはずだったのに、特定の犯罪についての恐ろしさの印象はもう随分と薄れてしまったあとに、ようやく処罰についての印象が刻み付けられるにすぎないのである。

最後に、いまひとつの原理が、悪行と処罰とのあいだの重要な結びつきを、もっと強めるのに非常に役立つ。つまり、処罰を、犯罪の性質と、できうる限り一致させるのだ。(2) この類似性によって、犯罪へと人を押しやる力と、刑罰というそれを押しとどめる力とのあいだにあるべきコントラストをたやすく際立たせることができる。つまり、この類似性は、人の心を〔犯罪から〕遠ざけて、法律違反へと人を誘惑する観念が向かう方向とは正反対の〔正しい〕方向へと人を連れ戻してくれる。

20 暴力

犯罪には、人身に対する加害行為もあれば、財産に対する加害行為もある。〔前章での議論からしても〕人身に対する加害行為が、身体の自由を奪う刑[1]によって処罰されなければならないのは疑いない。身分が高くて金持ちであっても、弱い立場にある者たちや貧民に対する加害行為について値段を付けることはできないのである。さもなければ、勤労に対するご褒美として法律で保護されているはずの富が、〔暴力行為を金で解決するために使われて〕専制を養うための食料になりさがってしまうであろう。

どのような場合であれ、人間が、人格であることをやめ、〔値段を付けられるような〕モノになってしまうことを法律が許すのであれば、そのとき、そこに自由はない。もしそんなことになってしまえば、力ある者が、混沌とした市民社会の諸関係のなかから、法律がその者に有利になるようにと与えてくれるものを何でもつかみ取ってやろうと、抜け目なく立ち回るのを、諸君は見ることになるだろう。この発見〔＝暴力行為を金で解決すること〕は秘密の魔法である。その魔法によって、市民は畜獣に姿を変えさせられてしまい、力ある者の手には、不注意な人や弱い立場にある者の行為を縛る秘密の鎖が与えられる。これこそ、いくつかの統治体が一見するとまったく自由な体制に見えるのとは反対に、その実、専制が隠されていたり、あるいは、立法者によって見過ごされた、何らかの死角に予期せざる専制が忍び込んだりしている理由である。その死角において、専制はひそかに力を蓄え、ふくらんでくるのである。だいたい人間というものは、おおっぴらな専制に対しては堅固な堤防を築くものであるが、肉眼では見えないぐらいの小さな虫については、たとえその虫が堤防をむしばみ、確実に河の氾濫を引き起こすような穴をひそかにあけてしまうのだとしても、その虫のことなどは決して気にしないものなのである。

21 貴族に対する刑罰

貴族が有する特権こそは、諸国の制定する法律の主たる内容をなしているのであるが、では貴族による犯罪に適用される刑罰はどのようなものであるべきだろうか[1]? 私はここで、以下のような諸問題について検討するつもりはない。つまり、このような貴族と平民との世襲上の区別が、政府にとって有益であるかどうか、君主制にとって必要であるかどうか。また、この世襲上の区別が〔君主と民衆という〕両極端の行き過ぎを緩和する役割を果たす中間的な権力を作りだすというのは本当なのかどうか。むしろ自分自身の奴隷であり、かつ他人の奴隷でもあるような階級を、この世襲上の区別は作り出してはいないかどうか。まるで、広大無尽で乾燥したアラビア砂漠に点々と浮かぶ、快適で贅沢なオアシスのような小さな小さな輪っかの中に、あらゆる方向へ流れ広がっていこうとする信頼と希望を囲い込もうとする、そのような階級が作り出されてはいないかどうか。あるいはまた、平等でない状態が社会においては避け難いものであり、もしくは有益ですらある、というのが仮に本当だとしても、だからといって個人と個人のあいだというよりも、むしろ、ある階級とある階級を平等でない状態にしておくべきだと言えないかどうか。平等でない状態を政治体のすみずみまで偏りなくゆきわたらせるというよりは、むしろ、政治体の一部分のみを特別扱いすることによって、平等でない状態を堅持すべきだと言えないかどうか。平等でない状態というものは〔社会経済の発展に応じて社会のあらゆるところで〕絶え間なく生じてはまた打ち消されるというよりは、むしろ、固定化されるべきものであると本当に言えないかどうか[2]。こういった諸問題について、私はここでは検討しない。

私は、ここでの課題を、このランクの人々〔＝貴族〕に適用されるべき刑罰はどのようなものなのか、という一点に絞りこむ。そして、最もランクが高い市民に対しても、最も低い市民に対しても、刑罰は同一でなければならないと主張する。名誉においてであれ財産においてであれ、あらゆる区別が正当であると言えるためには、結果として生じたその区別に先立つ、法律によって基礎づけられた平等が、前提となっていなければならない。法律は、すべての臣民を、法律に等しく服する者とみなしているのだ。自然状態における無制限な行動の自由をあきらめた人間たちは、お互いに次のように話し合ったとみなされなければならない[3]。すなわち、〝〔今後は、社会契約によって〕最も勤勉な者が最大の名誉を手にすることになるだろう。その名声は、その人の子孫たちにまで輝きわたるだろう。そうすると、最も幸福な者、最も名誉ある者は、もっと大きな欲望を抱くかもしれない。しかし、そういう人たちは、他の者たち以上に、この協定〔＝社会契約、つまり法律〕に違反することを恐れなければならない。この協定を前提としてはじめて、その人たちを他の人たちの上へ引き上げることもまた正当だと認められているのだから〟と。このような決まりが、議会において実際に発布されたことは歴史上一度もない、というのは本当である[4]。しかし、このような決まりは、ものごとの揺るぎない諸関係のなかに確かに存在するのだ。それは、貴族制によって産み出されたとされるメリットを破壊することなく、その不都合な点のみを阻止する。そして、刑罰の免除へと通ずるあらゆる経路を閉ざすことによって、〔誰にとっても同じように〕法律を畏怖すべきものとするのである。

「貴族にも平民にも同じ刑罰をというが、実際にはそれは同じではない。なぜなら育ちが違うからだ。刑罰は、名門の家柄にとっては、しみついた汚点ともなる」などと言う人に対しては、私は以下のように応えよう。すなわち、「犯人がどう感ずるかということは、刑罰を決める尺度ではない。刑罰の尺度は、公的な損害がどの程度生じたかということである。むしろ、より恵まれた者による犯罪は、より大きな公的損害をもたらすと言えるだろう。また、刑罰の平等は、そもそも外面的なものでしかありえない。同一の刑罰であっても、一人ひとり皆、それぞれ違うように受け取るのだから。さらに、家名を汚すという点については、何の罪もない家族に対して、主権者が公に慈悲を示してみせれば、これをぬぐい去ることができるだろう。信じやすく崇拝好きの人々にとっては、理屈なんかよりも、五感で感ずることのできるような目に見えるかたちによるのが一番だということを知らない者が、いったいどこにいようか?」と。

22 窃盗

暴力をともなわない窃盗は、本来、財産刑によって処罰されるべきものである。他人の財産を奪って金持ちになろうとする者は、自らの財産を奪われるべきだからである。しかし、窃盗は、通常、貧困と絶望がもたらす犯罪にほかならない。つまり、窃盗とは、えてして〔財産を持てる者たちによって行使される〕所有の権利によって、裸の生存ということ以外のすべてを奪われてしまっているような、不幸な人たちによる犯罪なのである。思えば、所有の権利とは、このように恐るべきものであり、たぶん必要のない権利なのだ[1]。そして、財産刑は、悪漢からパンを取り上げようとして、結果的には〔犯罪者の家族という本来は〕罪のない者たちからもパンを取り上げることになるだろう。その結果、〔ぎりぎりの生存の必要に迫られる人たちが増えるので〕もとの犯罪行為の数よりも、犯罪者の数を増やしてしまう。そういうことを考え合わせると、窃盗犯に最もふさわしい刑罰は、隷役のなかでも唯一正しいとよべるような種類の隷役、つまり、その罪人の労働と人身を社会全体に一時的に隷属させるという刑であろう。社会的協定をふみにじる不当で横暴な行為を、このような正真正銘の完全服従によって埋め合わせるのである。

しかし、窃盗が暴力をともなう場合には、刑罰は、身体の自由を奪う刑と労役刑とが半々にミックスされたものでなければならない。〔確かに〕私よりも以前に、すでに他の著者たちによって、暴力をともなう窃盗に対する処罰と、単なる手先の器用さによる窃盗〔＝スリなど〕に対する処罰とを区別しないことによって生ずる明白な不都合が指摘されている[2]。そのふたつを一緒くたにすることによって、大金と人命とを等号で結ぶというような馬鹿げた話になるというのである〔＝人身被害に対する金銭による解決を指す〕。しかし、いまだかつてほとんど実行されたためしがないとはいえ、その原則を何度も繰り返し述べることは、決してムダではない。なぜなら、政治という装置は、他のどんなものにもまして、旧来からのメカニズムを何としてでも保持しようとするものであり、新しい動き方を取り入れさせることがこれほど難しいものはないからである[3]。暴力をともなう窃盗と、手先の器用さによる窃盗、このふたつの犯罪は断然性質が異なる。異質の量のあいだを分け隔てる距離は、無限である。この数学的公理は、政治の世界においてもまた絶対的に確かなのである。

23 名誉剝奪

人に対する侮辱と、人の名誉を損なう不当な行為とは、名誉剝奪(1)をもって処罰されなければならない。市民は、他の人々に対して、自分のことを承認するよう要求する権利を有している。名誉とは、人々によって表明された、その承認の正当な持ち分のことである。ここで科せられる名誉剝奪とは、その承認を公式に取り消すという烙印である。すなわち、名誉剝奪刑によって、罪人は、公的な信認と、祖国の信頼と、社会がよびおこす友愛的な関係とを奪われる(2)。このように名誉剝奪刑は、法律の論理だけで決められるものではない。それゆえ、法律上の名誉剝奪は、ものごとの〔自然的〕諸関係から生ずる名誉の剝奪、すなわち普遍的な道徳にもとづく名誉の判断と一致している必要がある。もしくは、あたかも立法者のような役割を果たすほど強力な通俗的な世評、その通俗的な世評を吹き込まれた国民といった、特殊なシステムに対応する特殊な道徳にもとづく名誉の剝奪と、法律上の名誉剝奪とが一致している必要がある。もし、法律上の名誉剝奪刑が道徳ないし社会通念上の判断と食い違っているならば、どんな弁舌を尽くしてみたところで、法律に対する公の敬意が損なわれるか、さもなければ、道徳や誠実の観念が世の中から消滅するかの、ふたつにひとつである。どんな弁舌も、〔世の中で現に通用している〕実例がもつ説得力には決してあらがうことはできないものだ。それじたいとしてはどうこういうほどでもない行為に、大げさな名誉剝奪刑を宣告すると、真に恥辱の名に値する行為に対する名誉剝奪刑の価値を低めてしまう結果となる。だから、名誉剝奪刑は、濫発されてはならない。また、いちどきに大量の人たちに対して言い渡されてもならない。濫発がいけないというわけは、あまりにも頻繁な世評の利用は、実際にはその世評じたいの力を弱めてしまうという逆効果を生むからである。いちどきに大量の人たちに対して名誉剝奪刑が言い渡されてもいけないというわけは、結局それでは誰の名誉も奪ったことにはならないからである。

身体の自由を奪う刑、あるいは身体に苦痛を与える刑は、自惚《うぬぼ》れにもとづく犯罪に対しては科されてはならない。かえってその苦痛じたいが罪人の自惚《うぬぼ》れを強め、そこに栄光を感じ取りかねないからである。だから、そういった犯罪者に対しては、嘲笑と名誉の剝奪を与えるのが適当である。そういった名誉剝奪刑のみが、見物人たち自身の自惚《うぬぼ》れと執拗な嘲笑によって、狂信者のそれに打撃を与えることができるだろう。さらに、真理それじたいがじわじわと世の中に広がっていき、いつかはそういった自惚《うぬぼ》れにも打ち勝つだろう。このように力には力をもって対抗させ、世評には世評をもって対抗させることで、賢明な立法者は、虚偽の原理によって巷間に蔓延している崇拝心や、〔超常現象を安易に信じてしまうような〕驚きやすい心性を打ち崩す。その虚偽の原理からうわべだけはものの見事にでっち上げられた教説は、その原理が本来は馬鹿げていることを、民衆の眼から巧妙に覆い隠してしまうのである。(3)

これが、ものごとの〔自然的〕諸関係とその不変の本質に逆らわない方法である。ものごとの本質は、時間的制約を超越し、絶え間なく作用し続け、自然〔的秩序〕に反して逸脱していこうとするすべての有限の規則〔＝人為的秩序〕を揺り戻し、瓦解させる。普遍的な原理にしたがって、このような自然〔的秩序〕を忠実に模倣するのは、趣味や楽しみを関心事とする諸技芸の世界だけではない。(4) 政治〔という人為的秩序〕それじたいもまた、少なくともそれが真実の永続的なものである限り、この一般原則にあてはまる。というのも、政治とは、人間というものに共通の感情の動き〔＝人間的自然という、ある種の自然的秩序〕を、より良い方向に導き、共に息づくことができるようにする、一種の技芸にほかならないからである。

24　無為徒食の輩たち

公共の平安を乱す者、法律に従わない者は、社会から排除され、追放されなければならない。法律こそは、人間たちがお互いに犠牲を払い、お互いを守り合うための条件だからである。労苦と勤勉によって成り立っている賢明な政府が、ある種の政治的な無為徒食(1)を許さない〔＝追放処分にする〕のは、このためである。もっとも、謹厳な弁説家たちは、この種の政治的な無為徒食と、勤勉によって蓄積された富を消費するというタイプの無為徒食とを区別できないでいる。蓄財にもとづく無為徒食〔＝消費、浪費〕は、必要であり有益でもある。それによって、社会は拡大し、逆に行政機能は〔合理的に〕集約されていくだろうからである。私が政治的な無為徒食とよぶのは、労苦によるでもなく、富によるでもなく、社会に対して何ら貢献をしないような無為徒食のことである。それは、決して自分からは何も失わずに、ただ受け取るだけである。にもかかわらず、このような無為徒食の輩たちは、馬鹿げたことだが感嘆の的となって民衆に崇拝されている。賢明な者からは、犠牲者たちに対して向けられるような軽蔑のまじった憐憫の眼で見られている。そして生活の快適さを守り、増進させる必要性という活動的生活のための誘因に欠けているため、世評というものに対する弱からぬ情熱にすべてのエネルギーを注ぎ込んでいる。このような無為徒食こそが、私のいう政治的な無為徒食なのである。自らの祖先の悪徳または美徳の結実である富を享受し、刹那的な快楽を買うために、パンとその他の生存手段を勤勉な貧民に与えることは、政治的な無為徒食ではない。そういう者は、あとさきの見通しもなく、力まかせに血なまぐさい戦争を挑む代わりに、富にもとづいて平和的で静かな産業戦争をおこなっているにすぎない。いずれにしても、どのような無為徒食が処罰されるべきかということについて、謹厳だが心の狭い一握りの風紀取締官にまかせるのではなく、法律がきっちりと定義しなければならない。

追放処分というものは、残忍な犯罪行為の罪を問われ、その犯人であるという蓋然性が非常に高いが、しかし絶対確実とはいえないような人に対して、言い渡されるものであるように思える。しかし、だからこそ、できる限り恣意的でない、厳密な規律が必要となる。そのような規律にもとづいて、〔証拠が絶対確実ではないために処罰をせずに〕その者に恐れを抱いたままにしておくか、あるいは〔証拠が絶対確実ではないけれども〕思い切ってその者に刑罰という害を加えるか、という抜き差しならない二者択一の状況に国民を追い込んだ者に対して、追放刑が宣告されるべきである。しかし同時に、その規律は、被告人に対して自らの無罪を主張するという聖なる権利を保障するものでなくてはならない。また、追放刑を宣告するための徴候〔＝犯罪を示す証拠〕は、外国人に対してよりは自国人に対してのほうが、また前科のある者よりは初犯者に対してのほうが、それだけより確かなものでなければならない。

25 追放刑と財産没収

ところで、追放刑に処せられ、自分がメンバーとして所属していた社会から永久に排除された者は、その財産も剝奪されるべきなのだろうか。[1] この問題は、いくつかの異なる側面から考えることができる。財産の喪失は、追放よりも重い刑罰である。したがって、犯罪の軽重に応じて、全財産の喪失か、部分的な喪失か、まったく喪失しないかの区別がなされるべきである。全財産の喪失は、法律によって申し渡された追放が徹底的なものであり、社会と罪をおかした市民とのあいだにある、すべての諸関係をゼロにするほどであるような場合に適用される。このような場合、その人は、市民としては死に、ただ人としてのみ生き残る。[2] 政治体〔＝社会〕にとっては、このような処罰は自然死と同じ効果をもつ。したがって、罪人から剝奪した財産は、君主に帰属するというよりは、相続権者のものとされるべきであるように見えるかもしれない。というのも、〔自然〕死とこのような追放とは、政治体にとっては同じことを意味するからである。

しかし、私があえて財産没収を認めるべきではないと主張するのは、このような些細なことへのこだわりからではない。もしも財産没収刑が、報復や私人と私人とのあいだでの横暴な振る舞いを防ぐことになると主張する人たちがいるのであれば、そういう人たちは次のことを考えていない、と私は言いたいのだ。すなわち、刑罰がどれほどの善を生み出すとしても、それがいつも正しいとは限らない。なぜなら、刑罰が正しいとされるためには、その刑罰が必要であるということになっていなければならないからだ。そして、抜け目なくスキをうかがっている専制へと通ずるすべての扉を用心深く閉ざしておきたいと願う立法者にとっては、有益な不正義は許容されえないものなのである。(3) なぜなら、有益な不正義は、〔ある目的にとっては有益であるから〕一時的な都合によって持ち出され、少数の有力者の利得におもねるからだ。財産没収刑の支持者たちは、これによって、将来的にはもっと救いようがない状態〔＝専制〕がもたらされるだろう、ということまでは真剣に考えない。そして、数えきれないほど大勢の、名も無い人たちが流す涙のことまでは気が回らない。というのも、財産没収刑は、弱い立場に置かれた罪人の額に値札を貼りつけるようなものであり、その結果、罪のない者たち〔＝罪人の家族〕まで苦しませ、そして、今度は罪のない者たち自身を、犯罪に走るほかないという絶望的な欠乏状態に陥らせるからだ。(4) 仮に家長の犯罪を阻止する手段があったとしても、法律が命じている家長への服従によって、その家長の犯罪を防ぐことができなかった家族の者たちこそが、その犯罪のために不名誉と困窮にあえでいるのだ。これ以上に悲しい見世物が、いったいほかにあるだろうか！

26　家族の精神について

　このように嘆かわしく、なぜか大っぴらに認められてきた不正義を、最も開明的な人々ですら、これを良しとし、最も自由な共和国ですら、これを進んでおこなってきたのは、いったいなぜだろうか。それはひとえに、社会というものを、人の連合体というよりは、むしろ家族の連合体であるとみなしてきたことによるのである。ここに一〇万人の人がいて、それが全部で二万の家族に分かれているとしよう。それぞれの家族は五人からなり、各家族を代表する家長をその五人のうちに含むとする。もし、この協同体が家族単位で構成されているのであれば、そこには二万人の人と、八万人の奴隷がいることになる。もし、協同体が人を単位としてできているのであれば、そこには一〇万人の市民がいて、奴隷など一人もいないということになる。

　第一の場合は、ひとつの大きな共和国と、その共和国を構成する小さな君主国が二万カ国あるのと同じである。第二の場合は、共和国の精神が、広場や国民の集会において発揮されるだけではなく、家を取り囲む壁のなかへも浸透してゆく。そして、家の中にこそ、幸福であれ不幸であれ、人間の生活の大半があるのだ。法律と慣習は、国家のメンバーの日常的な感情の反映であるから、第一の場合は家族の長たちの日常感覚、つまり君主国的な精神が徐々に共和国じたいの中に忍び込んでいくだろう。その傾向は、誰かの利害がそれに鋭く対立したときにのみ、抑制されるにすぎない。しかも、その抑制は、もはや自由と平等を鼓舞する感情によるものではない。家族の精神は、細かいことに拘泥するディティールの精神である。共和国を律する精神は、普遍的原理にかかわる精神であり、ものごとを大きな階級の立場で広く観察し、最大多数の善に向けて自らの力を集中していく。家族の集まりとしての共和国〔＝第一の場合〕においては、家長の子どもたちは、家長が生きている限りその権力のもとにとどまる。そして、ただ家長の死によって、ようやく法律以外には自分を支配するもののない存在となる。その日が来るのを、子どもたちは、じっと待ち続けなければならない。人は経験を重ねると誰でも用心深くなるものだ。そんな節度などと称されているものによって、まだ感情の動きがあまり抑制されていないような、若々しく活力に満ちているはずの年齢のときに、〔家長の権力に〕屈服してびくびくすることに慣らされてしまう。そんな人間たちが、いざ活力が衰えてくる下り坂の年齢になったとき、つねに美徳を妨害してやまない悪徳という障害物に、どうしてよく抵抗することができようか？ そんな年齢になってくると、えてして力強い改革の動きには拒否反応を示し、改革の結果に悲観的な見通ししか言わなくなるものである(1)。

共和国が人を単位として成り立っているとき〔＝第二の場合〕は、家族は命令による服従関係にではなく、契約による服従関係にもとづいている。子どもたちは、当初はその弱さと、教育と保護の必要という自然の摂理によって、家族に依存せざるをえない状態にある。しかし、やがて大きくなってその依存状態から抜け出すと、都市の自由なメンバーとなる。ここでは、家族の長に従うことは、全体社会に従う自由な人間たちがそうであるように、所属集団が提供してくれる利益を享受するためであるにすぎない。第一の場合においては、国民の大多数を占め、最も価値のあるメンバーである子どもたちは、父親たちのいいようにされている。第二の場合においては、家族関係に課されている絆は、必要なときはお互いに助けあうという神聖で侵すことのできない義務、そして受け取った恩恵に対する感謝の義務だけであって、それ以外ではない。もしこのような絆が断絶してしまうとすれば、それは、人間の悪い心によってというよりも、むしろ法律が無理強いする悪しき服従によってなのである。

家族の法律〔＝社会的規範〕と共和国の基礎とのあいだには、このような矛盾がある。その矛盾から、もうひとつの矛盾、すなわち、家の道徳と公の道徳とのあいだの大いなる矛盾が生ずる。そして、一人ひとりの魂に永遠の葛藤を生じさせるのである。家の道徳は、服従心と畏怖心を鼓舞する。公の道徳は勇気と自由を鼓舞する。公の道徳は、善行を、善行を施す相手を、自発的な選択にもとづかない閉じられた集団内に限るように教える。公の道徳は、善行を、あらゆる階級の人たちに分けへだてなく施すように教える。家の道徳は、家族のためと呼ばれる空虚な偶像のために、そのメンバーにひたすら自己犠牲を命ずる。ほとんどの場合、そんなことをしても、実際にはその家族の誰のためにもならないのだが。公の道徳は、法律に触れない範囲内で自らにとって有利になることを追求せよと教える。あるいは、献身的行為に先立って、狂喜という褒美を与えることによって、祖国のために力を尽くせと奮起させる。このような〔家の道徳の要請と公の道徳の要請という〕二律背反にさらされ続けることによって、人々は、ついに、美徳という価値じたいをないがしろにするようになってくる。人々には、何が美徳か分からなくなってしまい、しまいには、それが大切なものだとは思えなくなるのである。物理的な対象と同じく、精神的な対象もまた、それが不鮮明にしか見えなければ、自分とは無関係であるように感じられるものだからである。〔このような状況に置かれた〕人は、自分の過去のおこないを振り返り、不正直だった自分をそこに見出して、いったい何度啞然とすることだろうか！

社会が拡大していけば、それだけ一人ひとりのメンバーは全体のなかのほんの小さな一部分でしかなくなっていく。そして、共和制的な〔公の道徳に通ずる〕感情も、それを強めようとする法律の配慮がとくになければ、しだいしだいに減衰していく。人体同様に、社会にも規模の限界がある。その限界を越えて社会が拡大していけば、それによって秩序《エコノミア》は必然的に崩れていく。ひとつの国家を構成する人たちの感度〔＝共和制的な感情〕の高さと、その国家の大きさは、反比例の関係になければならないように思われる。もしそうでなく、人々の感度を高め、かつ国家も拡大させていこうとすれば、良き法律がいくら犯罪を予防しようとしても、それが産み出した善それじたい〔＝感度の高い自由人たちが多く集まり過ぎること〕によって、犯罪防御の努力がおのずと妨げられてしまうだろう。(2) あまりにも大きな共和国は、数多くの共和国にいったん分かれたうえで連邦を結成することによってのみ、専制を免れることができる。しかし、どうしたら、そんなことができるだろうか。それには、シッラ(3)の勇気をもつ、ひとりの専制的独裁官が必要だろう。しかも、その独裁官には、シッラが破壊のために発揮した才能と同じ程度の創造的才能が備わっていなければなるまい。このような人が、もしもっと野心的であったなら、永遠の栄光がその人を待っているだろう。もし哲学者〔＝キケロを指していると思われる〕であったなら、市民たちによってその人には祝福が与えられるだろう。そして、権威を喪失した後も、たとえ市民たちの忘恩ぶりにその人が平然としてはいられないとしても、往時の祝福の記憶が、その人を慰め続けてくれるだろう。国に向けて皆をひとつに融合させていた感情が減衰していくにつれて、自分たちを取り巻いている身近なものごとに対して向けられる感情は強まっていく。だから、専制主義体制が強化されればされるほど、〔そんな国家への思いは薄れていき〕友情がそれだけ長続きするようになっていくのである。そして、つねに卑小な家族的美徳が、いちばんふつうの美徳となる。あるいはむしろ、それだけが人々のあいだに残る唯一の美徳となる。以上の議論から、たいていの立法者たちの視野が、どれほどまでに狭く限られたものであるかを、誰でも理解できることだろう。

27　柔和な刑罰

つい話が横道にそれてしまったが、本題の解明に向けて先を急ごう。犯罪を抑止する最上の策は、刑を厳罰化することではなく、刑罰を誤りなく適用することである。したがってまた、役人たちの注意深い監視も、情け容赦ない裁判官の厳格さも、それがひとつの有益な美徳であるためには、柔和な立法を前提としていなければならない。懲罰に間違いがなければ、たとえその処罰が抑制的なものであったとしても、残酷な刑罰への恐怖心よりは強い犯罪抑止力を、人に対してつねに発揮するだろう。むしろ残酷な刑罰は、〔逃げ回ったりごまかしたりすれば〕処罰されずに済むかもしれないという、あらぬ期待をいや増すだけだ。苦痛というものは、たとえそれほど大したものではなくても、確実に起こると分かっているときには、人々の魂に強く訴えかけるものである。一方、希望という天からの贈り物は、しばしばすべてを押しのけて私たちの心をいっぱいにしてしまうので、ややもすればより大きな苦痛のイメージでさえ意識から遠のいてしまう。〔買収された汚職裁判官たちの〕欲ばりな気持ちや心の弱さが、処罰の免除を容認することが多いのであるが、〔そのような不処罰の例を目にして〕もしかすると自分だって処罰されずに済むかもしれない、などという期待が膨らむようなときは、なおさらそうである。こうして、切迫している残忍な刑罰によって与えられる苦痛が大きく見えれば見えるほど、それをどうしても避けようと、えてして人は、もっと大胆な行為にあえて踏み出してしまうのである。つまり、ひとつの処罰から逃れようとして、次から次へとまた別の犯罪をおかしてしまうのだ。実際、世にも残酷な責め苦がおこなわれていた国々や時代には、例外なく、極端に血なまぐさい非人間的な行為が横行していた。というのも、立法者の手をあやつった残虐な精神が、今度は父殺しや殺し屋の手をもあやつるからである。王座から、鉄のように厳しい法律が奴隷たちの残忍な魂に服従を命令すると、ひそかな暗闇のなかで、今度は新しい暴君を創り出すという、ただそれだけの理由のために、いまの暴君自身が〔残忍な奴隷たちの手によって〕犠牲になったりしたのである。

責め苦が過酷になればなるほど、人間の魂はそれだけ鈍磨していく。それは液体というものが、つねに自らを取り囲む容器に応じて水位を上下させるのとよく似ている。そして情念の力というものはつねに活発であるにもかかわらず、最初は監獄と聞いただけで人の心を強く揺さぶったのに、過酷な責め苦が百年も続くと、車縛り刑[1]ぐらいまでいかないと同じだけの効果を生まなくなってくるのである。刑罰がその効果を得るためには、刑罰のもたらす苦痛が、犯罪によって得られる利得を超過しさえすれば、それで十分である。では、どの程度超過すればよいかというと、もしも刑罰が誤りなく適用されれば、犯罪がもたらすであろう利得が〔刑罰の苦痛によって〕すっかり帳消しになってしまう、となるように計算されなければならない[2]。刑罰において、その必要十分な程度を越える分は、すべからく余計な超過分であって、いわばその刑罰の専制的な部分ということになる。人間というものは、自分がよく知る苦痛を繰り返し経験することによって、自己を規制していくのであって、なじみのない苦痛を味わうことによってではない。いまここに、ふたつの国A、Bがあるとしよう。A国では、犯罪の軽重に比例的な刑罰階梯における最高刑は、終身隷役であり、B国の最高刑は車縛り刑だとしよう。A国の最高刑である終身懲役刑は、B国の最高刑である車縛り刑と、同じ程度の恐怖心をそれぞれの国民に与えるであろう。これが私の主張である。そこで、もし、B国の最高刑である車縛り刑を〔従来の最高刑では効果が薄れてきたという理由で〕A国に導入する必要があるとしたら、それと同じ理由でB国の最高刑も引き上げる必要があるということになろう。つまり、うかうかしている間に、専制的支配者たちによって知り尽くされているところの、あの最高に洗練された研究成果〔＝さまざまな拷問の技術〕までかつぎ出されて、車縛り刑をも上回るような、人間をじっくりと痛めつけ、極限まで苦しませるような責め具が導入されることになるだろう。

残酷な刑罰がもたらす嘆かわしい帰結が、あとふたつある。犯罪を防ぐという本来の目的にとっては、逆効果となるような帰結である。ひとつめは、犯罪と刑罰とのあいだの本質的なバランスを保つことは、実はそう簡単ではないという点にかかわる。なぜなら、刑罰に関する工夫によって、どれほどまでに千差万別の処罰の残酷さが創り出されたとしても、〔その残酷さの度合いが〕刑罰に耐えうる人間の丈夫さと感受力の限界を越えてゆくことはできないからである。もし刑罰がこのような意味での極限にまで達してしまったとしたら、それ以上に有害で、もっと残虐な犯罪が起きたとき、それにどう対処したらよいのかということだ。そのような犯罪を防ぐために必要とされるであろうような、さらに重い刑罰は、どこにも見出しえないだろう。

もうひとつの帰結は、責め苦があまりにも残虐だと、かえって処罰免除という事態が生じやすい、という点にかかわる。人間というものは、良くも悪くも、一定の限界をもつ。そして人間的に見てあまりにも残虐な見せ物は、単なる気まぐれな怒りの発露としか受取られず、決して安定的に持続するシステムとはなりえない。ところが、まさに法律こそは、この安定的に持続するシステムであるべきなのだ。以上から、刑罰が本当に残酷極まりないならば、法律それじたいの本質が変わらざるをえなくなるか、または処罰免除という社会にとって致命的な事態が生ずるかの、どちらかになるのである。

歴史をひもとくとき、有能とされている人たちによって考案され、冷酷に使用された、野蛮で無益な責め具の数々に、嫌悪を覚え慄然としない人はまずいないだろう。次のような無数の不幸な者たちの光景を見て、自分のなかの最も敏感な部分が、一斉に震え出すように感じない人はまずいないだろう。すなわち、法律は、つねに少数の者たちだけを優遇し、大多数の者たちを踏みにじってきた。そのような法律が許容し、また自ら原因のひとつとなって、困窮状態が生じている。そのような状態に陥った者たちは、絶望し、原初の自然状態へと回帰しつつある〔=貧困のために犯罪を犯すことを強いられているの意〕、というような光景である。あるいは、たとえば臆病な無知によってでっち上げられた、実際にはありえない犯罪を追及されている人たち〔=魔女狩りのこと〕とか、または自らの信条に誠実であったというだけの罪人たちの光景[3]である。何にしても、こういう人たちは、自分たちと同一の五感を与えられ、したがってまた同一の情念を有する人間たちによって、じっくりと責め苛むように工夫をこらしたやり方で、ずたずたに引き裂かれ、熱狂する群衆たちにとっての恰好の見せ物となっているのだ[4]。

28　死刑について

このような責め苦をむやみに濫用してみたところで、いまだかつて人々が正しく矯正されたというためしがない。そこで今度は、よく整えられた統治体制にとって、死刑は本当に有益で正しいのだろうか、という問題を検討することにしよう。同類の者を惨殺するという、人間たちに属するとされている権利は、いったいどんなものでありうるだろうか。それが、主権や法律の礎になっているような、そういう類いの権利でないことは確かである。主権や法律は、一人ひとりが自分自身の自由の総体から、ほんのちょっとだけ削り取って差し出した分の総計にほかならず、つまり、個別的な意思の集計としての一般意思を表現したものである。[1] いったい誰が、自分を殺させるかどうかを他人の意向にまかせてもよい、などと思うだろうか。犠牲として差し出された、一人ひとりの自由のなかのごくごく一部に、すべての財産のなかで最大のもの、つまり生命までもが含まれているなどということが、いったいどうしてありえようか。もし含まれているのだとしたら、このような原理と、自分の手で自分を殺すことは許されないとするもうひとつの原理〔＝キリスト教における自殺禁止の教義〕とを、いかにして調和させることができるだろうか。もし自分を殺す権利を誰か他の人に、あるいは社会全体に与えることができるのだとすれば、人はもともとその権利を自らもっている、ということでなければならないはずではないか。[2]

したがって、死刑は、〔真の主権者にとっての〕権利ではない。私が示してきた通り、そんなことはありえない。そうではなく、死刑とは、一人の市民と敵対する国民全体の戦争なのである。その市民の存在を抹殺することが必要または有益という判断が、その〔正当化の〕根拠としてあげられることになる。しかし、もしも死刑が、実は有益でも必要でもないということを示せたなら、私は人間性を賭けた訴訟に勝ったことになるだろう。

一人の市民の死が必要とみなされうるのは、以下のふたつの場合だけである。第一に、たとえ身の自由を奪われたとしても、なおその市民が強大な人的ネットワークと影響力を保持し、それによって国民全体の安全が脅かされているというような場合。つまり、その市民が存在しているということじたいが、安定した統治形態を転覆させる、危険な革命を引き起す恐れのあるときである。したがって国民全体が自由を取り戻すか失うかという瀬戸際に立たされているようなとき、あるいは、無秩序それじたいが法律にとって代わっているような無政府状態においては、誰か市民の死が必要となることもある。しかし、法律が平穏に支配している場合には、つまり国民が一致して支持している統治形態においては、私は一人の市民を抹殺する必要を何ら認めない。そのような統治形態は、対外的にも対内的にも、実力行使から十分に守られている。そして、おそらくは実力行使よりも強力な世評からも、十分に守られている。そこにおいては、指揮権は真の主権者にのみ属し、富は権力を買い取ったりはせず、ただ快楽に費やされるだけである。ただし、その市民の死だけが、他の人たちに犯罪を思いとどまらせるための、真に唯一の歯止めとなるというのなら、話は別である。もし、本当にそんなことがあるというのであれば、それは、死刑が正しく、かつ必要と信じてよいような、第二の場合ということになろう。

社会に害を与えてやると心に決めた人間が、極刑を恐れて、実際にその侵害行為を思いとどまるということは決してない。それは、あらゆる世紀の経験が示すところである。一方で、古代ローマ市民たちによる〔死刑廃止という〕お手本がある。最近では、モスクワ公国の女帝エリザヴェータによる二〇年間の統治が、人民の君父たちに模範的な例を提供している[3]。それは、祖国〔＝ロシア〕の子どもたちの血を犠牲にすることによって勝ち取られた多くの征服と、少なくとも同じだけの価値がある。このように、さまざまな歴史的経験をもってしても、道理にかなう言葉に対しては何かと懐疑的なくせに、権威の発する言葉には唯々諾々と従うような人たちを納得させることは、なかなかできないかもしれない。たとえそうだとしても、私の主張が真理であることを分かってもらうためには、人間の本性とは何であるかを、いま一度思い返してみるだけで十分のはずである。

人間の魂により大きなインパクトを与えるのは、刑罰の強さではなく、むしろ刑罰の長さである。なぜなら、私たちの感受性は、強烈だが一時的な衝撃よりも、弱くても繰り返される印象によってこそ、より容易に、そして、いっそう確実に動かされるからである。あらゆる感覚的存在は、あまねく習慣に支配されている。そして、習慣の力を借りて人がしゃべったり、歩いたり、欲求を満たすように、持続的・反復的に精神を連打し続けることによって初めて、道徳的観念は精神に刻み込まれていくのである。犯罪に対する最も強力な歯止めとなるのは、恐ろしいが一時的な見せ物にすぎない悪党の死〔＝死刑執行〕ではない。そうではなく、自由を奪われた人が長期にわたって苦しみ続けるという実例こそが、犯罪に対する最も強力な歯止めとなるのだ。そのような人は、くびきにつながれた家畜のようになって、自らの労役でもって、自分が社会に与えた損害の埋め合わせをしている。そういう光景を目にするたびに、私たちは、「自分自身、もし同じような悪いことをすれば、こんな惨めな状態でずっといなければならなくなるのだ」と繰り返し繰り返し身につまされることになる。だから、その効果は絶大で、死への想いなどに比べてずっと強い。人々にとって死というものは、えてして遠い彼方で起きる、漠然とした出来事のようにしか思えないものなのである。

死刑は、確かに一定の印象を人に与える。しかし、その力をもってしても、時が経つにつれて急速に忘れられていくのを食い止めることはできない。最も根本的な事柄についてすら、忘れていくということは、人にとって自然なことだからである。そのうえ、人の情念が、その忘却を加速するだろう。ゆえに一般的法則として、次のようなことが言えよう。すなわち、劇的な印象は人々を大いに驚かせる。しかし、その効果は長続きしない。なるほど劇的な印象は、平均的な人々をペルシア人〔＝奴隷的精神と悪徳の象徴〕にもスパルタ人〔＝自由な精神と美徳の象徴〕にもしてしまうような、革命的効果を与えるにはちょうどよい。しかし、自由で平穏な統治体制においては、印象というものは、強烈であるよりは、むしろ繰り返されるべきものなのである。

大多数の者たちにとって、死刑とは単なる見世物である。ある者たちにとっては、憤慨の入り交じった同情心の対象である。どちらにしても、見ている者たちの魂は、余計な感情でいっぱいになってしまう。だから、法律が吹き込もうと目論んでいる、良い意味での恐怖心の入り込む余地がもう残っていないのだ。しかし、抑制的かつ持続的な刑罰においては、余計な感情が邪魔をしないため、見ている者たちを支配する感情は、恐怖心だけとなる。立法者が、刑罰の苛酷さについて定めるべき上限は、見ている者たちの魂において同情心が他のあらゆる感情よりも優勢になり始める、その臨界点にあるように思われる。その臨界点を超えるような過度に苛酷な責め苦は、罪人に対してというよりは、見ている者たちに対して課されるのと同じ働きをしてしまう。

したがって、ある刑罰が正しくあるためには、人間たちを犯罪から遠ざけるのに必要最低限な程度の強さを有し、かつ、その程度を越えてはならない、ということになる。いま、犯罪によって、どれほどの利得がありえようとも、それと引き換えに自らの自由を完全かつ永久に失うのだという考えが脳裏に浮かんでくれば、もう決してそんな選択をする者などいないだろう。したがって、なにも死刑ではなくとも、その代わりに終身隷役刑を科すことにすれば、その刑罰が、どんな固い犯行の決意をも翻させるほどの十分な強さをもっているということになるのだ。いや、終身隷役刑には死刑以上のものがある、と私は付言しておきたい。

死刑に対しては、多くの者が〔意外と〕冷静沈着に向きあうものである。それは狂信によるものかもしれないし、ずっと人につきまとって墓の中にまでついてくる、あの虚栄心というものによるのかもしれない。また人によっては、死刑が、自ら生きようとするのをやめた結果であったり、悲惨な状態から脱却するための最後の絶望的な試みであったりするからかもしれない。しかし、足かせや鎖につながれて棍棒に打ちのめされ、くびきをかけられて鉄格子のなかに閉じ込められた人間にとっては、狂信も虚栄もない。そして、絶望は、その苦痛を終わらせるのではなく、むしろ始まらせるのだ。われわれの魂は、暴力や、いっときの激痛に対しては、存外よく持ちこたえる。しかし、絶え間なく繰り返される不快な刺激には耐えられないものだ。なぜなら、魂というものは、前者のような一撃をはね返すためには全身全霊の力を言わば瞬間的に凝縮させることができるものだが、後者のような継続的反復作用に長く抵抗するには、たとえ魂の強靱な弾力性をもってしても、十分ではないからである。

　死刑をもってすれば、国民にひとつの見せしめを示そうとするたびに、〔死刑に値する〕ひとつの犯罪が必要となってくる。終身隷役刑においては、たったひとつの犯罪が、長続きする見せしめを繰り返し提供してくれる。そしてもし、人々が法律の威力をたびたび目の当たりにすることが重要であるというのであれば、死刑執行の頻度はあまり間遠であってはならないということになる。とすると、〔死刑に値する〕犯罪じたいが頻繁に起きてもらわなければ困るということになる。そこで、この責め苦〔＝死刑〕が有益であるためには、その処罰が与えるであろう犯罪抑止効果を存分に発揮しないことが必要ということになる。[4] つまり、死刑とは、有益であると同時に有益でないもの、ということになるのだ。[5] 終身隷役刑は、死刑と同じぐらい苛酷なものであり、だから死刑と同じように残酷であると人は言うかもしれない。この疑問に対して私は次のように答えよう。隷役期間中における不幸の量をすべて合計すれば、たぶんそれは死刑以上に残酷なものになるであろう。死刑は、その力を一瞬のうちにすべて行使する。それに対して、服役中における不幸の総量は受刑者の全生涯に引き延ばされている。そして、この点こそが隷役刑の長所なのである。つまり、隷役刑は、刑に服する者よりも、むしろ刑を見る者のほうを余計に動揺させる、という点である。なぜなら、刑を見る者は、服役者の不幸の総量に思いをめぐらせてしまうが、刑に服する者は、今この瞬間の不幸でいっぱいで、将来のことまでは考える余裕がなくなっているからである。すべて苦痛というものは、想像のなかで拡大する。実際に服役している者たちは、不幸に鈍摩した魂の代わりに自らの感受性のみを備えた見物人たちには知られていないような、意外な支えや慰めを見出しているものだ。

絞首台とか車縛り刑の抑止力をもってする以外には法律を破らないではいられないような、泥棒とか人殺しが言う理屈は、だいたい以下のようなものであろう。もちろん、私とて、自分の魂のなかのもろもろの感情を発達させることは、ひとつの技《わざ》であって、教育によってはじめて修得できるものであることぐらいは承知しているつもりだ。しかし、泥棒が自分の行動原理をよく説明できないからといって、泥棒が行動するのに原理が欠けているというわけではないのである。すなわち、「何だっていうんだろう、俺が守らなければならないという法律、俺と金持ち野郎とのあいだに横たわる、こんなにも大きな隔たりを放ったらかしにしている法律ってヤツは？　法律に『金くれよ』と泣きついてみても、法律は俺なんかにビタ一文渡そうとはしねえ。その代わり、法律っていうご仁は、もっともらしい言い訳を並べたてて苦役を命じやがるんだ、自分ではその苦役が何であるかをよく知りもしねえくせに。ちくしょういったい誰なんだ、こんな法律を作りやがったのは？　金持ち野郎やお偉いさんたちに決まってらあ。そういうヤツらは、貧乏人のみすぼらしいあばら屋をお訪ねなさったことすら決してなかったさ。腹をすかせてぎゃーぎゃー泣き騒ぐガキどもや、メソメソしやがる女房に、カビの生えたパンのひとかけすら分けてやったこともなかったさ。思い切ってぶったぎっちまおうじゃねえか、こんな縛りごと〔＝社会契約、つまり法律〕は。ほとんどの人間には邪魔くせえだけで、ほんの一握りの連中と、鈍感な暴君にだけ役立つような縛りごとなんかはな。こんなイカサマ、根こそぎにしてやろうじゃねえか。俺はな、何でも独りでやっていく、あの元の状態に戻ってやるぜ。しばらくのあいだは、体ひとつの勇気と俺の才覚だけで、自由気ままに、そして気分よくやっていくぜ。そのうちに、たぶん苦しみと悔い改めの日〔＝死刑を待つ日〕が来るだろうが、そんなのはごく一瞬の話だろうさ。自由で楽しい長い年月との引きかえに、わずか一日の難儀〔＝処刑の日〕をやり過ごすだけのことだ。俺はな、小さな徒党を組んでその頭になり、運命の間違いを正してやるのだ。そして、世の暴君たちが、栄華を奢り高ぶって、奴らの馬や犬よりも見下していた者たちを前にして、青ざめてぶるぶる震えだすのを見てやるのだ」と。とどのつまり、宗教が、万事好きなようにやりたい放題という、悪人の精神の前に姿を見せる。宗教は、悪人に対して簡略化された悔い改めの儀〔＝秘跡の一種〕を執りおこない、永遠の幸福が待っていることはほぼ確実だという見通しを伝える。こうして宗教は、最後の悲劇〔＝死刑執行〕の恐怖をずいぶん減らしてやることができる。(6)

しかし、〔これに対して〕いまは共に自由に生き、交友関係を結んでいる仲間の市民たちの面前で、いまは自分を保護してくれている法律の奴隷となり、隷役と苦痛のうちに過ごすことになるであろう何十年間、場合によってはそれだけで終えるだろう全生涯を、目の前にありありと思い浮かべることのできる人はどうだろうか？　そういう人は、一方では、自分がいま手を染めようとしている犯罪の結果がどうなるかが確かではないことや、仮にその犯罪の成果が得られたとしてもそれを享受できる時間は短いだろうということ、他方では、何十年間または全生涯にわたるであろう苦難とを、心の中で思い比べて考えこまざるをえないだろう。みずからの愚かさの犠牲となった者たちの有り様を目の当たりにし続けることは、見世物としての責め苦などよりも、ずっと強く人に働きかけるものだ。見世物としての責め苦は、人を正しく直すというよりも、人の心をかたくなにするだけなのだから。(7)

人々に残忍さのお手本を与えるという点からみても、死刑は有益ではない。仮に激情だとか、あるいは戦争の必要だとかが人の血を流すことを示してみせたとしても、人間の行動を抑制するという役割をになうべき法律が、野蛮なお手本を自ら増やすべきではないだろう。しかもなお悪いことに、法律の命ずる死は、念入りに検討されたうえで厳粛に執行されるので、〔激情に駆られた行為や戦争に比べても〕それだけおぞましいものとなる。法律とは、殺人を憎み、処罰するという、公共の意思の表現である。そういう法律が、自らの手で殺人をおこなうとは、私にはナンセンスなことに思えるのである。それはすなわち、市民を謀殺から遠ざけるために、公然と謀殺を命ずることだからである。

それでは、真正の法律、より有益な法律とはどのようなものなのであろうか。それは、すべての人が守りたい、提案したいと思うような協定、あるいは条件である。私的利害の主張というものはつねに声高だけれども、このような場合においては、そのような声は〔公共の利害に道を譲って〕沈黙するか、または公共の利害に自らを結びつけるしかない。〔ところで〕死刑に対して、人はそれぞれどのような感情を抱いているであろうか。人々が死刑に対して抱いている感情は、各人が死刑執行人を前にして見せる、怒りとさげすみを表す行為のなかに読み取ることができるだろう。死刑執行人といっても、公共の意思を実行に移す者にすぎない。つまり公共の利益のために貢献する良き市民の一人であるにすぎない。〔社会の〕対外的な防衛のために勇敢な兵士が必要であるように、死刑執行人は〔社会の〕対内的な公共の安全のために必要な道具であるにすぎないのだ。それでは、〔死刑執行人に対して人々が示す態度の〕このような矛盾の根源は何なのであろうか。人間が、理性では分かっているにもかかわらず、〔死刑執行人に対する矛盾した〕感情をぬぐい去ることができないのはなぜなのだろうか。それは、人間の魂の最も奥まったところ、ほかのどんなものよりも古い、自然のままの形を保っているところにおいて、「必要性の原理という、宇宙を統御している鉄則に抵触しないかぎり、ある人の生命が、誰か他の者の権力に支配されてはならない」という信念が、つねに失われないできたからである。

聡明な裁判官、正義をとりしきる厳めしい祭司が、自分には何のかかわりもないといった落ち着き払った態度で、重い足かせを嵌められた罪人を、ずるずる死〔＝処刑場〕へと引きずってゆかせる。また、哀れな罪人が、最後の一撃を待ちながら断末魔の苦しみに煩悶しているちょうどそのときに、裁判官が、自分には何の感じるところもないかのような冷ややかな態度で、ひょっとしたら自らの権威に秘かに満足する気持ちすら抱きつつ、人生の心地良さと楽しみとを味わうために、その脇をすっと通り過ぎてゆく。こんな光景を見て、人々はいったい何と考えればよいのだろうか。人々は言うだろう、「ああ！　法律なんて、しょせん力を振るうための口実にすぎないのだな。念入りに考えぬかれた、残忍な、正義の形式さ。犠牲者となるよう運命づけられている者を、できるだけ確実に専制主義の貪婪《どんらん》な偶像の前に生けにえとして捧げるための、決まりきったお題目にすぎないのだ」と。

さらに人々は言うだろう、「私たちは教え諭されてきたではないか、人殺しは恐るべき悪事なのだぞ、と。しかし、憎しみにも怒りにもよらない人殺しが、目の前でおこなわれているのだ。それなら、このお手本を利用しない手はない。確かに今まで書かれてきたものを読むと、暴力による死〔＝死刑〕は、いかにもぞっとさせるようなシーンとして描かれてきたな。しかし、よく考えてみれば、そんなのはあっという間のできごとにすぎない。ましてや、死刑になるなんて思ってもみなかったような人、死刑によって受けるだろう苦痛のほとんどすべてを、まだ感じ取ってもいないような人にとっては、なおさら死刑の苦しみなんて大したことはないだろうよ」と。これは、犯罪に手を染めようとしている人たちが、たとえ明確に意識しているわけではなくとも、少なくとも漠然と抱いている、命取りになるような誤った考え方である。こういう人たちには、すでに私たちが見ておいたように、宗教そのものというよりも、宗教の濫用が、より大きな悪影響をおよぼしているのだ。

もし、ほとんどすべての時代、ほとんどすべての国において、いくつかの犯罪に対して実際に死刑が科されてきたではないかという例を挙げて私に反論しようというのであれば、私は次のように応答しよう。すなわち、そんな実例も、真理を前にしてはひれ伏すばかりだろう、と。なぜなら、真理に対しては時効がかからないからである。人間の歴史というと、私たちは、数えきれないほどの誤りの大海原というイメージを思い浮かべる。その誤謬の大海のなかを、ほんのわずかな数の消えんばかりの真理が、まったくバラバラのまま漂っているばかり、といった具合なのだ。ほとんどの国で、かつて生身の人間を生けにえに捧げる慣行が広く見られたからといって、誰がその慣行をあえて今でも許そうとするだろうか? 確かに、死刑の処断を回避すると決めたのは、ごくわずかな、いくつかの社会だけであり、しかもそれさえもほんの短い時期においてのみ廃止されていたにすぎない。しかし、たとえそれらの社会で死刑の廃止されていた期間が、人類を包み込む長く闇深い夜と比べれば一瞬の閃光にすぎないぐらい短かったとしても、それでも死刑廃止を経験した社会があるという事実は、私の主張にとって不利というより、むしろ有利なのである。なぜなら、そうだとすれば、死刑廃止は、偉大な真理というものの運命に合致することになるからである。それまで広く蔓延していた誤った考え方に代わって、今度は、真理が限りなく多くの人たちの間のすみずみにまで浸透するという、そういう幸福な日々はいずれにしてもまだ訪れていないのだ。今までのところ、この普遍的法則[8]の適用を免除されてきたのは、ただひとつ、無限の叡智〔＝神〕が、その他の真理から区別したいと望んでいた、啓示によって明らかにされた真理だけなのである。

一人の哲学者の声は、無反省のまま慣習に従っているだけの大勢の人たちの騒ぎ声や叫び声に対して、あまりに無力である。しかし、大地の表面に散らばったごく少数の賢者たちは、自らの心の内奥で私の呼びかけに応えてくれるだろう。そして、もし真理が、君主へと通ずる道を通り、真理の意図を邪魔する無数の障害物にもかかわらず、それらのあいだをすり抜けて、ついに王座にまで到達できたとしたら、それは万人の隠れた誓願とともに王座へと到達したということなのだ。そのことを、〔その君主には〕分かってほしいものだ。また、征服者の血なまぐさい名声も、その真理の前では沈黙せざるをえないということも、知っておいてほしい。そして、〔公正な子孫であれば、ティトゥス帝やアントニヌス帝、それにトラヤヌス帝らの和平記念像が居並ぶなかで、この君主にこそ最も高い地位を割り当てるだろうということを、わきまえておいてほしいのだ。(9)

慈悲深く、平和的美徳と学問・芸術とを奨励し、人々の父として愛され、王冠をいただいてはいるが一市民でもあるような、そういう君主たちが、ヨーロッパの王座にのぼっているのを私たちは見ている。そうなった今、もし初めて〔真正の〕法律が人類に示されるのであれば、人類は何と幸福なことであろうか。そのような君主の権威が増大することは、臣下の者たちにとって幸いである。なぜなら、これによって〔君主と人々とのあいだに位置する〕中間的特権層の専制が排除されるからである。その中間層の専制こそは、中途半端な立場にあるために、それだけより残忍なのである。もし王座にまで届くようなことがあれば、つねに傾聴されたであろう人々の率直な誓願を、さえぎり押し殺してきたのは、中間層の専制なのだ！　そして私は言っておきたいのだが、もしそんな君主たちが、古くさい法律を手つかずのまま存続させておくとしたら、それは何世紀ものあいだ有り難く奉られてきた腐食だけを取り除き、法律の欠陥を明らかにすることが、限りなく難しいからにすぎない。だからこそ、光で照らされた市民たちは、ますます熱心に君主たちの権威の継続的増大を求めているのだ。(10)

29　逮捕について

市民を勾留するかどうかの判断を、法律の執行という役割を担うにすぎない司法官の自由裁量に任せるのは間違っている。このような間違いはよく目にするが、ここで、我が身の安全を実感できるようになることが、そもそも社会というものの設立目的だったことを思い出してもらいたい。それなら、ある人が自分と仲が悪いからといって、あやふやな理屈をこねてその人から自由を奪ったり、仲の良い相手だからといってこれ以上ないほどはっきりした罪責の証拠があるのにおとがめなしのまま済ませたり、というようなことはあってはならないはずだ。

勾留はひとつの刑罰である。[1] ただし、ほかのあらゆる刑罰とは異なって、勾留は有罪宣告に先立って実施される必要がある。しかし、この特徴が際立っているからといって、次に述べるようなもうひとつの〔刑罰としての〕本質的特徴が消え去ることはない。すなわち、何であれ、刑罰にひとりの人が値するのはどのような場合かを決めることができるのは、ただ法律だけである、ということである。犯罪の徴候がどれぐらいまで固まっていれば、被疑者の身柄確保や強制的取調べ、または刑罰を科すことができるといえるのか、その点については、法律によって明示されなければならない。世間の風説、逃亡の事実、法廷の外部における自白〔＝捜査および予審段階での供述など〕、共犯者の供述、被害者に対する脅迫や積年の敵対関係、犯罪事実そのもの〔罪体〕の存在、そのような類いの徴候は、市民を逮捕するのに十分なだけの証拠だろう。しかし、こういった証拠の、何がどれぐらい必要なのかについては、裁判官ではなく、法律によって、きっちりと確定されていなければならない。裁判官の命令というものは、あくまで公の法典によって確立された一般原則を、具体的な事例に適用するにすぎないものでなければならない。そうでないとき、裁判官の命令は、つねに政治的自由に反していることになる。刑罰がより抑制的になり、監獄から悲惨や飢餓が消え去り、共感と人間性が鉄扉の中へと浸透していって、冷酷非情な看守たちをも動かすようになれば、その度合いに応じて、法律は逮捕・勾留の要件をそれだけ緩めることができるだろう。

ある犯罪に関して訴追・勾留されたが、結局は無罪放免となった者に対しては、いかなる名誉剝奪〔＝訴訟能力の否定、公法上の能力制限等〕の烙印も押してはならない。重大な犯罪に関して訴追されたのちに無罪と分かった結果、人々から一人前の市民として敬意を払われたり、公職に就くという形で名誉を回復した〔古代〕ローマ人たちは、〔非常に数が多く〕いったい何人いることだろうか！ いったいどういうわけで、われわれの時代においては、同じように無罪放免となった者の運命が、こんなにも違ってきてしまっているのだろうか？ それは、われわれの刑事司法システムのもとでは、人々の頭のなかで、正義の観念よりも、力の観念、権勢の観念のほうが勝っているからであるように思われる。また、訴追された者と有罪が確定した者とを、同じ雑居房のなかにごちゃまぜにぶち込むからである。さらに、勾留が、被疑者の身柄確保のためというよりも、むしろ、それじたいが、被疑者に対して責め苦を与えるものになってしまっているからである。そしてまた、国内において法律を守る武力〔＝警察〕と、国外に対して王座と国民を防衛する武力〔＝軍隊〕とが、提携すべきときに、バラバラになってしまっているからである。もし、両者が提携すれば、法律こそが共通の根拠となり、警察は、司法権と結びついているのはもちろんであるが、しかし、司法権の直接的権限に従属することはなくなり〔＝捜査や逮捕などの業務を法律に従って適正に遂行するようになり〕、軍隊は〔＝監獄の警備を担当することになる〕、その特有の華々しさが放つ栄光の輝きや、軍人たちの隆々たる様子によって

〔勾留につきまとう〕不名誉を拭い去ってくれることだろう。不名誉というものは、その他のすべての庶民的な感情と同じく、実体そのものよりも、むしろその様式のほうに、より強く左右されるものだからである。実際、一般的な見解においては、軍事監獄は、通常の監獄ほどには不名誉なところではないとみなされている。ひとつの国が到達した光輝く〔哲学の〕高みに比べて、その国の人民や慣習や法律は、一世紀以上も遅れているのが常である。われわれの父祖たちは、北からイタリアにやってきた狩猟民族〔=イタリア半島北部を占拠したゲルマン民族の一派、とくにランゴバルド人たちのこと〕であるから、その父祖ゆずりの野蛮な印象と凶暴な観念とが、いまなおわれわれの〔慣習や法律の〕あいだには残存しているのだ。

いかなる場所でなされた犯罪であっても、それが〔ある国家が制定した〕法律に違反する行為であれば、〔よその国においても〕処罰されうるのだ、という見解が主張されることがある。これではあたかも、臣民であるという性質はどこまでも消し去ることができない、といわんばかりではないか。いわば臣民と奴隷は同義語、いや臣民は奴隷にも劣る、とでもいわんばかりではないか。ある人がどこかの領土の民であると同時に、どこか他の場所に住むこともできるかのようであり、その人の行為についての管轄がふたつの主権に属し、しばしば相矛盾するふたつの法典が矛盾なく適用されうるかのような言い分である。たとえば、コンスタンティノープルにおいてなされた残虐な行為も、パリで処罰されうる、というのである。人間性を損なう者は、全人類を敵に回しているのであって、万人から非難されるに値するから、というのがその根拠である。しかし、これはいかにも抽象的な論拠である。これでは、本来は特定の範囲の人々が、自分たち同士をお互いに守るために結んだ特定の協定〔=法律〕にもとづいて、はじめて制裁を発動できるはずの裁判官が、あたかも〔普遍的な〕人間的感受性に突き動かされて報復行為をしているかのように聞こえる。刑罰の科される場所は、犯罪の起きた場所でなければならないのだ。なぜなら、どこか他の場所ではなく、ただその場所だけにおいて、人々は、公的な犯罪を防ぐためにやむをえず、ある個人に害悪〔=刑罰〕を与えることを強いられるからである。ある人が性質上悪人で〔道徳的には〕悪いことをしたとしても、その人がメンバーとして所属しているわけではない〔よその〕社会の協定を破った〔＝法律に違反した〕というわけではない、としよう。そういう悪人も、危険視され、その社会の当局の力によって追放・排除されることはあるだろう。しかし、その行為がいくら本性上悪質だからといっても、協定を守るための制裁を定めた法律という形式によっては、そのような行為に対する処罰を実施することはできないのである。

それほど重大ではない犯罪をおこなった者たちは、たいてい牢獄の暗やみに閉じ込められてしまうか、見せしめとして国外に追放されるか、のどちらかである。しかし、こういった者たちは追放された先の国々に害を与えたわけではないのだから、この遠方における隷役はほとんど無益である。人間というものは、突発的に極めて重大な犯罪に走るわけではないのだから、大悪人に対する公開の処罰は、大多数の人たちにとっては、自分には縁遠いもの、自分自身が同じ運命に陥るとはとうてい考えられないものにしか見えないだろう。しかし、比較的に軽い犯罪に対する公開の処罰は、人々に他人事ではないような印象を刻み付けてくれるだろうから、人々の性向を日常的で身近な犯罪から引き離し、ひいては重大犯罪からも遠ざけてくれるだろう。刑罰というものは、刑罰同士のあいだで、また犯罪とのあいだでバランスが取れていなければならないが、それは単に力の面ばかりではなく、刑罰を科す方法においてもまたそうでなければならない。軽微な犯罪について、被害者が加害者を許すとき、刑罰を免除することがある。これは情け深い、人間性に合致した処分である。しかし、この処分は、公共善には反する。市民個人が、受けた被害の損害賠償請求を個人的に留保することができるのと同等に、自らが許すことによって、〔公的な〕見せしめの必要性を打ち消すことができるかのような話になってしまうからだ。刑罰を科す権利は、ひとり被害者だけのものではない。それは、全市民の権利、もしくは主権者の権利である。市民個人は、ただ権利のなかの自分の持ち分を放棄することができるだけであり、他の人たちの持ち分までを勝手に消し去ることはできないのである。

30 訴訟と時効

証拠が固まり、犯罪を確実に証明できるという計算が立ったら、防御のための時間と適当な手段を被疑者に許す必要がある。とはいえ、その持ち時間は、刑の執行を迅速におこなうことを妨げないように、一定の長さ以下に制限されなければならない。刑罰の迅速さこそは、すでにわれわれが見たように、犯罪を抑止するのに必要な、主たる条件のひとつだからである。このような時間的制限は、〔被疑者にとっては不利に働くように思えるので〕人間愛に反しているように見えるかもしれないが、それは人間愛というものについての心得違いにもとづく。もしも、無実の者を誤って処罰してしまうという危険が、立法の欠陥によって増大している〔のであって訴訟期間の短縮によってではない〕ということを考えに入れるなら、あらゆる疑問は氷解するであろう。

しかし、被疑者の防御のためであれ、犯罪の証拠探しのためであれ、そのための時間をどれぐらいの長さに制限するかを決めるのは、法律の役割でなければならない。もし、裁判官が、ある犯罪の審理に必要な期間を決めることができるのだとしたら、裁判官が同時に立法者を兼ねる事態になってしまう。同じように、長く人々の記憶に残るような凶悪犯罪については、証拠が明らかであれば、何とか刑罰を免れようと逃げ回る罪人にとって有利に働くような、いかなる種類の時効も認めるに値しない。しかし、比較的に軽く、あまり目立たない犯罪については、ひとりの市民〔＝被疑者〕の運命がどうなるか分からないというどっちつかずの状態を、時効によって解消してやらねばならない。なぜなら、犯罪事実が明らかにならないという闇にまぎれた状態が続く場合は、たとえその犯人が処罰されずに終わったとしても、もはやそれほど悪しき前例として〔人々の記憶に〕残ることはないだろうからである。それでもなお、そのあいだに犯罪者が更生するということだってありうるだろう。私は、ここでは、以上のような原理を示しておくだけにとどめよう。なぜなら、特定の立法、特定の社会状況を前提にして、はじめて〔訴訟に関するさまざまな時間的制約についての〕正確な条件を定めることもできるからである。ただ、次の点だけは付け加えておく。すなわち、ある国において抑制的な刑罰こそが有益であると認められたのだとしたら、その国の法律は、犯罪とのバランスを考慮しつつ、時効の期間や、証拠調べに必要な期間〔＝予審手続にかける期間〕を調整することができ、また未決勾留期間や自分の意思で国外逃亡していた期間を刑期に算入することにより、大半の犯罪については、いくつかの柔和な刑罰を割り当てれば済む、というようになるだろう(1)。

しかし、その犯罪が凶悪であればあるほど、その悪質性に正確に比例して、種々の時間的制約がひとしなみに緩和されていく、というものではなかろう。というのも、その犯罪が凶悪であれば、そのような犯罪が実際に起こる蓋然性は低いだろうからである。したがって、取調べの期間〔＝予審〕は短くし、時効の期間は長くするのがよい、という場合もありうる。これは、〝判決言い渡し前の未決勾留期間や時効の期間じたいを一種の刑罰として評価する〔＝刑期に算入する〕ならば、異なる犯罪に対して等しい〔比較的柔和な〕刑罰を与えることができる〟という、私がついさっき述べた主張とは逆方向を向いているように聞こえるかもしれない。そこで、読者諸氏に対して、私の考えをもう少し立ちいって説明しておこう。まず、犯罪をふたつの種類に区別する。第一の種類は残忍な犯罪である。殺人を筆頭として、それに続くすべての凶悪犯罪がここに含まれる〔＝生命や身体に対する罪〕。第二の種類は、比較的に軽い犯罪である〔＝財産に対する罪〕。この区別は、人間的自然〔＝人間の本性〕にもとづく。つまり、自らの生命の安全は自然の権利であるが、財産の安全は社会的に設定された権利であるにすぎないのである。憐れみという自然の感情に反する行動〔＝残忍な犯罪〕にまで人間たちを押し出す動因の数は、幸福でありたいという自然の欲望のために法を犯す方向へと人を押し出す動因の数に比べれば、圧倒的に少ない。法は、人間の心の中にではなく、社会を設立するという協約の中に見出されるにすぎないからである。

このように、二つの種類の犯罪が実際にはどの程度起こりそうであるかという蓋然性には大きな違いがあるので、それぞれの犯罪は異なる原理にもとづいて規制されるべきである。たとえば残忍な犯罪は、〔憐れみという自然の感情に反する行動であるから〕まれにしか起きない。つまり、被疑者は無罪であるという蓋然性が高い。それゆえ、取調べの期間を短くしなければならない。しかし、逆に時効の期間は長くしなければならない。なぜなら、ある人が無実であるか犯人であるかを明らかにする判決が最後にはきっと下されるにちがいないという予想が、処罰されずに済むかもしれないという甘い期待を取り除くだろうからである。実際、犯罪が残忍であれば、処罰されるべき行為が処罰されずに終わることのデメリットは大きい。しかし、比較的軽い犯罪については、被疑者が無罪である蓋然性は低い。だから、取調べの期間を長くしておかなければならない。他方、不処罰がもたらすデメリットはそれほど大きくない。だから、時効の期間は多少は短くしてもよい。

とはいえ、もしも犯罪発生の可能性が高まれば高まるほど、不処罰のデメリットがそれに〔数学的に正確に〕反比例してますます小さくなっていくという関係にあるのだとしたら、犯罪をこのようにふたつのグループに分断することはできないだろう。(2) 以下のようなケースを考えてみよう。無実なのか犯人なのか確かなことが分からず、結局嫌疑不十分で釈放された被疑者がいたとする。ところが、その後、法律によって指定された新たな犯罪の徴候が見つかったりしたら、その犯罪について定められた時効が経過していない限り、その被疑者は同一の犯罪に関してあらためて逮捕され、取調べを受けることがありうるだろう。これは、民のあいだの治安と自由とを両方守るための、それ相応の調整であって、私には適切と思える。治安と自由というこのふたつの利益は、一人ひとりの市民にとっては、どちらも等しく譲り渡せない財産をなしているのに、一方ばかり優先しようとすると、他方は簡単に犠牲となってしまうからだ。たとえば治安の保障は、〔自由を絶対化する〕騒然とした民衆の無秩序によって崩壊する。他方、自由の保障は、〔治安維持を絶対化するような〕公然たる、もしくは粉飾した専制主義によって、損なわれてしまうだろう。

31　立証が難しい犯罪

以上のような原理に照らしてみると、凶悪至極な犯罪の証明、または、はっきりとした形をなしていない空想的な犯罪、すなわち実際には最も起こりそうもない類いの犯罪の証明が、当てずっぽうや根拠薄弱で不確かな証拠によってなされているという事実は、奇妙に見えるだろう。しかし、そう見えるとしたら、それは、どのような国においても、理性が立法者の役割を担ったことはいまだかつてほとんどない、という世の現実について、ろくろく考えたことがないからだ。あたかも法律と裁判官は、真実の探究ではなく、有罪判決を下すための立証にのみ関心を抱いている、かのようである。あるいは、その人が無実である可能性は、犯人である可能性よりもずっと高いのに、無実の者に対して有罪を言い渡してしまう危険はそれほど大きくはないのだ、とでもいわんばかりなのである。大半の人間には、偉大な美徳をおこなうために必要とされる活力が欠けているように、重大な犯罪をおこなうために必要とされる活力もまた欠けているものだ。とはいえ、人口の規模が大きいことや古き良き法律によって自らを支える国々においてよりも、活動的な政府や、公共善に向けて高まり合う情熱によって自らを支える国々においてこそ、偉大な美徳と重大な犯罪がいつも一緒に出現するように思える。人口の多さや古き良き法律によって自らを支える国々においては、〔公共善に対する〕情熱が冷めてしまっているので、統治の形態を改良していこうという意欲よりは、現在の統治形態を維持することで満足しがちのようだ。以上のことから、ある国において重大な犯罪が起きるからといって、それがつねにその国の衰退を示すとは限らない、という重要な帰結が導かれることになる。

世の中には、ありふれていながら、同時に立証が難しい犯罪が何種類かある。こういった犯罪は、無罪に終わる見込みが高い。しかし、実際に起きた犯罪が処罰されずに終わるとしても、そのデメリットを測定してみると、相対的にはかなり小さい。なぜなら、そういった犯罪がありふれているのは、処罰されずに済むかもしれないという期待などとは別の理由によるからである。だから、取調べの期間も、時効の期間も、等しく短くしておかなければならない。さて、姦通も、ギリシャ風情欲〔＝同性愛行為のこと〕も、立証が難しい犯罪であるが、実務上の通例によれば、「準証拠」とか「半証拠」などの乱暴な推定が許される犯罪とされている。それはあたかも、一人の人が半分無罪かつ半分有罪でありうる、つまり半分は処罰しうるが半分は無罪放免としうる、かのような扱いを受けることを意味する。そして、訴追された人自身の肉体に対して、その証人に対して、ついにはその不運な者の全家族に対して、残酷な拷問が猛威を振るうのだ。こんな不当なことが、自分こそ規範であり、また法律であるなどと称する何人かの冷酷な法学博士により、裁判官たちに指示されてきたのだ(1)。

姦通という犯罪の有する根深い力と方向性には、政治的に考察してみると、ふたつの原因がある。ひとつの原因は、人間たちの作る法律がひんぱんに変わること、そしてもうひとつの原因は、一方の性が他方の性を魅きつける強烈な引力である。この引力について言えば、それは多くの面において、宇宙を動かす重力〔＝万有引力〕と似ている。たとえば、距離が遠くなると力は弱まる、という点で両者は共通である。重力が物体のすべての運動に影響を及ぼすように、両性間の引きつけ合う力は、その活動が続く限り、精神のほとんどすべての運動に影響を及ぼす。両者の異なるところとしては、重力は障害物との間にバランスを取り合って均衡状態に達するけれども、両性間の引力は、障害物が大きければ大きいほど、たいていそれだけますます強力になり、活性化するという点である。

もしも、まだ宗教の光に照らされていない国民に私が語りかけるとしたら、この姦通罪とそのほかの犯罪とのあいだには、もうひとつの顕著な相違がある、と言うだろう。つまり、姦通罪は、全人類が普遍的に有する、変わることのないひとつの欲求を濫用することによって生ずる犯罪である、ということである。その欲求は、社会の設立それじたいよりも前からある。否、むしろ社会を設立する原動力となったものである。それに対して、社会を破壊しかねないその他の犯罪は、そんな自然の欲求に比べれば、ごく一時的な情念に突き動かされて起きるにすぎない。歴史と人間とを知っている者には、姦通の原因をなす欲求は、同一の気候風土のもとでは、つねに等しく、不変量を保っているように見える。[2] もしそれが本当なら、その欲求の総計を減少させようとする、あれやこれやの法律や慣習は無駄である。否、有害ですらあろう。なぜなら、そういった法律などは、結果として、自らの欲求と他の者たちの欲求の一部を〔限られた者にだけ〕認めることになるだろうからだ。その反対に、賢明な方策としては、いわば水の低きにつくように、欲求の総量をたくさんの小さな支流に均等に分岐させることである。そうすれば、どこにおいても一様に、旱魃をも洪水をも防ぐことができるだろう。夫婦間の信頼関係は、婚姻数が増え、婚姻の自由が拡大すれば、つねにそれだけ強まるというわけである。[3] 昔ながらのしきたりで結婚を無理強いしたり、家長権が男女を結婚させたり引離したりするのを認めているところでは、人目を忍ぶ情事が結婚の絆をずたずたにしてしまうのだ。こうなった原因については目をつぶり、〔姦通という〕結果だけをやかましく責め立てるのが役回りと心得る俗っぽいお説教などでは、いっこうに埒があかないだろう。もっとも、真の宗教に生き、このうえなく崇高な動機〔＝信仰〕をもつ者にとっては、こういった考察をする必要は、もはやない。そのような動機は、自然から生ずる強力な傾向性を矯正するからである。

姦通という犯罪は、このように瞬時に、そして秘かにおこなわれる行為であり、法律じたいがベールをかぶせている。そのベールは必要なものではあるが、デリケートな布地で織られていて、その中に隠しているものごとの魅力を低める代わりに、かえって高める効果をもたらしている。姦通のチャンスはいくらでもあり、その結果はなかなか明らかにできない。立法者にとっては、こういう犯罪は懲らしめ正すよりも、何とかそれを防ぐようにすることのほうが容易であろう。一般的にいえば、次のような定式化ができるだろう。「その性質上、処罰されずに終わってしまうことが非常に多いタイプの犯罪にとっては、刑罰〔という障害〕は、かえって誘因になってしまう」。というのも、もしも障害がどうしても克服できそうもないというほどではない、つまり、一人ひとりの人間の怠惰な心にとって、あまりにも困難すぎるというほどでなければ、むしろ障害は、人の想像力を生き生きと刺激し、相手をいっそう魅惑的にするからである。こういった現象は、われわれの想像力のたまものである。というのも、障害があるからこそ、本来は移り気の想像力が相手から離れてあちこちふらふらせずに、相手との全関係をしっかり保つようになるからで、このとき、相手との関係を妨げるはずの障害は、ほとんど同時にその関係を補強するものとなってしまっている。想像力というものは、われわれの魂がごく自然に吸い寄せられる〔対象の〕快い部分に対してのみ生き生きと働き、〔対象の〕苦痛に感じる部分、嫌な部分からは逃げて身を遠ざけ、見ようともしないのである。

アッティカ風の性愛〔＝男性間の同性愛を指す〕は、法律によって厳しく処罰されている。また、無実の者をも屈服させる拷問の安易な標的になりがちである。しかし、それは、社会から隔絶した自由人たる男性の〔自然な〕欲求に根ざしているというよりは、社会状態において、しかも隷属的な地位にある男性の情念に由来するものだ。この犯罪が盛んになるのは、快楽をむさぼり尽くすためというよりも、ある種の教育制度の結果である。そのような教育制度は、人間たちを他人にとって役立つものにしようとして、まず自分たち自身にとって、自分を役に立たないものにすることから始める。つまり特定の施設に、燃え盛る若者たちを詰め込み、外界とのあらゆる交流を越え難く遮断する。それゆえに、自然に発達する全精力が、人間性にとって無意味なかたちで消費されてしまうことになるのだ。否、こんなふうにして、ただ、彼らを早く老け込ませてしまうだけなのである。[4]

嬰児殺しもまた同じように、ひとつの避けがたいジレンマの結果である。そのジレンマに陥ったのは、自らの弱さのゆえか、または暴力にさらされたために、相手に屈して身を任せた女である。自らの不名誉を甘んじて受けるか、死という災厄を感じ取ることすらできないような存在（＝嬰児）を抹殺するか。ふたつにひとつの選択の岐路に立たされて、彼女とその不幸な果実とを救いがたいみじめな境遇にさらすよりは、どうしてその子の殺害を彼女が選ばないわけがあろうか？　この犯罪を予防する最も善い方法は、効果的な法律によって、そのか弱さを横暴な振る舞いから保護してやることであろう。横暴な者たちときた日には、美徳のマントに身を隠すことがどうしてもできずに、ちょっと顔をのぞかせただけの悪徳を、針小棒大にあげつらって非難するような連中なのだ。[5]

私は、何も、これらの犯罪が強く嫌悪されていることじたいが不当だ、などと言おうとしているのではない。しかし、その犯罪が起きる原因を明らかにした以上、次のような一般的結論をそこから引き出してもよいだろうと考える。つまり、法律が、国民が置かれている状況において、そのような犯罪が起きないように可能な限りの予防策を講じない限りは、その犯罪に対する刑罰は、正当であるとはいえない。正当とは必要ということだから、そのような刑罰は必要でもないということになる。

32 自殺

自殺は、本来の意味での刑罰を科すことができるようには思えない犯罪である。自殺に対して刑罰を科すといっても、それは、〔自殺しなかった〕罪なき者たちに対してか、もしくはもはや何の刺激も感じることのない冷たい死体に対してか、どちらかにしかならないからである。彫像をいくらムチ打ってもそれを見ている人には何のショックも与えないのと同様に、死体にどんな処罰を加えても、生きている人たちの心には何の印象も残さないだろう。また、他方の〔自殺しなかった人に対する〕処罰は、不正であり、横暴である。なぜなら、人の政治的自由は、どんな刑罰でも必ず本人止まりであることを必然的な前提としているからである。

人間は、あまりにも生を愛する。そして人間をとりまくすべてのものごとが、人間の生への愛着をますます深める。人間は、快楽の想像に誘われて身をゆだね、いつかは死すべき運命にありながら、甘い希望の罠に心をとろつかせる。それゆえに、数滴の喜びをたらした苦い大杯をぐっと飲み干すのだ。そんなふうに、人間たちは生の喜びに十分強く引きつけられているから、自殺という犯罪を処罰しなくなったからといって、それが人間たちに何らかの影響を及ぼすのではないか〔＝自殺が増えるのではないか〕、などと心配すべき理由はない。それに、人が法律に従うのは、〔刑罰が与える〕苦痛をおそれるからだ。だが、死は、苦痛の源泉となるものをすべて肉体から消し去ってしまう。そうだとすれば、いったいどんな動機が、絶望にかられて自殺しようとしている者の手をつかんで、思いとどまらせることができるというのだろうか[1]?

自殺をする者は、国境を越えて国外へ出て行き、永遠に戻らない者に比べても、社会に与える損害はつねに少ない。なぜなら、自殺者は、その所有するすべてを社会に残していくが、出国者はその財産の一部を身につけて持ち出してしまうからだ。それどころか、もし社会の力が市民の人口によって表されるとすれば、社会から一人分の人口を減らし、近隣の国に一人分増やしてやるわけだから、単に死によって社会の人口を一人分減らすにすぎない者に比べて、二倍の損害を社会に与えている計算になる。そこで、話を国外へ出て行って永遠に戻らない自由を社会の各構成メンバーに許すことが、その国にとって果たして有益か有害かという論点に絞り込んでみよう[2]。

違反行為を有効に処罰しえない法律[3]、また状況によっては死文と化してしまう法律は、それがどんなものであっても、公布されるべきではない。世論というものは、立法者が時間をかけて間接的に圧力をかけていけば、やがてこれに従うようになるが、いきなり直接的に屈服させようとしても抵抗するだけである。このような場合、世論こそが人々の魂を掌握するので、その法律は有名無実なものと化し、人々から軽蔑されるようになる。そして、法律の無力化という現象を、他のもっと役に立つ法律にまで伝染させてしまう。そうなると、法律というものは、公共善のための寄託財産というよりも、むしろ克服すべき障害物とみなされてしまうようになる。それどころか、すでに述べたように、もし、われわれの感情が限られた容量しかもたないとすれば、法律にはなじまない対象〔＝世論〕を人間が尊重すればするほど、それだけ法律そのものに対して注がれる敬意の分量は少なくなってしまうだろう。この原理から、公共の幸福についての賢明な政策を立案しようとする者たちは、いくつかの有益な結論を引き出すことができるだろう。もっとも、その詳細を明らかにしようとするとはなはだしく脱線してしまいそうだ。ここでの肝腎な点は、あくまで、国家をひとつの牢獄にしようとしても、それは無駄であるということである。そのような〔自由な出国を禁じ、国家をひとつの牢獄のようなものにしようとする〕法律は役に立たない。なぜなら、ある国が断崖絶壁に囲まれて、完全に他のすべての国々から遮断されているとか、船では到底渡れないような荒海によって外界から隔絶されているとかでない限り、いったいどうやってその国の周囲を取り巻いている国境線のすべてを閉鎖することができるというのだろうか。また、どうやって〔国境の〕〝見張り番を見張れ〟ばよいというのだろうか。(4)

すべてをたずさえて出国してしまう者に対しては、まさにそのような行為の結果として、処罰を科すことが不可能となる。すべてをもって国外へ出て行ってしまうわけであるから、その途端に、このような犯罪を処罰することは、もはやできなくなるのである。出国前に処罰するとしたら、それは人間の行為ではなく、人間の意思を処罰することになる。そんな法律は、人間の定める法律に支配されることのない、人の最も自由な〔内的〕部分であるところの、意思というものに命令を下す代物となってしまう。出国して戻らない者に対する処罰を、置き去りにしていった財産に対して科すのはどうか。その場合、〔当局の処罰を回避するために出国する前に財産を譲渡したかのように見せかける偽装工作を誰かと結託して〕共謀することはたやすく、しかも避けがたいだろう。そのような共謀行為を阻止することは、〔私的自治を著しく制限するような〕契約に関する強権的な干渉なしには不可能である。しかし、そういったことを実行すれば、〔共謀行為は防げるかもしれないが〕あらゆる国際的な通商を麻痺させてしまうだろう。それでは、出国者が帰国するのを待ち構えて処罰するのはどうか。そんな手段に出れば、もう誰も永遠にそこへは戻ってこなくなるだろうから、社会に対して与えた害悪をつぐなう機会をもその人から奪う結果となってしまうだろう。出国禁止命令それじたいが、自国民については、外国へ行ってみたいという気持ちをかえって強めるだけであろう。また、他国人については、わが国に入ってこないようにという警告になってしまうだけであろう。

人は、子ども心に刻まれた第一印象によって、祖国に自然な愛着を感じているものである。ところが、そういう人たちを国内に縛り付けておくために、恐怖心のほかには何の手段も持ち合わせていない政府があるとしたら、そんな政府のことをいったいわれわれは何と考えればよいのだろうか？　祖国に市民を定着させる最も確実な方策は、一人ひとりの相対的な幸福度を高めることにこそある。貿易収支が黒字になるようにあらゆる努力がなされなければならないのとちょうど同じように、〔その国の市民たち一人ひとりの〕幸福の総量が、近隣諸国と比較して、他のどこよりも大きくなるようにすることが、主権者と国民の最大の関心事でなければならない。何も贅沢の喜びが、この幸福の主要なファクターというわけではない。もっとも、それは、国の発展具合にともなって、拡大する不平等を是正するために必要なことではある。というのは、もし人々が贅沢をしなければ、富は、たった一人の手のうちに集中してしまうだろうからである。[6]

ある国の領土が人口増加以上のスピードで拡大していくとき、贅沢は専制的体制を招く。なぜそうなるかといえば、ひとつには次のような事情による。つまり、人口密度が低くなると、それだけ産業が衰えてくる。産業が衰えてくると、それだけ貧民が〔金持ちの〕大盤振る舞いに依存する心情の程度が強まる。そうなると、抑圧者に対抗して抑圧されている者が団結することはそれだけ難しくなり、容易に専制的体制を築くことができるようになるというわけである。また、次のようなこともいえる。つまり、強者と弱者との間の距離をより鮮明に感じさせるような崇拝、奉仕、敬意、服従というものは、たくさんの人々のあいだでよりも、わずかな数の人々のあいだでのほうが、それだけたやすく作り出すことができる。なぜなら、人間がたくさんいると、数が多い分、それだけ一人ひとりが注視される度合いが低くなり、逆にその分一人ひとりが独立しているということになるからだ。

しかし反対に、領土の拡大以上のスピードで人口が増加するところでは、贅沢は専制的体制を牽制する働きをもつ。なぜなら、贅沢〔な消費行動〕は、産業と人々の活動を促進してくれるからである。そうなると、〔人々の〕需要〔の増大〕によって金持ちたちにもたらされる、快適で便利な品々も格段に増加する。それを享受するだけでも十分すぎるほどとなって、〔貧民に〕贅沢ぶりを見せびらかす余地などはもうあまり残されていないことになるのである。実際、贅沢ぶりを見せつけられることこそは、人々に依存的心情を広める原因なのだ(7)。

以上から、次のような考察が成り立つ。広大な領土と貧弱な産業と少ない人口を有する国家においては、他の原因が邪魔をしないかぎり、贅沢を見せびらかすことが、便利な品々を享受するという贅沢にまさる。他方、領土に比べて人口が多い国家においては、贅沢の見せびらかしよりも、便利な品々を享受するという贅沢のほうがまさる(8)。しかし、通商が盛んになり、贅沢の喜びが広まっていくと、次のような不都合が生ずる。すなわち、いくら多くの人間たちの手を介して贅沢が世の中に広まっていくとしても、結局それは少数の者において始まり、少数の者によって消費されるのであって、大多数の者たちは、ほんのひとかけらの贅沢を味わうことができるにすぎない。そういうことだと、大多数の者たちから、みじめな気持ちを消し去るには十分ではないのである。もちろん、その気持ちというのは、〔絶対的な〕現実に即しているというよりは、他の人たちとの比較によってはじめて生ずるにすぎない〔相対的なものな〕のだが。いずれにせよ、安全と自由こそが、前述した〔国民の〕幸福の主たるベースをなすものなのである。自由は、ただ法律によってのみ制限されうる。そのような安全と自由があってこそ、はじめて贅沢の喜びもまた、人々にとって有益なものとなる。安全と自由がなければ、そんな喜びなど単なる専制の道具に成り果ててしまうだろう。豊かな野山がどんなに楽しそうに微笑みかけてきても、危険な人間たちがそこにいると知ったら、およそ執着心のない野獣や自由をこよなく愛する小鳥らは、そんな野山をあっさり見限る。そして容易には近づきがたい寂しい森の奥深くへと身を隠してしまう。同じように、人間たちもまた、それがどのような快楽であったとしても、専制的支配が〔自由や安全の犠牲と引き換えに〕それを与えてくれるにすぎないと知ったら、快楽それじたいから逃れようとすることだろう。

こうして、以下のことが明らかになった。臣民を自らの国に閉じ込めておこうとする法律は、無駄であり、不正であるということ。それゆえ、〔出国に比べて小さな害悪にすぎない〕自殺に対する処罰も同じように無駄であり、不正であるということ。また、自殺は人間の前では犯罪ではないということ。死後の人間を処罰できるのは、ひとり神だけなのだから、自殺は、神が処罰すべき罪である。これに対して、人間が下す罰は、〔生きている人間に対してしか科すことができないから、自殺した〕罪人本人に対してではなく、自殺者の家族に対して科されることになってしまう。もっとも、そんな刑罰であっても、〔家族に下されるだろう処罰のことを考えて〕自害しようと決心した人間を思いとどまらせることはありうるのではないか、といって私に反論する人がいるかもしれない。そういう人に対しては、生きる喜びを卒然と放棄し、地上で生きながらえることじたいに嫌悪を覚え、むしろ永遠の不幸をあえて選び取るような人は、子どもたちや肉親がどうなるのかといった、他人事を持ち出したところで、まったく動揺させられないに違いない、と私は答えよう。

33　密　輸

密輸は、主権者と国民の利益を損なう正真正銘の犯罪である。(1) しかし、密輸犯罪に対して、名誉剝奪刑を科してはならない。なぜなら、密輸は、世間一般の感覚においては、不名誉とみなされているわけではないからである。人々が格別に不名誉とみなしているわけではない犯罪に名誉剝奪刑を科す者は誰でも、本当に不名誉な犯罪に対して生ずるべき感情を弱めてしまう。たとえば、キジを殺した者と、人を謀殺した者と、重要な書類を偽造した者とが、同じ死刑に処せられるのを目の当たりにする者は誰でも、これら三つの犯罪のあいだに、もはや何の違いも見出さないだろう。こうしたやり方をするから、何世紀にもわたる血と涙の結晶である道徳的感情というものが、なし崩しにされていくのである。この道徳的感情というものを人の魂のなかに作り出していくことは、時間のかかる至難の業であり、それを芽生えさせるためには、絶対至高の動因の手助けと、厳粛な形式性をそなえた大がかりな装置(2)とが必要であると考えられていたほどなのだ。

この犯罪を誘発するのは、法律それじたいである。というのも、通行税を引き上げれば上げるほど、密輸のうま味はそれだけ大きくなるからである。また、監視すべき国境線が長くなればなるほど、また物品そのものの体積が小さくなればなるほど、密輸の誘惑は強まり、実行もそれだけ容易になる。密輸品と、密輸に関わる財物〔＝輸送に用いる手段など〕を没収するという刑罰はまったくもって正しい。しかし、通行税を引き下げるという方策のほうがもっと効果的であろう。なぜならば、人間というものは、企てたことが首尾よくいった場合に手に入るであろうメリットが相当大きいと見込まれるときにかぎって、それ相応のリスクを冒すにすぎないからである。[3]

それにしても、この犯罪行為は、いわば君主に対してなされた窃盗、したがってまた国民全体に対してなされた窃盗といいうるにもかかわらず、いったいなぜその犯人の名誉を貶めるということにはならないのだろうか？　私の答えはこうである。つまり、自分自身にまで被害が及ぶことはありえないと人々が思う侵害は、それほど強い関心を人々のあいだに引き起すには至らない。だから、結局その犯罪をおこなった者に対する世間の憤りも、それほどには高まらない。密輸とはまさしくそのような犯罪なのだ、と。自分から遠く離れたところで生ずる被害など、ごくごく弱い印象しか人に与えないものである。だから、密輸によって自分たちに生ずるかもしれない損害のことなど、人々には実感できないのだ。いや、それどころか、密輸によってもたらされる目の前のメリットを、そのまま享受してしまうことのほうが多いぐらいだろう。結局、人々の認識においては、密輸によって利益を損なわれるのは君主だけということになる。それで、密輸に手を染める者の社会的認知を剝奪することについては、人々はさして興味を抱かない。個人に対する窃盗とか、文書偽造の犯人とか、とにかく自分の身にも起きるかもしれないその他の犯罪に対する敵意のほうがよっぽど強い。あらゆる感覚的存在は、自分にとって切実に感じられる害悪についてしか、真の関心をもたない。これぞ自明の理であろう。

だからといって、失う財産は何ひとつもっていないような者がこのような犯罪をおかしたとき、果たして何の処罰もしないで放置しておいてよいものだろうか？　むろん、そうはいかない。税制は、すぐれた法体系の要のひとつであり、どのような税制にすべきかは難問のひとつでもある。密輸のなかには、それほど重要な税制の本質に深くかかわるものもある。だから、このような犯罪は、相当の刑罰を科すに値する。禁錮や隷役ですらためらうべきではなかろう。ただ、密輸という犯罪じたいの性質と合致する刑でなければならない。たとえば、タバコの密輸人に対する投獄の仕方が、殺し屋や泥棒に対する投獄の仕方と共通であるとしたら、それはおかしな話である。そして、その労役にしても、密輸に対する刑罰固有の性質とぴったり合致するものでなくてはならない。つまり、犯人が欺こうとしていた国庫財務の損失それじたいを埋め合わせるような労働と奉仕が、密輸人に対する懲役内容としては最もふさわしいということになるであろう。

34 債務者について

契約における信義、または取引上の安全という見地から、債権者の利益のために、立法者は、破産した債務者の身柄を確保せざるをえない。しかし、私が思うに、故意に破産した者と、故意にではなく破産した者とを区別することが肝腎であろう。故意の破産〔＝詐欺的な破産〕に対しては、貨幣偽造に対して適用されるのと同じ刑罰を科されるべきである。というのも、市民たちのあいだにおける債務の担保のようなものである金属片を偽って鋳造することと、自らの債務そのものを偽ることとは、まったく同じ、悪質きわまる犯罪ということになるからである。

しかし、故意にではなく破産した者については、話が別である。もしそういう人たちが、厳重な取調べの末に、裁判官の面前で、他人の悪意のために、あるいは他人の不運〔＝取引相手の失敗など〕のために、もしくは人知をもってしては避けることのできなかったような不慮の出来事のために、自らの財産を剝ぎ取られる結果となったにすぎないことを証明できた場合は、どうであろうか[1]。いったいどんな乱暴な理屈によって、そのような〔無過失の〕者までが投獄されなければならないというのだろうか。裸の自由こそは、破産した人に残された唯一のささやかな財産であるのに、なぜ罪人の苦悶までをも舐めさせなければならないのだろうか。そんな目にあえば誰だって、まるで正直であったことを否定されたかのように感じて絶望し、うっかりすると、法律なんか守らなければよかった、と後悔することにすらなりかねない。そういう人こそ、法律をよく守り、法律の保護のもとで平穏に暮らしてきたのである。〔やり繰りに行き詰まり債務を返済できなかったという点で〕結果的に法律を守ることができなかったとしても、それは、その人自身の意思で左右できるような問題ではなかったというにすぎない。その〔債務不履行に対して厳しい〕法律は、もともと有力者たちが、自らの貪欲を満たすために押し付けてきたものなのだ。しかし、他人にとっては不利な内容の法律であっても、自分たちにとっては有利な条件に転ずるかもしれないと、われわれはすぐに信じたがるものだ。人の魂のなかにほのかに灯るこの甘い希望を抱いたばかりに、不利な立場にいる人たちもまた、その法律を受入れてしまい、結局はそれに苦しむ結果となるのである。普通の人は、他人に積極的に損害を与えようとはあまり思っていないが、何かの拍子に自分が被害を受けるかもしれないという恐れは強くもっている。人間というものは、そういうはっきりとした感情の動きに身を任せがちなので、いざ法律の制裁を受ける側に回れば、誰にとっても穏やかな法律のほうが望ましいはずであるにもかかわらず、たいていは〔自分が被害に遭ったときのことばかり考えて〕厳しい法律を好むものなのである。

それはともかく、故意にではなく破産した者をどうすべきかという問題に戻り、私の考えを述べることにしよう。いまここで、債務とは完全に払い終えるまでは消え去ることがなく、利害関係者の同意なくして債務から逃れることも、〔移住によって〕他国の法律の管轄下に自分の事業活動を移すことも、債務者には許されていないとする。債務者は、その事業活動によって生じた収益に応じて、債務の返済に少しずつでも充当していくことを義務づけられているはずであり、その義務を怠ると刑罰の制裁を受けるぞと脅かされているわけである。このような前提に立つと、そのうえさらに債務者から自由までをも剝奪することが、どうやって正当化されうるか、という問題になる。商業の安全だとか、神聖なる財産所有権などのような合法的論拠としては、いったい何がありうるだろうか。それは、隷役によって債務者を苦しめることによって、故意ではない破産と見せかけたトリックを暴くことができる、というような場合を除けば、無駄ではなかろうか。

そして、そのような詐欺的破産を暴くことができるのは、厳密な取調べがなされている以上は、きわめて稀な場合に限られるに違いない！　思うに、以下のような比例関係は、立法政策上の一般的大原則であろう。すなわち、〔ある犯罪によってもたらされる〕公的な損害が大きければ大きいほど、〔その犯罪を処罰しないでおくことによって生ずる〕政治的デメリット〔＝社会的不都合〕はもちろんそれだけ大きくなる。しかし、〔確かな証拠がないために、その犯罪を〕確実に立証できるという見込みが低いときは、〔不処罰にしたとしても、その〕政治的デメリットはそれほど大きくはない(2)。故意の破産と重過失による破産とは区別できる。そして重過失と軽過失も、さらには、軽過失とまったくの無過失も、それぞれ区別できる。一番目の、故意に破産した者に対しては通貨偽造罪と同じ刑罰を科すことにしよう。二番目の、重過失によって破産した者に対しては、もっと軽いが、しかし自由を奪う刑罰を科すことにしよう。やり直しの手段を自由に選べるのは、最後のまったくの無過失で破産した者に取っておくとして、三番目の軽過失による破産者については、そのような選択の自由を認めず、その自由を債権者に委ねることにしよう。しかし、重過失と軽過失とを区別する線引きは、目前の具体的な現実に惑わされることのない、中立公平な法律によって定めておかねばならない。裁判官の賢慮などという危険なお手盛りにまかせておいてはならない。このような線引きをどうするか、それをきっちり決めておくことは、数学においてと同様、政治においても必要なことだ。公共善の測定は、体積の測定と同じ性質の作業だからである(原注3)。

先見の明のある立法者にとっては、罪となるような破産の大部分を未然に防止することや、勤勉で無実の者を不運〔＝業績悪化〕から立ち直らせることなど、造作もないはずだ！　すべての契約を公式登録簿に堂々と載せて、すべての市民が、整然と並んだその関連文書を自由に閲覧できるようにすればよい。また、運良く業績が堅調な商人たちに対して、適当に割り振った分担金を供出させて公の銀行を設立し、ただ運が悪いだけで不振に陥っている同業者に、適切な金額を融資して救済するために運営すればよい。このような制度を作っても、何の現実的不都合も生じない。逆に、数えきれないほどのメリットが生ずるだろう。しかしながら、こういう簡単に作ることができる法律、シンプルでしかも重要な法律、国民のあいだに豊かさと強さを広めようとする立法者の合図ひとつを待つばかりの法律、その立法者を讃える頌歌が世代から世代へと永遠に途切れることなく歌い継がれるであろうような、そういう法律に限って、まだ世によく知られていなかったり、または望まれていなかったりするのである。取るに足らないことに拘泥する落ち着きのない精神、目先のことにとらわれる小賢しい臆病さ、新しいものごとに対する疑り深い頭の固さ、こういったことが、死すべき運命にある卑小な人間たちの思い思いの行動をとりまとめる者〔＝支配者。君主〕の心の中を占めているのだ。

〔原注3〕商業〔の安全〕や財産所有権〔の保障〕は、社会的協定の目的そのものではない。それらは、社会的協定の目的〔＝個人の自由や安全の保障〕に到達するための手段にすぎない。さまざまな事情が複雑に重なって生ずる害悪(3)に社会の全メンバーをさらすことは、目的を手段に従わせる本末転倒にほかならない。目的と手段の転倒は、すべての学問にとって誤った推論をもたらすが、とりわけ政治学においてはその極みに達する。そして、本書の今までのエディション(4)〔＝原著第五版より前の各版〕においては、まさにその誤った推論に私自身が陥っていたのだ。つまり、無過失の破産者であっても、その債務の担保として身柄が確保されなければならない、もしくはそのような者は債権者のために労役奴隷として使用されなければならない、などと主張していたのだ。〔今までのエディションで〕このように書いていたことを、私は恥ずかしく思う。私を非宗教的だといって非難する者がいた。それは当たっていない。私を謀反人として非難する者もいた。それも当たっていない。しかし、私が右記のごとく、人間としての権利を侵害したことについては、誰も私を非難しなかったのだ。

35　庇護

検証しなければならない問題があとふたつ残っている。ひとつめは、庇護[1]は果たして正しいものであるかどうか、国家間において、お互いに犯罪人を引き渡すという趣旨の協定は有益であるかどうか、といった類いの問題である。さて、ある国の国境線の内側には、その国の法律の支配から独立の、どのような空間もあってはならない。影が人の身体につきしたがって離れないように、法律の力は、一人ひとりの市民のあとを追いかけていかなければならないからだ。そこで、免罪と庇護は程度の差でしかない、ということになる。刑罰が人の心に強く訴えかけるとしたら、それは刑罰の振るう力の大きさのためというよりは、刑罰というものは確実に科されるので逃れようがない、と思われることによる。だから、庇護という制度によって、刑罰が犯罪を抑制する効果は帳消しにされ、またぞろ犯罪が招き寄せられてしまう結果となるのだ。庇護の空間をあちこちにたくさん認めることは、おびただしい数の小さな主権を国内に乱立させることを意味する。なぜならば、法律が支配を貫くことができないような場所では、社会共通の法律に対立するような新奇な法律、社会全体を具現する精神に対立するような精神が生成してしまいかねないからである。実際、歴史は次のことを教える。すなわち、この庇護という制度こそは、国家や思想における大革命を引き起す原因ともなってきたのだ、と[2]。

国家間において、お互いに犯罪人を引き渡すことが有益であるかどうかという問題については、私はあえてここで即答しようとは思わない。法律が人間性の求めるところにもっとよく合致するようになり、刑罰がもっと穏やかになり、〔裁判が〕場当たり的な判断や世評に左右されるようなことがなくなって、それまで押さえつけられていた無罪判断を下す勇気と、疎まれていた美徳とが、確かな地位を保障されるようになることが、まずは先決だからである。また、暴君などというものを、王と民たちとの利害の統一を押し進めていくような普遍的な理性の働きによって〔ヨーロッパの地からは追放し〕、アジアの広大な平野に完璧に封じ込めてしまうことが前提だからである。しかしながら、〔庇護権を認めず、さらに犯罪人引き渡し条約を結ぶことによって〕本当の犯罪が赦されるような場所はこの地上のどこにでも、ほんのわずかでも見つけることはもはやできないのだぞ、という納得のさせ方こそが、犯罪を防ぐための最も効果的な手段のひとつであることは、間違いない。

36 懸賞金について

ふたつめの問題は、犯人として指名手配されている人間の首狩りに賞金を出すこと、つまり市民たち一人ひとりの手に武器をもたせて死刑執行人になってもらうことが有益であるかどうかというものである。犯人は国外に逃亡しているか、あるいは国内に潜伏しているか、どちらかである。もし国外に逃亡中なら、〔そのような犯人にまで懸賞金をかけることによって〕主権者は、〔自国の〕市民たちに〔外国で〕犯罪をおこなうようにけしかけ、したがってまた、〔自国の〕市民たちを〔外国の〕刑罰の責め苦の危険にさらすことになる。なぜなら、このような手法は、他国の主権の侵害にあたり、あるいはそれを横取りするのと同じだからである。同時にまた、他の国も、自分の国に対して、同じようなやり方でのぞむのを許さざるをえないことになるだろう。もし、犯人が国内潜伏中なら、〔懸賞金によって〕主権者は、みずからの弱さを露呈したということになる。自らを自分の手で守ることができる力を備えている者は、その力をわざわざカネで買おうとは思わないからだ。

そのうえ、このような〔懸賞金の〕布告は、ただでさえ、ちょっと吹いただけで人間の魂から消し飛んでしまうような道徳と美徳の観念すべてを、すっかりひっくりかえしてしまう。法律は、一方では〔懸賞金によって〕市民たちに裏切りをそそのかしたかと思えば、他方では裏切り行為は処罰するぞという。立法者は、片方の手で、家族や親戚や友情のきずなを強くする素振りをしたかと思えば、もう片方の手で、そのきずなを引きちぎり、ずたずたにする者にご褒美を与える。立法者は、つねに、自分自身に対する矛盾に陥っている。一方では人間たちの疑り深い魂に信頼を植え付けようとするかと思えば、他方では万人の心に相互不信をまき散らそうとする。ひとつの犯罪を予防する代わりに、百もの犯罪を引き起しているのだ。このような方策は、弱い国だけが採用する手段にすぎない。そういった国々の法律は、いたるところ崩れ落ち、いまにも壊滅せんばかりの建物に対する、その場しのぎのつぎはぎ補修のようなものにすぎない。

それに対して、ひとつの国を照らし出す光が明るくなればなるほど、信義誠実(1)と相互の信頼がそれだけ必要になってくる。そして、この信義誠実と相互の信頼は、真正の政治と渾然一体の関係を深めていく。そうなれば、策略、陰謀、陰でおこなわれるねじ曲がった手段、そうしたものはたいてい防ぐことができるようになる。そして、万人の利益というものに対する感度が鋭敏になり、個々の特殊利害に傾きがちな感性を牽制するようになる。無知が支配した幾世紀においては、公の道徳それじたいが、人間を、私的な利害関係に従うよう屈服させてきた(2)。そんな幾世紀の経験すらも、光に照らされた新しい世紀にとっては、教訓として役に立つ。ところが、裏切りにご褒美を与える法律、市民たち相互のあいだに猜疑心をまき散らすことで、見えない戦争に火をつけるような法律は、道徳と政治との再統合を妨げる。これこそは、まさに必要不可欠なものであって、本来はそれによって、人間たちは幸福を手にすることができるはずだし、諸国も平和を勝ち取ることができるはずだ。そうすれば、害悪の蔓延に悩まされていた世界も、少しはのんびりと静かな休息のひとときを楽しむことができるはずなのだ。

37　未遂・共犯・不処罰

法律は、単なる意図を処罰しない。だからといって、何らかの実行行為の着手がすでにあって、その行為を成し遂げようという意思を明らかにうかがわせるような場合においても、その行為が刑罰に値しないというわけではない。ただし、犯罪の既遂それじたいに比べれば、〔未遂犯は〕軽い刑罰となる。犯罪を企てる行為が実際に着手されることを予防するのが重要だから、未遂にも刑罰を科すことが許されるのであるが、一方で、未遂と既遂とには一定の間隙がある。だから、成し遂げられた犯罪に対して刑罰をより重くしておけば、実行に着手した者が、途中で考えをひるがえすように促されることもありえるだろう。

ひとつの犯罪について複数の共犯者がいるけれども、その一味すべてが直接の実行犯というわけではない、という場合についても同じことが言えよう。ただし、その理由は異なる。複数の人間が、ひとつのリスクのために手を組むとき、そのリスクが大きければ大きいほど、全員がなるべく等しいリスクを負担するようにという配慮が働くものである。だから、もし実行犯を重く処罰することにすれば、すすんで実行犯となって、他の共犯者たちよりも大きなリスク〔＝加重刑〕を引き受けようとする者を見つけるのは、それだけ難しくなるだろう。唯一の例外は、実行犯の分け前をそれだけ大きくすると、共犯者たちの間で取り決めたような場合であろう。この場合は、ハイリスク・ハイリターンとなり、〔軽重の差のある〕刑罰は、全共犯者にとって〔それぞれの利益の差に見合った〕等しい価値をもつことになろう。もっとも、以上のような思考上の操作は、あまりにも形而上学的に聞こえるかもしれない。しかし、そう聞こえるとしたら、それは、犯罪の一味に、お互い手を組んで悪事を働こうという気を起こさせるような動機ができるだけ生じないように、法律によって最大限配慮しておくことがどれほど有益であるか、ということをよく考えようとはしないからである。

裁判所によっては、仲間の共犯者たちがどこの誰であるかをばらす重大犯罪の犯人について、処罰しないで済ませることがある。[1] このような便法には、メリットとデメリットがある。デメリットとしては、国が、裏切り行為を公認しているようなものだ、という点を挙げることができる。裏切りは、たとえ悪人たちの間であっても、やはり憎むべきものである。なぜならば、一国にとっては、卑怯な犯罪に比べれば、勇敢な犯罪のほうがまだましだからである。実際、勇敢さは、そうそう滅多にあるものではなく、よろしく感化さえできれば、公共善のために貢献するようにこれを導くこともできるだろう。それに比して、自分自身の利益だけをがつがつ膨らませようとする卑怯さは、ごくありふれたものであり、それだけ伝染もしやすい。そのうえ、右記のような便法は、裁判所が、自らの不確実さ、法律の弱さを露呈することにもなる。なぜなら、この便法は、法律を侵害する者に対して法律じたいが手助けを懇願するようなものだからである。

それに対して、この便法のメリットは、何よりもまず、重大な犯罪を未然に防ぐことができるという点にある。また、重大な結果を招く犯罪がおこなわれたのに、犯人たちがなかなか捕まらないため、人々を不安にさせている、というような状況を最大限避けることができる。さらに、法律に対して信義を欠く者、つまり公共に対して信義を欠く者は、えてしてプライベートな関係においても信義を欠くものだ、ということを示して見せることにもなる。

私には、他の共犯者たちのことを暴露する共犯者を処罰しない、という判断を個々のケースに応じて区々《まちまち》に宣言するよりは、一般的法律によって、いかなる犯罪に関しても、他の共犯者を明らかにする共犯者についてはすべからく処罰しない、と約束しておくほうが好ましいのではないか、という気もする。なぜなら、このような手を打っておけば、それぞれの共犯者は、お互いに、〔もし自分自身は黙っていても他の連中みんなが吐いてしまえば結局のところ〕自分だけが馬鹿を見るのではないかと疑心暗鬼になり、その結果、犯罪者たちの結託を防ぐことができるかもしれないからである。裁判所としても、悪人どもに「お偉いさん方よ、うっかりしたら俺らの手助けが必要となるかもしれんのだぜ」とでも言わんばかりの厚かましい態度をとられずに済むかもしれない。もっとも、このような法律には、密告者の不処罰規定とともに、密告者の追放をも合わせて定めておかねばならないかもしれないが。

……いや、良心の痛みをうやむやにしようとして、こんなふうにああでもないこうでもないと書き連ねて、自分自身を苦しめ苛むのは所詮むなしいことだ。こんなふうに書き連ねてくると、神聖な法律が、自ら裏切りをなすことを認め、嘘をつくことを許しているかのように感じて、それが私の心にトゲさすのだ。法律こそは、公の信頼の記念碑であり、人間的道徳の基礎である。そのうえ、もしも共犯者たちについて教えてくれるなら処罰しないでおくという約束をしておきながら、実際にはそれを守らなかったとしたら、なお悪い。つまり、小難しい屁理屈をこじつけて、法律のすすめに応じて供述をした者を、責め苦に遭わせるために刑場に引きずっていくというような、公共の信義に反することがあったとしたら、それは国にとって何というお手本になることだろうか！　しかも、このような実例が諸国においてはまれではないのである。ひとつの国というものを、ひとつの複雑な機械のようなものだとしか考えない人たち、その国で最も頭の切れる、有力な地位にある自分たちの才覚で、その機械のシステムを好きなように操作しようとする人たちもまた、珍しくはない。そういった人たちは、デリケートで、最上の魂を喜ばせるようなすべてのものごとに、冷淡で無感動である。しかし、自分たちの目的に役立つと見るや、抜け目のないずる賢い方法で、あたかも音楽家が楽器をかき鳴らすように人の魂に指を走らせて、最も大切な感情も、最も凶暴な情念もあおり立てるのだ。(2)

38　誘導尋問・供述

われわれの法律は、訴訟において誘導的とよばれている尋問の仕方を禁じてきた。つまり、法学者によれば、ある犯罪の情況に関連して、一般的なことがらから尋ねていくべきなのに、いきなり特定のことがらのイエス・ノーについて尋ねるという手法はいけない、というのである。誘導尋問とは、犯罪に直接関連している内容を尋ねて、被告人に直接的な答えをさせる方向に誘導するような尋問手法のことをいう。刑事法学者らによれば、尋問は、事実関係をいわば螺旋状に取り巻きながらじわじわと解きほぐしていくべきものであって、事実関係の核心部に向けて一直線に突き進むべきものではない。このような誘導尋問が禁止されている理由は、第一には、自分の身を追及の手から守るためだけの反応をする方向に、被告人を誘導することがないようにするためであろう。また第二には、〔誘導尋問の甲斐あって、被告人が〕自分の手で自分自身を直接に攻撃するような展開になってしまうと、おそらく、それはそれで自然じたいに反する〔＝自分の身を守るというのが人間の本性だから〕ように見えるからであろう。

このふたつの理由のどちらを取るにせよ、法律が自己矛盾に陥っていることは誰の目にも明らかである。というのも、誘導尋問を禁ずるという慣行とは裏腹に、法律は拷問を認めてきたからである。まったく、苦痛を与える以上に誘導的な尋問などいったいあるだろうか？　実際、拷問について吟味してみると、まずは、上に述べた誘導尋問を禁止する第一の理由が、そのまま拷問についても当てはまることが分かる。屈強な者に対して拷問の苦痛を与えると、〔もし白状したら科されるだろう〕重い刑罰よりは、今の苦痛の方がマシだということで、かえって頑として口を割らないという方向に誘導する結果となるだろう。逆に、か弱い者に対して苦痛を与えると、将来の刑罰が与えるだろう苦しみの大きさよりもはるかに効果的な、現にそのとき加えられている責め苦から、ともかく逃れたいという切迫した気持ちのほうが当面は勝るので、なんでもいいから自白するという方向に誘導する結果になってしまうだろう。また上述の第二の理由が拷問にも当てはまることについては、おのずから明らかである。なぜなら、特定のことがらにかかわる尋問が、自然権に反して被告人に自白をさせるというのであれば、拷問による激痛を与えることによって、はるかに容易く被告人にそのような自白をさせることができるだろうからである。しかし、人間というものは、ものごとの実質的な異同よりも、名前の違いによって惑わされてしまうものなのだ。

人間界における出来事に小さくない影響を及ぼしている、こういった言葉遣いに由来する弊害のなかでは、すでに有罪を宣告された被告人について、その供述の効果を否定し無効にする、という乱暴な処理がひと際目を引く。「そのような者は、市民としては死んでいる。そして死者にはいかなる行為をする能力もない」と、アリストテレスばりの法学者たちは重々しく述べる(1)。このような空しい言葉遊びを真に受けて、数多くの犠牲者が血祭りにあげられてきた。真実も、司法の定式には道を譲らなければならないこともあるのではないか、こんな議論がしばしば大真面目に闘わされてきたのだ。もしも、有罪宣告を受けた被告人の供述では、裁判の進行をストップさせる合図にはならないのだとすれば、どうだろうか。たとえば、被告人の極端に悲惨な情況を考慮するだとか、あるいはまた真実発見のためだとか、どちらの理由にしても、有罪宣告後であっても被告人に供述させるような適当なチャンスを認めるべきだということに、どうしてならないのであろうか？　そうすれば、事実関係の本質を変えるような新しいことがらが示され、それによって、被告人本人や他の共犯者の身の潔白が、あらためて判断の対象となるかもしれないのだ。確かに、裁判の運営においては、形式性と儀式も必要である。それは、裁判の運営を担う人間のでたらめな裁量を許さないためである。また、裁判官の判断が混乱しているとか私利私欲に左右されているとかいうことはなく、安定的で規則通りであるというイメージを人民に与えるためである。さらにまた、人というものは模倣的で、習慣の奴隷であるから、理屈にもとづいた議論よりも、感覚的な印象のほうが、より効果的だからでもある。真実というものは、ときにはあまりにもシンプルすぎるために、またときにはあまりにも複雑すぎるために、学問に通じていない庶民の支持を取りつけるためには、何らかの輝かしい見せかけを必要とする場合もある。しかし、だからといって、真実を犠牲にするような仕方で、形式性と儀式を法律によって定めてしまうのは、あまりにも危険である。

さて、最後にひとつ、付け加えておこう。法廷での審問において、尋問に応ずることをかたくなに拒む者は、法律によって定められた〔当該犯罪に対する〕刑罰、そのなかでも法律によって厳かに決められた、最も重い量刑に値する。(2) 本来は、公衆に対して自ら見せしめとなる必要があるのに、尋問の拒否によって、そうなることを免れたりしないようにするためである。しかし、このような刑罰も、被告人がその犯罪をおこなったことに疑いを容れる余地がないときには、とくに必要ない。尋問それじたいが無用だからである。同じように、被告人が、その犯罪の犯人であることを他の証拠が証明しているときは、その犯罪についての自白も無用である。この最後の場合が、いちばん普通である。なぜなら、経験が教えるところによれば、大半の訴訟において、被告人は自分が有罪であることを否定するものだからである。

39　ある特殊な種類の犯罪について

この書物を読む人なら誰でも気がつくところであろうが、私は、ある種の犯罪について論ずるのを避けてきた。その種の罪人を処刑するために、ヨーロッパ中が血みどろになった。生きたまま人の身体を火あぶりにするため、おぞましい薪の山が積み上げられた。自分たちの置かれている状況を理解できない群衆にとっては、人体を焼きこがす黒い煙が渦巻くなかから絞り出されてくる哀れな者たちの悶え苦しむ呻き声は、どきどきするような見世物であり、黒こげになった骨がパチパチいう音と、まだぴくぴくしている内臓がジュージューいう音と合わさって、まるでよく調律された合唱のように聞こえた(1)。

しかしながら、このような犯罪の本質についての検証は、この場所では、そしてこの時代においては、ことがらの性質上許されないということを、理性的な人ならご了解いただけるだろう。第一、以下のようなことを証明しようとするならば、それはあまりにも長すぎる議論となり、この本のテーマからは離れすぎてしまうだろう。すなわち、多くの国々では、実際はそうではないにもかかわらず、ひとつの国家というものにおいてはどれほど完全な思想〔＝実際には信仰ないし宗派を指す〕の統一が必要であるか、ということ。また、ある種の考え方同士〔＝信仰ないし宗派〕のあいだには、人間の能力ではとうてい判別できないほど、ほんのわずかな、そして微妙な違いがいくつかあるだけなのに、それでも、その考え方のうちのひとつがほかの考え方に対して優越的な地位を認められていない場合は、そういった考え方をめぐる対立がどれほど公共善を撹乱することもありうるか、ということ。さらにまた、ある種の考え方は、以下のような性質をどれほど強くもっているか、ということ。すなわち、いくつかの考え方は、互いに発酵し衝突しあうことによって、本物の考え方を浮かび上がらせて偽物の考え方を忘却の淵に沈め、もってきらきらと輝きを増していくのに対して、他方で根本において確固たる一貫性をもたない考え方は、権威と力の助けを身にまとわなければならなくなる、ということ。それから、次のようなことも、証明しようとすれば、長すぎる議論になってしまうだろう。つまり、人間の心を力で支配しようとすることであって、そのようなことをしても、どれほど必要であり不可欠であるか、ということ。どれほどそれが憎むべきことであって、そのようなことをしても、ただ人々は卑怯な隠しごとをするようになるだけであり、そういう手段は、理性と、われわれが最も尊敬している権威[2]とにもとづく柔和と友愛の精神に反しているとしても、そうなのである。

こういったことはすべて、承認された権威をもつ人が命ずるため、人間の真の利益に合致し、明々白々に証明されていると信じられねばならない。私としては、人間の本性から生ずる犯罪、そして社会的協定から生ずる犯罪以外については、ここでは語るつもりはない。もろもろの罪[3]について言えば、その罪に対する処罰については、たとえ地上における処罰についてであっても、限界を有する哲学などが示す諸原理ではなく、それとは別の諸原理〔=宗教〕によって定められなければならないから、その問題について私は語るつもりはない[4]。

40 効用についての間違った考え方

〔諸国の刑法において〕誤りと不正が生ずるひとつの原因は、立法者たちが抱いている、効用についての間違った考え方にある。(1) それは、たとえば全体にとっての不都合よりも、個人的な不都合のほうを優先させるような考え方のことである。あるいは、感情を刺激する代わりに、感情に命令を下すようなやり方のことである。それは、論理に向かって「〔理屈に合わなくても〕従え」と命ずるのと同じようなものである。また、効用についての間違った考え方とは、想像上の話にすぎないような、仮に現実のものとなったとしても大したことにはならないようなたったひとつのデメリットのために、数えきれないほど多くの現実的なメリットを犠牲にするような考え方のことである。あたかも、火事の原因になるからといって人から火を取り上げたり、溺れるかもしれないからといって水を取り上げる、といったような考え方だ。害悪を正すには、すべてを破壊しつくすしかない、というわけである。

たとえば、武器をもち歩くのを禁ずる法律は、こういった特質をもつ法律のひとつである。そのような法律は、〔本来は犯罪予防のために制定されるにもかかわらず〕犯罪性向が強くない者とか、犯罪をおこなうと決意したわけではない者から、武器を取り上げるだけに終わる。一方で、人間性にとって最も神聖な法律や、法典のなかでも最も重要な規範を破ることができるような蛮勇をもっている者たちが、どうして〔武器の携帯を禁ずるといった類いの〕それほど重大ではない規則や単なる気まぐれの指示におとなしく従ったりするはずがあろうか？　そのような決まりごとは容易に破られるだろうし、第一、杓子定規に適用されることもあるまい。そんな規則を厳格に適用しようとしたら、人身の自由が奪われてしまうだろう。人身の自由こそは、人間にとって最も価値のあるものであり、したがって、光に照らされた立法者にとっても最も価値のあるものなのだ。こうして、犯罪者だけが受けるにふさわしいあらゆる厳格さを、罪のない者たちが引受ける羽目になってしまうだろう。武器携帯を禁ずる法律によって、襲われる者にとっての状況は不利になり、襲う者にとっての状況は有利になる。だから、殺人を抑止するどころか、かえって増やしてしまうのだ。なぜならば、武器をもっている者を襲うよりも、無防備な者を襲う方が、確実な成果を上げることができるからだ。こういうわけで、そんな法律は、犯罪予防にはならない。ただ単に、目の前の犯罪にびくついた恐がりの法律というだけのことである。つまり、いくつかの印象的な出来事が積み重なったことによって突き動かされた結果であり、このような法律を作って広く適用したらいったいどんな不都合やデメリットが生ずるかを、よくよく考え抜いた末の決めごとではないのだ。

また別の、効用についての間違った考え方に、感覚というものによりかかって生きている人間たちの群集に、単なる無機的な物質だけがよく耐えうるような、整然たる秩序を与えようとする考え方がある。これは、絶え間なく作用し続ける力によって群衆を突き動かす目の前にある動因のことは軽視して、遠く離れたところから群衆を操作しようとしているようなものであるが、そのような働きかけは、ごく短い時間にかすかな印象を残すだけに終わる。もっとも、遠く離れたところからでも、その対象を拡大してみるなどして、想像力で距離の遠さを補うことはできるのだけれども、それは人並みすぐれた人間の場合に限るのである。

最後にもうひとつだけ、効用についての間違った考え方の例を挙げよう。それは、名称にとらわれて物事の実質を犠牲にするというもので、たとえば「全個人の善の総和」から「公共善」を区別する、というような考え方がそれである。(2)社会状態と自然状態とは違う。自然状態における人は、自分自身にとっての利益になるかぎりにおいて、他者に損害を与えることがあるに過ぎないが、社会状態における人は、ときに悪法のせいで自分自身の利益にもならないのに、他人を侵害する結果を引き起こすことがある[3]。専制者は、奴隷たちの魂のなかに、恐怖心と奴隷根性を叩き込む。しかし、その強烈な反作用が自らに返ってきて、専制者自身の魂を苦しめることになる。各人の恐怖心が、それぞればらばらに孤立している状態で、身近な範囲にとどまっているうちは、それを自分が幸福になるための道具として利用しようとしている者にとっての危険は、まだ小さい。しかし、その恐怖心が社会全体に広がり、その心理に突き動かされる人々の群れの規模が拡大してくると、人々を自らの目的のために動かそうとするような、絶望感にかられて自暴自棄になった者たちや、あるいは大胆で抜け目のない者たちが、次々と現れてくるようになる。そのような者たちのあいだにある種の快感が広がっていくにつれて、大群衆の蜂起の危険が高くなっていく。不幸な者たちが自らの生存に与える価値は、その苦しんでいる悲惨な境遇がひどければひどいほど、減少するものだからである。ひとつの侵害というものが、また新たな侵害を生じさせる原因は、以上に述べたとおりである。思うに、憎しみは、愛よりもずっと長続きする感情である。実際、憎しみは、行為の継続によって、ますますその力を増大させるのに対して、愛は、行為の継続に応じてどんどん弱まっていく。

41　どのようにして犯罪を予防するべきか

犯罪は、処罰するよりも予防するほうがよい[1]。犯罪予防こそが、あらゆる優れた立法の主要目的である。優れた立法は、ひとつの技芸である。人の生活の善と悪に関する計算をして、人間たちをなるべく幸福の多い状態へと導き、またはなるべく不幸の少ない状態へと導く技芸である[2]。しかし、今まで採られてきた方策は、たいていは間違ったものであり、設定された〔防犯という〕目的にはむしろ逆行するものだった。確かに人間たちの混乱した活動を、不規則な点や乱れがどこにもない、幾何学的な秩序に還元することは不可能である。永続的で単純極まりない自然の法則ですら、惑星がその動きにおいて乱れた軌道を描くことを妨げてはいないのだ。ましてや、決して消えてなくなることのない快楽と苦痛という真っ向から対立する力が錯綜して、混乱や無秩序が生ずるのを、人が定めた法律によって避けることなどできるはずがない。

けれども、法律は、少数の人間たちだけが命令権を掌握する場合には、恐るべき怪物になる。たとえば、大した問題ではない行為を次々と厳しく禁止することは、それから生ずるかもしれない犯罪を予防することにはつながらず、かえって新しい犯罪を創り出す結果となる。あれも禁止、これも禁止と濫発すると、永続的で不変な価値と教えられてきたはずの美徳と悪徳を、その日の気分次第で好きなように決めるような結果となる。そして、人を犯罪へと誘い込むかもしれないことが一切禁止されなければならないのだとしたら、いったいわれわれには何が残されるというのだろう？　しまいには、五感の使用をも、人から奪う必要が出てくるだろう。本当の意味での犯罪をおこなうように人を促すひとつの動因と、大した問題ではない行為をおこなうように人を促す千の動因がある。そのような、大した問題ではない行為まで犯罪とよぶのは、悪法というものであろう。そして、もし犯罪が起きる見込みが動因の数に比例して大きくなるのであれば、犯罪とされる行為の幅を広げることは、犯罪がおこなわれる見込みを大きくすることを意味する。このように、法律の大部分は、単に特権を定めたものであるにすぎないというのが本当のところだ。つまり、わずかな人たちにとって心地よいように、その他のすべての人たちが貢ぎ物をするように決めたものにすぎないのだ。

犯罪が起こるのを防ぎたいと望むならば、法律を単純明快にすればよい。そして、法律を守ることに国の総力を注ぎ、法律を破壊するために使われる力がひとかけらもないようにしなければならない。人間たちそれじたいを尊重し、特定の階級を優遇しないようにしなければならない。人間たちが法律に、そして法律だけに畏敬の念を抱くようにせよ。法律に対する畏れは有益であるが、人間の、他の人間に対する畏れは致命的であり、犯罪の温床となるだけである。というのも、隷属的な人は、自由な人に比べて、より欲深く、より放縦であり、より残忍なものだからである。自由な人は、学問について深く考え、国の利益が何であるかを熟慮する。偉大なお手本を目標にして、それに倣おうとする。しかし、目先のことで満足する連中は、自らが置かれた閉塞状況から逃避しようと、気晴らしになるばか騒ぎをするだけで、それで終わりだ。あらゆることの結果が不確実であることに慣れきってしまって、自分たちの犯罪もまた、処罰される結果になるかどうか怪しいものだという気分になり、結局は、情念に流されるまま行動するということになる。だから、もしも気候のせいで人々が怠けがちな国において、そのうえ法律が不確実だったとしたら、その国の怠惰と愚かさとは維持され、むしろ増大するだろう。もしも人々の欲望が強く、しかも活動的な国において、そのうえ法律が不確実だったら、人々の活動は細かく分散し、数えきれないほどの小さなペテンや詐欺が横行することになるだろう。そうなると、あらゆる人々の心のなかに不信感が広まっていき、つねに裏切りや隠し立てを用心深く疑うようになるだろう。もしも人々に勇気と強さがあるような国だったとすれば、法律の不確実さは、最後には取り除かれることになるだろうけれども、最初のうちは、自由から隷属へ、また隷属から自由へと、振り子は大きく揺れ動くことになるだろう。

42　学問について

犯罪が起こるのを防ぎたいと望むのならば、自由の歩みを〔知性の〕光で照らし出せばよい。知識から生ずる害悪は、知識が普及していくにつれてだんだんと減少し、逆に知識から生ずる利益はだんだんと増えていく。大胆な詐欺師というものは、つねに非凡な人間であり、無知な民から崇拝される。しかし、光に照らされた民からはブーイングの口笛を吹かれるだけだ。知識によって、われわれは対象を比較検討することができるようになり、多様な観点からものごとを考えることができるようになる。人と人とのあいだに生じるさまざまな感情をあれこれ対比して、お互いに修正し合うことができるようになる。それが容易にできるようになるわけは、他人の心中においても、自分と同じものの見方や反発を想像できるようになるからである。このようにして、ひとつの国のなかに光が豊かに広がっていくのを目にすると、ゴシップ好きの無知は言葉を失い、理性を装備していない権威は打ち震えることだろう。しかし、法律の力強さは、びくともしないだろう。なぜならば、光に照らされた人間で、万人共通の安全に関する明快かつ有益な公の協定を、大切だと思わない者はいないからだ。そのような人は、〔社会契約締結のために〕自ら犠牲にするちっぽけで無益な自由と、他の人間たちによって犠牲とされる自由全体の総量とを比較してみる。もし法律がなければ、他の人間たちは、結託して自分に対する陰謀を企てる自由を行使するかもしれないのだ。分別のある魂の持ち主なら誰でも、よくできた法典に一瞥を与え、他人に対して害悪を及ぼす自由というおぞましい自由だけが失われたことを見て取って、〔そのような法典を制定した〕王座と王座を占める者とを祝福せざるをえないだろう。

それゆえ、学問は人間性にとってつねに有害である、という主張は真実ではない(1)。もし有害な場合があるとしても、それは、人間にとって避けることのできない悪だったというにすぎない。地表面に人類が繁殖したことによって、戦争が起きた。素朴な諸技芸が生まれ、そして、最初の法律が制定された。それは、必要に迫られて結ばれ、必要がなくなると反古にされるような、一時的な協定にすぎなかった。しかし、これこそが、人間たちにとっての最初の哲学だったのである。その構成要素はごくわずかであったが、どれも正しいものだった。なぜならば、その時代の人々はのんびりしていて、ずる賢いようなところがほとんどなかったから、余計な誤りに陥らずに済んだのである。

しかし、人間たちが繁殖し続けるにつれて、その欲求もますます増大していった。そこで、もっと強い、もっと永続的な印象を人々に与えることが必要になってきた。そういう印象を与えることによって、当初の社会状態以前の状態に繰り返し逆戻りすることがもはやなくなるようにするためである。その結果、その状態は、人々にとって、ますますおぞましいものになってきていた。したがって、かの最初の誤りもまた、人類にとっては偉大な善、正確には、偉大な政治的善をもたらしたといえる。ここでいう最初の誤りとは、すなわち、地上を偽りの神で充満させたこと、そして、地上界を統御するという不可視の世界〔=霊界〕を創作したことである。意図的に人々の意表をつき、従順で無知な者を祭壇に引きずっていったような食わせ者たちが、人々に恩恵を施してくれる者となった。そのような者は、感覚を超えたところにあるような崇拝対象を人々に示し、その対象に到達したと思うと同時に人々から逃れ出ていくようにしておく。その対象は、決して嘲笑されたりすることはない。なぜなら、その対象がよく知られることは決してないからである。人々の間におけるいろいろに異なる情念が、たったひとつの対象に向かって集中し、濃縮されていくようになる。その対象は人心をがっちりつかんで離さなくなる。こういったことが、蛮族におけるすべての国で起きた、最初の出来事だったのである。(2) それは、大きな社会が形成された時代だった。社会にとって必要な、おそらく唯一の絆は、右に述べたようなものだったのだ。私は、神から選ばれた、あの民族〔＝ヘブライ人〕について話しているのではない。その民族においては、常軌を逸した極限的な奇蹟や輝くばかりに顕《あらわ》れる神の恩寵が、人間の政治〔＝社会運営〕にとって代わった。しかし、無限に細かく分化していくというのが誤りというものの性質なので、誤りから生じた学問は、人間たちを盲目的な狂信者の群れにしてしまった。その群れは、出口のない迷宮の中でうなり声をあげ、錯乱して右往左往した。そのさまを見て、分別のある何人かの哲学者は、太古の野蛮状態まで懐かしんだほどだ。これが〔社会というものの歴史の〕第一期だ。そこでの知識は、むしろ世評といったほうがよいものであったが、ともかくそれは有害なものだった。

第二期は、誤りから真実へと向かう、知られざる暗黒から光へと向かう、困難に満ちた、おそろしい移行の時期であった。少数の有力者にとって都合のいい誤りを信奉する側の連中が、大多数の弱者にとって有益な真実を掲げる側に対して途轍もない叫び声をあげ、このとき覚醒した情念と情念とがぶつかり合って、社会を根本から揺り動かした。そんな社会的混乱が、哀れな人類に無限の損害を与えた。歴史は、主要な時代に関しては、ある間隔をおいて似通った様相を示しているものであるが、そのようなさまざまな社会の歴史を省察する者であれば誰でも、無知の闇と専制の時代から来るべき哲学の光と自由の時代へと向かう痛ましくも必要な移行期において、ひとつの世代が、次に続く世代の幸福のためにまるごと犠牲になったという例を、いくつもそこに見出すだろう。しかし、人々の魂が静まり、国を抑圧していた害悪を浄化した炎も消えると、真実が、王国の王座の上に、君主の伴侶として立ち現れる。真実は、最初はゆっくりと、その後は加速度的に広がっていく。そして、共和国の議会においては、真実こそが信仰の対象となり、真実の祭壇が設けられる。そんなとき、いったい誰が、人々の群れを照らし出す光が闇よりも有害であるだとか、人間たちによってよく知られるようになったものごとの単純明快なありのままの諸関係が人間たちにとっていまわしいものであるなどといって、攻撃できるであろうか?

中途半端であいまいな知恵しかもたない者は、盲目的な無知がもたらす害悪に加えて、真実の世界にまでは達しない狭い視界しかもたない者が不可避的に陥る誤りという、別種の害悪をも引き起こす。だから、確かに盲目的な無知のほうが、中途半端であいまいな知恵よりは害が少ない。だが、光に照らしだされた人間に、〔人々の自由の〕受寄者の役割、また神聖なる法律の守護をさせることは、主権者が、国と自分自身のために与えることができる最も高価な贈り物である。光に照らされた人間は、真実をおそれず直視することに慣れている。そして、多くの人間たちの美徳を試練にさらすような、それでいて、決して十分に満足することがない世間の要求には、あまりとらわれない。そうではなく、大所高所から人間性について熟考することに慣れている。そういう人間の前においては、ひとつの国は、互いにきょうだい同士の家族となる。身分の高い者たちと民衆とのあいだの距離は、そのような人間にとっては、ごく小さく見えるからだ。同様に、そのような者が一望のもとにおさめることのできる人間集団の大きさは極大となる。哲学者というものは、俗衆には知られることのない欲求と関心をもっているものだ。とりわけ、うす暗い部屋のなかで教え説いた原理的な考え方を、日が当たる公の場でもあえて取り消したりはしないものだ。そしてまた、哲学者は、真理それじたいのために真理を愛する、という習慣を獲得しているものだ。このような人間を〔統治者に〕選ぶことは、ひとつの国にとって幸せなことであろう。しかし、もしも良き法律によってこのような人間の数をつねに増やしていく、というようになっていなかったとしたら、その幸福も一時的なものにすぎないだろう。ここでいう良き法律とは、好ましくない人選がなされるといういつでも起こりうるような危険性を、できるかぎり小さくするような法律のことである。

43 司法官

犯罪を予防するもうひとつの方法は、法律の適用を担う合議体[1]が、法律を腐敗させてしまいかねないようなよからぬ関心をもつよりも、むしろ、法律の遵守に注意深くなるよう仕向けることである。そのような合議体を構成するメンバーの数が増えれば増えるほど、それだけ、カネで法律が買収される危険は減る。なぜならば、金銭ずくで人を動かすことは、お互いに監視し合っているような司法官たちのあいだにおいては、非常に難しいからである。そうなってくれば、〔不正手段によって〕自分の個人的な権威を強化しようとする関心も全体に減少してくる。なぜなら、〔司法官の数が多くて、しかも〕よからぬ企みが負うリスクの大きさを考えれば、一人ひとりの司法官が手に入れることができるであろう、最終的な各自の山分け分は、どんなに多めに見積もっても、なお大したことのないものでしかないからである。もしも主権者が、一方ではさまざまな権力行使の手段に訴え、華美壮麗を誇示し、威厳ある勅令を発し、他方では抑圧されていると感じている人たちの訴えを、それが正当な訴えであっても、正当性を欠く訴えであっても、構わず受け付けるということでなければ、民は、法律よりも司法官そのものを恐れるように慣らされてしまうであろう。もしそういったことになれば、司法官たちは、個々人の安全や公共の安全が確保できなくなるという懸念はなおざりにして、民たちが抱く右記のような恐怖心のほうを利用〔して自らの権威を高めようと〕することだろう。

44　褒　賞

犯罪を予防するいまひとつの手段は、美徳に対して褒賞を与えるという仕組みである。この点に関しては、今日、すべての国々の法律が、一様に沈黙しているのを看て取ることができる。有益な真理の発見者に対しては、諸国のアカデミーが賞を授与することによって、世の中に知識やすぐれた書物がますます増えていく。同じように、主権者の恵み深い手によって〔美徳に対する〕賞が分与されるとすれば、どうしてそれが有徳の行為を増やさないわけがあろうか。名誉という名の貨幣は、それを賢明に分配する手の中においては、つねに無尽蔵であり、しかも実り豊かなものなのである(1)。

45 教育

最後になったが、犯罪を予防する最も確実な方法、しかし、同時に最も難しい方法は、教育の完成である。だが、このテーマはあまりにも広すぎ、本書で私が扱うことにした範囲を超えてしまう。それでもあえて言うが、公共の幸福が実現するはるか遠い将来に至るまで、この教育の完成というテーマを、ごくわずかな数の賢人があちこちを耕しているだけの、不毛の地にとどめて放置しておくわけにはいかない。このテーマは、統治の本質とあまりに深くかかわっているからだ。一人の偉人が、彼を迫害する人々をかえって光で照らし出し、教育が人間にとって本当に有益であるためには、主要な原則がどのようなものでなければならないかを詳しく示してみせた[1]。すなわち、教育の内容をむやみに増やすのではなく、必要な内容のみを注意深く精選すること。偶然によるものであれ、工夫によるものであれ、若い人たちの新鮮な魂にものごとを示して見せる際には、それが精神的な事象であれ、物理的な事象であれ、コピー〔＝観念的な教訓や抽象的に定式化された自然法則〕の代わりに、あくまでオリジナルの実物に触れさせるようにすること。美徳へと向けて導こうとする際には、感情という分かりやすい手段に訴えること。そして、悪の世界から若い人たちを遠ざけるためには、害悪によって必然的にもたらされる良からぬ結果や不都合という反論しようがない根拠によって方向付けるべきであって、一方的な禁止命令という確実な効果が期待できない手段には訴えないこと。問答無用の命令を下しても、その場しのぎの、見せかけの従順さだけしか手に入らない。

46 恩赦について

刑罰が柔和なものになればなるほど、それだけ温情と赦免の必要性は少なくなる。温情と赦免が、むしろ禍いですらあるような国は幸いなるかな！　すなわち、王座を占める主権者によって履行されるべきすべての義務に関して、しばしば補完的機能を果たしてきた温情という美徳は、立法が完璧ならば排斥されなければならないはずのものなのだ。立法が完璧ならば、刑罰は柔和であり、裁判手続も規則正しく敏速に進められているはずだからである。馬鹿げた法律にしばられ、処罰も苛酷に傾く刑事裁判システムにおいては、それだけ赦免や恩赦が必要になってきて、秩序がねじ曲げられているから、右記の真理はきびしく感じられるであろう。確かに、恩赦は、王位が有する最もうるわしい特権であり、最も好ましい主権の属性である。そして、恩赦を施すことは、公共の幸福を司る慈しみ深き者が、ある法典〔＝ローマ法のこと〕を暗黙のうちに否定することを意味する。その法典は、どこもかしこも欠陥だらけのままなのに、何世紀にも及ぶ偏見を自分の味方につけている。つまり、数えきれないほどの注釈者による、それに関する膨大で、ものものしい注解が、山のように残されているのだ。それは、どこまでも形式的な重々しい校訂・注釈の類であり、いわくありげなごたくは散々並べるが、およそ恐るるに足らない学者もどきの手になる余計な付属物にすぎない。〔それゆえ温情による恩赦にも一定の歴史的役割はあったが、〕しかし、温情は、立法者にとっての美徳なのであって、法律の執行者〔＝君主や司法官〕の美徳ではない、ということについて、ここで考えてみなければならない。温情は、個別の事例判断においてではなく、法典のなかにおいてこそ、いやまし輝くものでなければならない。犯罪は赦免されうる、刑罰は犯罪の必然的な結果とは限らない、ということに人々が気がつくと、犯罪をおこなっても処罰されないかもしれないという甘い期待を助長してしまう。さらに、犯罪が赦免されうるというのだから、赦免を欠いた処罰については、それは正義の発動ではなく、むしろ権力の横暴であると人々は感ずるようになってしまう。君主が恩赦を一人の個人に与えるとき、つまり、君主がその特定の個人の安全を公に宣言するとき、これをいったい人はなんと言うだろうか。ただ闇雲に慈悲深さを振りまくというういわば私的な行為が、処罰免除の公的な勅令になってしまうという事態について、いったい人は何と言うだろうか。

したがって、法律は免れえないものでなくてはならない。法律の執行者も、個々のケースに応じた赦免をしてはならない。柔和で、寛大で、人間的であらねばならないのは、ほかならぬ立法者である。立法者は、聡明な建築家として、自己愛という基礎のうえに、自らの建物を築き上げなくてはならない。つまり、一人ひとりの個人的利益の総和が、普遍的利益となるように、上手に設計をしなくてはならない[1]。そうすれば、不公平な法律や、混乱を招く救済手段によって、個々人の利益と公共の利益を切り離すような羽目に一瞬でも陥ったり、公共の安寧という砂上の楼閣を恐怖心と不信感のうえに立ちあげざるをえなくなったりしないで済むだろう。立法者は、深い考えをもち、鋭い感受力を備えた哲学者として、自分のきょうだいである人間たちが、幸福の小さな分け前を、平和的に享受するのにまかせればよい。人間たちは、第一原因（＝神のこと）、かの存在者によって創造された途方もなく大きなシステムの一環として、宇宙の片隅でかかる幸福を享受することができるのだ[2]。

47 結論

ひとつの考察をもって、本書を締めくくることにしよう。刑罰の重さというものは、国それじたいの発展の状態と対応していなければならない。たとえば、野蛮な状態から脱け出たばかりの人々は、まだ魂がかたくなであるから、より強烈な印象を与えて感じ入らせる必要がある。銃弾一発ぐらいではかえって歯向かってくる凶暴なライオンを平伏させるには、雷電の一撃が要求されるのと同じことである。しかし、人々の魂は、社会状態においては、徐々に柔らかくなり、感受力を高めていくものだ。もし、対象と感覚作用とのあいだの関係を一定に保っておきたければ、感受力が高まっていけばいくほど、刑罰の強度はそれだけ緩めていかねばならないことになる。

ここまで論じてきたところから、次のような非常に有益な一般的定理を導き出すことができる。もっとも、多くの国々において立法者の役割を果たしている慣行は、たいていの場合、この定理に合致していないが。その定理とは、すなわち、「あらゆる刑罰が、一人の市民に対する、一人または多人数による暴力行為とならないようにするためには、刑罰は、本質的に公的で、迅速で、必要とされるものであり、与えられた状況において可能な限り軽いものであり、しかも犯罪とのバランスが取れていて、そして法律によって定められたものでなければならない」というものである。

訳注

この本を読む人へ

(1) Di Benedikt Carpzov (1595-1666). ドイツの刑法学者・ルター派教会法学者。ザクセンで法実務に長く携わる。ライプツィヒ大学法学部教授。主な著書は『教会法学』(一六四九年)、『帝国ザクセン刑事新実務』(一六三五年)。

(2) Giulio Claro (1525-1575). ロンバルディアの法学者・政治家。パヴィーア大学卒。スペイン支配下のミラノで元老院メンバーなど要職を歴任。『刑事裁判例集成』(一五七〇年)の編纂で有名。

(3) Prospero Farinaccio (1544-1618). Farinacci とも。ローマの刑法学者。ローマ教皇のもとで法実務にも携わる。主著『刑事法の実務と理論』(全三巻、一六〇四―一四年)。以上のカルプツォフ、クラーロ、とくにファリナッチョは、一八世紀イタリアの刑事裁判実務になお大きな影響力を保っていた。クラーロとファリナッチョは、ピエトロ・ヴェッリの *Osservazioni sulla tortura*(『拷問論』)でも、散々槍玉に挙げられている(pp. 58, 74, 87 など)。

(4) ベッカリーアが生きていた時代のミラノ公国の政治状況については、巻末の「訳者解説」を参照。

(5) 原語は i principi morali e politici. 本書が用いる politico という形容詞には、「ポリスの」という原義が強く生きており、現代で普通にいう「政治的」とはややニュアンスが異なる。「社会契約によって構成された人間たちの集合体の領域における」というような意味で、つまるところ「社会的」と訳しても差し支えないとすらいえる。しかし本書では sociale(社会的)という形容詞と区別するため、politico を一貫して「政治的」と訳出する方針を取った。

(6) 原語は diritto naturale. 善悪の観念、美徳と悪徳、正義などに関する人類共通の道徳的規範。

(7) 原語は le convenzioni fattizie della società. 本書では convenzione を「協約」と訳出する。

(8) 原語は patti degli uomini. convenzione と区別するため、本書では patto を「協定」と訳出する。

(9) 人と社会の研究から神学を切り離すということでのベッカリーアの主張は、F・ベーコンの『学問の尊厳と進歩』に依拠するものである。とくに、学問論の前提として、神学と哲学の混同を戒め、まずは両者を区別すべきだと説いているくだりである、*De dignitate et augmentis scientiarum*. I. p. 437 を、ベッカリーアは自家製の「ベーコン抜き書きノート」(*EN2*.

pp. 459-471）に書き写している。

（10）修道士ファッキネイ（F. Facchinei）によって書かれた『『犯罪と刑罰』と題する本についての注記と考察』に対する「応答」は、実際にはヴェッリ兄弟によって書かれたものである。「訳者解説」参照。

（11）原文では、この後に「以下、〈 〉の記号で囲まれた部分は全て第一〔第三版〕の加筆挿入部分、《 》の記号で囲まれた部分は第二〔第五版〕の挿入部分である」という原注が付されている。しかし本訳書では、煩雑を避けるため、この加筆挿入部分の表示記号は一括して省略した（「凡例」参照）。

序論

（1）原文はイタリック体で"*la massima felicità divisa nel maggior numero*"である。本書の直前に刊行されたP・ヴェッリの『幸福に関する省察』（一七六三年）にも、ほぼ同様の定式化、「社会契約の目的は……公共の幸福（la felicità pubblica）、すなわち最大限の平等に分割された最大限の幸福（la maggiore felicità possibile divisa colla maggiore uguaglianza possibile）である」が見出される（堀田誠三『ベッカリーアとイタリア啓蒙』名古屋大学出版会、一九九六年、一一〇―一一二頁を参照）。J・ベンサムは、『犯罪と刑罰』のこの箇所から、「最大多数の最大幸福（the greatest happiness of the greatest number）」の命題に想到したという。

（2）これがルソーを指しているのか、エルヴェシウスを指しているのかについては諸説ある。あるいは、最初に「最大多数にとっての最大幸福」という表現を書きつけたハチソン（F. Hutcheson）のことであるとか（ベッカリーアはハチソンの『美と徳についての観念の起源の研究』（一七二五年）のフランス語訳を読んでいた）、もっとさかのぼってF・ベーコンのことだ、という説もある。実際ベーコンの「法律が見定めるべき目標は、市民たちが幸福に暮らせるようにすることにほかならない」というアフォリズム（*De dignitate et augmentis scientiarum*, VIII-3, aph. 5, p. 805）を、ベッカリーアは「ベーコン抜き書きノート」に書き写している。

（3）「主権者」はil sovrano（具体的には君主のこと）、「臣民」はi sudditi（臣下、領民）の訳語である。ただし、i sudditiが、文脈上、官吏を除く被統治民を指すと思われる場合、以下では「民」と訳出している。

（4）原語はmagistratiであるが、この場合、主権者（君主）と被統治民との間に存在する統治機構の官吏一般、とくに要職を占める行政官たちを指しているものと思われる。以下ではmagistratoを、文脈に応じて「政府高官」「高級官吏」、あるいは「司法官」等と訳出している。

（5）モンテスキューは、一七一六年から一七二六年まで、ボルドー高等法院（Parlement de Bordeaux）の長官職にあった。

1

（1）受寄者（depositario）とは、寄託者（depositante）から物を預かって保管する者。寄託（deposito）とは、民法上、受寄者が、寄託者の利益のために、ある物を預かって保管する契約。信託とは異なり、寄託では所有権は移転せず、寄託者はいつでも預けた物を返還するよう受寄者に求めることができる。

（2）「感覚に訴えかけるような動因」の原語は de' motivi sensibili である。本章は、ホッブズとエルヴェシウスから継承された社会契約論と功利主義の結合が、本書全体の理論的基礎をなすことを如実に示している。本章が依拠したと思われるホッブズの社会契約論については、『リヴァイアサン』（とくに第一部第一四章および第二部第二一章）を参照。エルヴェシウスにおける社会契約と法律の概念については Helvétius, *De l'esprit*, III-9, p. 291, 刑罰の起源に関しては *ibid.*, III-4, pp. 251-257 等の議論を参照。

（3）秩序から無秩序へと向かう自然の傾向性。現代物理学の用語でいえば、エントロピー増大の法則に当たる。

2

（1）『法の精神』第一九編第一四章（中　一六八頁）。

（2）ここでは、有益性基準よりも必要性基準のほうが優位にあることに注意。ベッカリーアによれば、たとえ、ある目的のためには有益であっても、必要不可欠な限度を超えて人の自由を奪う科刑は、「有益な不正義」となり、許されるべきではないことになる。「25　追放刑と財産没収」も参照。

（3）「できる限り少ない量」の原語は la minima porzion possibile である。この「自由の最小部分の供出」という定式はエルヴェシウスに由来すると見られる（Helvétius, *De l'esprit*, III-4）。ホッブズの場合は、他人を処罰する各自の自然権は、社会契約によっても各自に留保されたままであり、ただその行使が差し控えられることによって、主権者による処罰権の行使が強化されるにすぎない（『リヴァイアサン』第二部第二八章冒頭部分。同第一部第一四章、第二部第二一章も参照）。ロックは、自然状態において、各人がもっている自分自身と他人の存続のために適当と考える一切のことをなしうる自然的権力と、自然法を侵犯した他人を処罰する自然的権力とは放棄されて、結成された政治社会の単純多数に委ねられる、とした（『市民政府論』第七章八七―八九、第九章一二八―一三〇）。ルソーは、ホッブズを批判して、「権利の無条件で全面的な譲渡」という構成をとり、しかも単純多数ではなく、「一般意思」を措定する（『人間不平等起原論』一〇六頁、『社会契約論』第一編第六章等を参照）。ベッカリーアは、以上のすべての議論を意識したうえで、本文のように立論したと考えられる。

（4）「法」の原語は diritto である。一方「刑罰権」の原語は il diritto di punire であり、同じ diritto という言葉が使われている。ここで念頭に置かれている「法」は、行使の仕方が正義にかなっている刑罰権、すなわち濫用されることなく適正に行使されるように整形され、コントロールされた「力（forza）」を意味していると考えられる。言い換えれば、「力」の発動を抑制し、限界を画すものが、本書のいう「法」なのである。ここでの「力」と「法」の関係をめぐる議論につき、『リヴァイアサン』第二部第二八章、パスカル『パンセ』第五章二九八（一八九頁）、Helvétius, *De l'esprit*, II-15, p. 152 ; *ibid.*, II-24, p. 210.『社会契約論』第一編第三章（二〇頁）、等参照。本書「16 拷問について」、「29 逮捕について」などでは、否定的な文脈で「力」という言葉が使われている。

3

（1）「社会契約」の原語は un contratto sociale である。

（2）このパッセージに関しては、初版の下書き原稿の文献学的検証によって、ベッカリーアの原文で使われていた動詞 decretare「決める、定める」が、P・ヴェッリの手によって infliggere「刑罰を科して苦しめる」と修正されたことが判明している。この場合、ヴェッリの操作は不適当であり、本来この一節は、立法による規定が欠けている場合に、司法官が正義の名でもって適当と思う刑罰を裁定することができるかどうかという問いかけと、その答えを示したものと理解すべきであろう。本文のように訳出した所以である。

（3）"nullum crimen, nulla poena sine lege"（法律がなければ犯罪も刑罰もない）の原則の定立。この原則を明快に示したのはホッブズである。『市民論』第一三章一六（二六四頁）、および『リヴァイアサン』第二部第二七章（Ⅱ 二〇二頁）、同第二八章（Ⅱ 二二八頁）などを参照。

（4）立法と司法とを峻別する原則の定立。『法の精神』第六編第五章、『社会契約論』第二編第五章などを参照。

（5）この原注の趣旨は、「義務（obbligazione）」という概念が関係的・相対的であって、超越的・絶対的ではないことを示す点にある。その社会に参加するかどうかは、結局個々人にとっての利害に還元される。社会契約を守る、すなわち法律を守る義務は、個々人にとってはいわば相対的な状況判断でしかない。「たった一人でも」以下は、もし君主が社会契約に違反すれば、抵抗権も功利主義的観点から正当化されうるという趣旨であろう。ヒュームの『人性論』第三編第二部第五節、同第九節、および Helvétius, *De l'esprit*, III-18, p. 347 など参照。

4

（1）ベッカリーアの「ベーコン抜き書きノート」の中には、ベーコンが『学問の尊厳と進歩』におけるレトリック論で例示している「法律の文言から逸脱した解釈は、解釈ではなく予言（divinatio）である。そのとき裁判官は立法者に変ずる」という「法律の文言に関するテーゼ」が見出される。ただし、ベーコンがこれに対置しているアンチテーゼ「個々の文言を解釈するには、全体の文意からその意味を汲み取らねばならない」は、「ノート」には見当たらない（*De dignitate et augmentis scientiarum*, VI-3, Exempla Antithetorum XLVI（Verba legis）, p. 706. なお *ibid.*, VIII-3, aph. 46, p. 813「最良の法律は、裁判官の恣意に最小の余地しか残さない。最良の裁判官は、自分自身の恣意に対して最小の余地しか残さない」も参照）。一時期ベーコンの秘書をしていたホッブズは、『リヴァイアサン』第二部第二六章（とくにⅡ　一七七頁以下）で、裁判官による法の解釈を認めている。しかし、それはあくまで主権者の権威によって設置された裁判官が、立法者の意図を正しく汲み取る公認解釈（the authentique Interpretation of the Law）としてであり、道徳哲学の著作家たちによる自由な解釈などは排除している。モンテスキューも、『法の精神』第六編第三章で、君主制において法律の内容が不完全な場合については裁判官に「法の精神」を斟酌して判断する余地を認めているものの、原則的には裁判官の解釈を避けるべきとしている。ピエトロ・ヴェッリの論説「法律の解釈について（Sulla interpretazione delle leggi）」（*Il Caffè*, pp. 695-704）は、刑事裁判のみならず、民事裁判においても一切の法解釈の禁止を強く主張する。ここでは、およそ当時の裁判というものが、ローマ法、教会法、地域慣習法、王令、法学書、裁判事例などが混沌としているなか、確固たる適用基準もないままに極めて大きな裁量権限を有する裁判官たちによって恣意的に運用されている、という状況認識が、論者たちのあいだに議論の前提として共有されている。

（2）『社会契約論』第一編第六章以下、とくに第二編第三章で明らかにされた「一般意思（volonté generale）」の概念を、ベッカリーアは認めない点に注意。「28　死刑について」（訳注1）参照。「受寄者」については、「1　刑罰の起源」（訳注1）参照。

（3）このような機械的考え方は、「ひとつの実験物理学として」（Helvétius, *De l'esprit*, Préface, p. 9）、人間と社会の問題を扱うというエルヴェシウスの立場に影響されたものであろう。このような法政策学的姿勢は、本書全体のベースにあり、のちにベッカリーアを経済学研究へと導いていくことにもなる。

（4）ベッカリーアの法典編纂論は、アレッサンドロ・ヴェッリ（Alessandro Verri. ピエトロの弟）の強い影響を受けている。当時アレッサンドロは、ローマ法史や古典古代に関する豊かな学識を動員して、民事・刑事の恣意的な裁判実務を批判し、「迷宮（labirinto）のようなローマ法」（具体的にはユスティニアヌス法典）に代わる、合理的な新法典編纂の必要性を訴える法学論説（「ユスティニアヌス帝とその法律（Di Giustiniano e delle sue leggi）」（*Il Caffè*, pp. 177-189）や、「市民法論（Ragionamento sulle leggi civili）」（*ibid.* pp. 571-606）など）を、『イル・カッフェ』誌に次々と発表していた。

5

（1）「寄託」については、「1　刑罰の起源」（訳注1）参照。

（2）原語はlusso（奢侈）。一八世紀半ばの経済思想においては、奢侈こそが富と文明の源であるという言説が頻出する。「32　自殺」参照。

6（1） 直接的にはHelvétius, *De l'esprit*, I-1, p. 19等の確率論的世界観（probabilismo）の影響と見られる。「41　どのようにして犯罪を予防するべきか」も参照。

（2） 『法の精神』第八編第一六章を参照。

（3） 建築家としての立法者というメタファーは、『社会契約論』第二篇第八章（六七頁）に由来する。ここでもまた、エルヴェシウス的な〝立法の科学〟（Helvétius, *De l'esprit*, III-16, p. 337; *ibid*., II-17, II-24等）という姿勢が立論のベースにある。ここで立法者に求められているのは、道徳論ではなく刑事政策的センスであり、推奨されている手段は、強制ではなくインセンティブ構造の組替えによる誘導、または説得である（この点につきフーコー『監獄の誕生』一一一頁を参照）。

（4） 『パンセ』第五章二九一―二九四（一八六―一八八頁）を参照。

（5） そのような刑罰の設定の仕方をすれば、より重大な犯罪をかえって誘発することになってしまうだろう、という意味。『法の精神』第六編第一六章参照。

7（1） 「刑罰の尺度」という章題は分かりにくいが、本章の主題は、どのようにして個々の犯罪の軽重を測定すべきかということである。そのためには、「内面の意図」が必ずしも適切な尺度にならないことはもちろん、「規範違反」という行為の外形的事実だけでもなお不十分で、その違反がもたらした「社会」への「実害」（結果）がどの程度だったかを考慮することが必要であり、それとのバランスで量刑も決まってくる、という趣旨。一七八九年のフランス人権宣言の第五条が「法律は、社会を害する行為でなければ、禁止する権利をもたない」と規定した所以である。ベッカリーアの議論の土台にあるのは、（P・ヴェッリによると）グロティウスの『戦争と平和の法』第二巻第二〇章一八「内的行為は人間によって罰し得られぬ」（Ⅱ　七二五頁）だという。そのほか、『リヴァイアサン』第二部第二七章（とくにⅡ　二〇一頁、二一九頁）、『法の精神』第一二編第一一章（上　三五八頁）などを参照。この立論は、意思の軽視という批判を免れえないようにも見えるが、ここでは有罪か無罪かだけではなく、いわば量刑が主たる問題になっている点に注意。カントのように、「内面的悪意（die innere Bösartigkeit）」（『人倫の形而上学』第一部「49E　刑罰権および恩赦権について」、四七六頁）という主観的要素を犯罪の評価において最重視する厳格な道徳的応報刑論とは、対抗的な立場だといえるだろう。

（2） 教会の立場に立つファッキネイらによって非難された箇所のひとつ。ベッカリーアの立場は、系譜的には『戦争と平和の法』第二巻第二〇章二〇「直接または間接に人間社会を害しない行為は人間によって罰せられぬ」（Ⅱ　七二六頁以下）に与する。

8（1） ベッカリーアの犯罪分類論の原型は、『法の精神』第一二編第四章である。本文中にいう「三番目のカテゴリー」については、後の「11　公共の平安について」で取り上げられることになる。
(2) 原語は lesa maestà で、原義は「(主権者の)威厳を毀損する罪(不敬罪)」。この犯罪類型の意義については、ホッブズの『市民論』第一四章二〇を参照。
(3) 原語は i supremi magistrati であるが、ここでは各国を統治する主権者たちのことを指していると解される。
(4)『市民論』第一章一〇、『リヴァイアサン』第一部第一四章、同第二部第二一章を参照。
(5) 原語は i grandi、すなわち、政治的権勢を有する有力な貴族、名門貴族の意と解される。

9

(1)「市民法」の原語は le leggi civili、「名誉とよばれる法」の原語は le leggi ciò che chiamasi *onore* である。この「矛盾」については、次の「10　決闘について」や後の「23　名誉剥奪」、さらには「26　家族の精神について」なども参照。「名誉とよばれる法」のアイディアは、J・ロックの『人間知性論』第二巻第二八章七(大槻春彦訳、岩波文庫、一九七四年[原著一六九〇年]、II　三四二頁)以下の「世論ないし世評の法(law of opinion or reputation)」に由来すると見られる。
(2)「寄託」については、「1　刑罰の起源」(訳注1)参照。
(3) ここでベッカリーアは、市民法に対抗して、世評というものが独自に働くことを認め、それがつねに政府を専制的にする用意を整えていることに警告を発する。すなわち、成文法とは異なる原理で人々に作用する「名誉」は、正しく樹立された政府にとっては、尽きることのない足かせと脅威の源泉となるというのである。本章におけるベッカリーアの批判的名誉(ないし世評)論は、モンテスキュー(『法の精神』第三編、とくにその第六章から第一〇章まで)や、ルソー(『人間不平等起原論』第二部、『社会契約論』第四編第七章)に多くを負っている。これに対して、本書の後半でもっぱら刑事政策の見地から取り上げられる名誉論は、ホッブズの分析(『リヴァイアサン』第一部第一〇章)や、エルヴェシウスの名誉論を継承するものであるように思われる(後者については、森村敏己『名誉と快楽——エルヴェシウスの功利主義』法政大学出版局、一九九三年を参照)。
(4) 原語は il dispotismo delle leggi で、英米法にいう「法の支配(rule of law)」と同じ意味。このような表現を肯定的な意味合いで使うのは、ピエトロ・ヴェッリの「法律の解釈について」(前掲)ゆずりである(*Il Caffè*, p. 703)。

10

(1)『リヴァイアサン』第二部第二七章(II　二一九頁)、およびモンテスキュー『ペルシア人の手紙』「第九〇の手紙」を参照。また、『法の精神』第二八編第一八章から第二七章も決闘について詳しく取り上げている。ちなみに、絶対的な応報刑論を標榜するカントも、名誉を守るための嬰児殺と決闘についてだけは、特例的扱いを認めた(『人倫の形而上学』第一部「49 E　刑罰権および恩赦権について」四七九頁以下)。

11 (1) ヴォルテールの『哲学辞典』における「狂信（Fanatisme）」の項（『哲学辞典』一九三頁以下）を参照。
(2) ここでは、「8　犯罪の分類」において示された、三種類の犯罪すべてを指すものと思われる。

12 (1) 刑罰の目的に関するベッカリーアの基本的立場は、ホッブズの『市民論』第三章一一（「第六の自然法」）、同『リヴァイアサン』第二部第二八章前半部および同第三〇章（Ⅱ　二七六頁）、モンテスキュー『法の精神』第六編第九章の系譜に連なるものである。

13 (1) 原語は"la morte civile"で、「法律上の死亡」という法的擬制の一種。有罪が確定した犯罪者から、市民としてのすべての政治的・社会的権利を奪うことをいう。「25　追放刑と財産没収」、「38　誘導尋問・供述」も参照。
(2) 「23　名誉剝奪」を参照。
(3) 『法の精神』第一二編第三章参照。

14 (1) 原語はprobabilitàで、英語のprobabilityに相当する。あるものごとが起こる確からしさ、見込み。または、あることがらがもっともだと認められる確実性の度合い。
(2) 「いかにももっともだと思えるような確実性」の原語はla certezza morale（英語のmoral certaintyに該当）で、絶対確実ではないにせよ、有罪の判断を正当化するのに十分なほど高度な蓋然性、きわめて強い確信を意味する。
(3) 人間や社会の問題については、絶対的な真偽判定よりも、「もっともらしさ」や「説得力」、「蓋然性」といった、ある種の習慣的心性にもとづく判断のほうが重要な意義を有する場合がある、という趣旨。ヨーロッパの人文主義的伝統が想起される一節である。ヴォルテール『哲学辞典』の「確かな、確実性（Certain, Certitude）」の項（『哲学辞典』九六頁）も参照。のちにベッカリーアは、ロンバルディア刑法典編纂事業に関与することになった際、ここでの自分の議論をいわば逆手に取って、誤った場合の取り返しがつかないため、絶対的確実性が要求される死刑という制度は、人間の作る社会においては原理的に不可能である、という主張を展開することになる（「28　死刑について」訳注10、および「訳者解説」参照）。
(4) 原語はgiudiciであるが、この場合は、職業裁判官と一般市民から無作為に選ばれた陪審員とで構成される合議体のことを指している。『法の精神』第一一編第六章（上　二九三―二九四頁）参照。

15 (1) このあたりの叙述は、当時のヴェネツィア共和国の内情を揶揄したものと考えられる。モンテスキュー『法の精神』第五編第八章など参照（ただしヴェネツィアの統治体制についてのモンテスキューの評価はベッカリーアとは異なる）。ファッキネイによるベッカリーア批判の書、『注記と考察』刊行も、ヴェネツィア政府の意向がバックにあったのではないかと推測されている。当時のヴェネツィア法文化の一端を窺わせる文献として、たとえばP・ベヴィラックワ（北村暁夫訳）『ヴェネツィアと水――環境と人間の歴史』岩波書店（二〇〇八年）の「Ⅲ章　技術、制度、法律」がある。

（2）『法の精神』第六編第八章からの自由な引用。そのほか、同第一二編第二〇章・第二三章等を参照。公訴制度の意義については、マキアヴェッリの『ローマ史論』第一巻七も参照。

16

（1）原語は purgazione d'infamia.「不名誉」とは、ローマ法および教会法におけるテクニカル・タームである「破廉恥（infamia）」、すなわち訴訟能力の否定や公法上の能力制限を意味する。詳しくは「23　名誉剝奪」（とくに訳注1）を参照。なお、ムラトーリ（A. L. Muratori）に倣って同時代の裁判実務や硬直化したローマ法学を徹底的に諷刺するP・ヴェッリの *Orazione panegirica sulla giurisprudenza milanese*（「ミラノの司法についての礼賛演説」）、およびその本格的な拷問批判の書、*Osservazioni sulla tortura*（『拷問論』）は、本章における多くの議論と重なり合っている。

（2）ここで言及されているローマ人たちの間の「徳（virtù）」とは、〝武勇の徳〟であろう。該博な知識にもとづいてローマ史を簡潔にレヴューしていきながら、その軍事化傾向を批判し、戦闘に役立つ肉体的な力が徳とされるようになった社会では技芸や学問や生活の快適さを求めても虚しいだけだ、と論じたアレッサンドロ・ヴェッリの「ローマ人たちにとっての幸福に関する言説（Discorso sulla felicità de' Romani）」（*Il Caffè*, pp. 83-92）を参照。

（3）自然に反する習慣を暴君に見立てるのは、ベーコンがレトリック論で例示している「自然に関するテーゼ」のひとつである（*De dignitate et augmentis scientiarum*, VI-3, Exempla Antithetorum X（Natura）, p. 692）。もっとも、そのアンチテーゼとして、ベーコンは「自然が教師なら、習慣は司法官である」を挙げている。

（4）スウェーデンでは一七三四年に一般の犯罪に対する拷問の使用が禁止されたが、政治犯に対する拷問は存続した。グスタフ三世が『犯罪と刑罰』の影響もあって拷問を全廃するに至るのは、一七七二年のことである。一方、プロイセンのフリードリヒ二世は、一七四〇年の即位と同時に拷問を廃止した。このように、一八世紀を通じてヨーロッパ各国では、拷問の存廃をめぐって活発な論争がおこなわれ、廃止に踏み切った国も少なくなかった。

17

（1）いわゆる「嫌疑刑」のこと。糾問主義的手続（後注参照）において、一定の嫌疑はあるが、有罪とするための法定証拠がそろわない場合に言い渡されうる、完全証明があるときに科される刑よりは軽い刑。カルプツォフ（「この本を読む人へ」訳注1参照）によって正当化され、当時の伝統的法実務において受け継がれていた制度。

（2）この章でベッカリーアが叙述を盛んに過去の話にしたがるのは、本書の発禁処分を避けるためのカモフラージュかと思われる。

（3）原語は *processo offensivo*. 裁判官が被告人を攻撃（追及）する手続の意で、現代の刑事法学において「糾問主義」などとよばれている系統に属する。

（4）原語は（*processo*）*informativo.* 被告人を攻撃する検察官と、防御をする被告人サイドの双方の主張を聞きながら、第三者的立場の裁判官が情報を収集し、ひとつひとつ証拠を評価して、事実関係を再構成していく手続の意で、同じく「弾劾主義」または「対審型」などとよばれている系統に属する。イングランドでは、早くからこの系統の手続が定着した。

（5）このあたりの論述は、P・ヴェッリの *Osservazioni sulla tortura*, §15 (pp. 84-88) と重なり合う部分が多い。

18

（1）「16　拷問について」から本章までの自白に対するベッカリーアの批判的姿勢に関して、「38　誘導尋問・供述」（訳注2）参照。

19

（1）つまり、ものごとの表面的印象に左右されて安易で短絡的な行動に走る「粗野で通俗的」な人に比べると、ひとつの対象について注意を集中できる人は、より知性的である。しかし、そのような人は、「さらに高次の精神」を備えた人とは異なり、えてして他のものごとが見えなくなってしまう嫌いがあるため、「深いレベルでの観念の結びつき」がそのような視野狭窄を是正してくれるだろう、という意味。コンディヤックの『人間認識起源論』第一部第二章第三節などを参照。ベッカリーアは、のちの『文体の性質をめぐる研究』で、人間の注意力や連想などの心理学的問題について、より本格的な検討を加えることになる（*Ricerche intorno alla natura dello stile*, 1, pp. 88-91; 15, pp. 183-186 など）。

（2）ダンテの『神曲』を想起させる一節。なお『監獄の誕生』一〇九頁参照。

20

（1）「身体の自由を奪う刑」の原語は pene corporali である。ここでは、いわゆる「身体刑」、つまり体罰ではなく、財産刑に対して身体の自由を拘束する刑罰の意と解する。

21

（1）旧体制期ヨーロッパの貴族や聖職者などに対しては、身分的特権にもとづき、特別の裁判所において特別の法が適用され、総じて軽い刑罰のみで済まされていた。

（2）ここで批判の対象とされているのは、『法の精神』第二編第四章などに見られるモンテスキューの貴族論である。

（3）原語は dispotismo で直訳的には専制。ここでは、「8　犯罪の分類」にいう、〝すべての人や物についてただ好きなようにふるまうという、自然状態における行動の自由〟のことを指す。

（4）社会契約の仮構性については、「この本を読む人へ」の〝現実に取り結ばれた協約であれ、仮に想定された協約であれ、人間同士の協約〟という定式化を参照。『社会契約論』第一編第六章の影響が顕著な箇所であり、ファッキネイによって、ベッカリーアが「イタリアのルソー」と非難された所以である。なお、この章で明らかにされた身分と刑罰に関するベッカリーアの考えは、ロンバルディア刑法典編纂過程に反映され、またヨーゼフ二世の刑法典を介してオーストリア一般刑法典へと引き継がれていくことになる（「訳者解説」参照）。

22

（1）本書の初版では「所有権は、恐るべきものだが、たぶん必要な権利」と書かれていた。そこにnonが挿入され、「たぶん必要のない権利」となったのは、第三版以降である。後の「34　債務者について」では、「神聖なる財産所有権」とよばれているが、その趣旨は「商業や財産所有権は、社会的協定の目的そのものではない。それらは、社会的協定の目的〔＝個人の自由や安全の保障〕に到達するための手段にすぎない」（「34　債務者について」における、第五版で付け加えられた原注3より）というにある。『リヴァイアサン』第二部第二四章、同第二九章（Ⅱ　二四五頁）、そして『人間不平等起原論』第二部冒頭部分（八五頁以下）との関連性が指摘される。ベッカリーアは、所有権を、人の絶対的自然権ではなく、社会契約によって人為的に設定され各市民に付与された権利、したがって場合によっては制約も可能な相対的権利と考えていたのである。死後出版されたミラノ帝室学校における講義録、『公共経済の諸要素』第二部Ⅵ（一二九頁）にも、そのような考え方が見出される（同書については「訳者解説」参照）。

（2）『法の精神』第六編第一六章など参照。

（3）「政治という装置（le macchine politiche）」云々は、国家を、動きが鈍く改変するのが難しい大きな機械（machina）に譬える『学問の尊厳と進歩』の一節（*De dignitate et augmentis scientiarum*, VIII-1, p. 746）に由来するもの。

23

（1）「名誉剝奪」の原語はinfamiaである。ローマ法および教会法にいう「破廉恥の宣言」に由来し、従来「恥辱刑」「加辱刑」などとも日本語訳されてきた用語であるが、本訳稿では“in”（否定の接頭辞）-fama（名誉）”という言葉の原義を尊重した。ここでいう「名誉剝奪」とは、社会的に認知されている一人前の市民にとって不名誉となるようなマイナスの印を与えるような公式の操作、または社会的に名誉とされるような利益（資格や職務）を市民から奪うような公式の操作を意味する。たとえば訴訟に関する諸能力の剝奪や公法上の能力制限の宣言など。ホッブズ『リヴァイアサン』第二部第二八章（Ⅱ　二三一頁）に明解な説明がある。「16　拷問について」、「33　密輸」も参照。

（2）名誉剝奪刑の立法例は、古代から近世まで数多くある。近代に入ってからの立法例として、たとえば一八二二年スペイン刑法典第二八条は、「背信的犯罪行為に対しては、〔主刑のほかに〕スペイン人の名と信用に値しないという名誉剝奪宣言をおこなう」と定めた（付加刑のひとつ。一八四八年に同条項は廃止された）。「13　証人について」も参照。

（3）第五版であらたに挿入されたこの段落（「身体の自由を奪う刑」から「覆い隠してしまうのである。」まで）で念頭に置かれているのは、狂信的宗教者のたぐいである。

（4）のちにベッカリーアは、人間の本性に関する探究の一環として、芸術（belle arti）や良き趣味（buon gusto）などを主題とする美学、具体的にはレトリック論に取組むことになる（*Ricerche intorno alla natura dello stile*, とくにp. 73を参照）。

24

（1）原語は ozio（ラテン語の otium に由来）。「無為徒食」といっても、ここでは「放浪」や「物乞い」、あるいは「浪費」や「贅沢」が標的になっているわけではない。ここで「政治的な無為徒食」と訳出した ozio politico は、生業にもつかず、空理空論に耽って民衆を煽動し名を売ることによって生存手段を得るような者、一種の社会的寄生者を指している。ファッキネイが、この部分をあげつらって「修道院、修道士たちへの批判だ」とベッカリーアを猛攻撃した所以である。ちなみに、ヨーゼフ二世は、ロンバルディアのすべての観想戒律系修道院を閉鎖したが、これが冒頭の「賢明な政府」のことなのかもしれない。

25

（1）ヨーロッパでは古くから、追放される罪人から財産も没収するという付加刑が広くおこなわれていた。『法の精神』第五編第一五章参照。

（2）「市民」の原語は cittadino、「人」の原語は uomo である。「人」と「市民」の使い分けは、ベッカリーアの市民社会論の基礎をなす。「市民としての死」という法的擬制については、「13　証人について」、「38　誘導尋問・供述」も参照。

（3）「有益な不正義」とは、この場合「財産没収刑」を指している。ここでは、「正しい」と「有益である」とは互いに独立の価値とされている。したがって、たとえばある刑罰が、〝ある目的にとっては有益であるが、必要限度を超えており、したがって不正である〟、という評価がありうることになる。「2　刑罰権」参照。

（4）この議論を受け、一七八六年トスカーナ刑事法改革（いわゆるレオポルディーナ）は、財産没収刑を廃止した。「訳者解説」参照。

26

（1）ベッカリーア自身、結婚をめぐって父親との激しい確執を経験した。「訳者解説」参照。しかし本章は、ベッカリーア以上に親世代と対立したといわれるP・ヴェッリによる加筆が、とくに目立つ（*ENI*, pp. 277-280 の文献学的考証による）。

（2）前後の文脈から見て、規模が大きくなりすぎた共和制は、ある時点で半ば必然的に専制に転じ、結果的に人々から公共心を失わせるという成り行きをいわんとしている文章であるように思われる。おそらくは、古代ローマの歴史的推転を念頭においた論述であろう。モンテスキュー『ローマ人盛衰原因論』第九章など参照。

（3）ルキウス・コルネリウス・シッラ（L. C. Silla）。「スッラ」または「スラ」とも。紀元前一世紀の古代ローマ共和制末期における独裁執政官で、強権を発動して共和制改革を断行した。ヴェッリ兄弟のお気に入りの人物だったとの指摘があり、実際このあたりのパッセージも、P・ヴェッリによる加筆部分であったと推測されている。

27

（1）原語は ruota で、近世ヨーロッパでおこなわれていた刑罰のひとつ。全身の骨が打ち砕かれた受刑者を、垂直に立てた大きな車輪（ruota）の上に仰向けに縛り付け、ゆっくりと死に至らしめるまで放置するという刑罰。

（2）『市民論』第六章四に由来する考え方。『リヴァイアサン』第二部第二八章（II 二二八頁）も参照。この「計算」を後に精緻化しようとしたのが、ベンサムである。なおフーコー『監獄の誕生』九六頁を参照。

（3）異端審問にかけられて、なお自らの信仰を捨てなかった人たちのこと。

（4）本章全体につき、『法の精神』第六編第一二章、『ペルシア人の手紙』「第八〇の手紙」を参照。

28

（1）ベッカリーアのいう「一般意思（la volontà generale）」は、ルソーの「一般意思（la volonté générale）」の概念とは異なる。むしろ、ルソーの「全体意思（la volonté de tous）」に近い。「4　法律の解釈」（訳注2）参照。

（2）キリスト教的な自然法思想（この場合、自殺禁止の教義）と、社会契約説とを組み合わせて、死刑制度の矛盾を指摘する論法。しかし、ベッカリーアにとって宗教上の戒律は本来議論から遠ざけられるべき話題であり、ここは、あえて教会教義を逆手にとって、死刑廃止を訴えた箇所とみるべきであろう。ベッカリーアの主張の眼目は、あくまで、社会契約においてそもそも人が自分の生命を奪う自由までも丸ごと他人に差し出すはずがない、というホッブズ的な意味合いでの自然権（この場合は生存権）の確認にある。

（3）この叙述は、ピエトロ・ヴェッリから弟アレッサンドロ宛ての一七八〇年九月二〇日付け書簡によれば、ヴォルテールの『ロシア帝国史』第一巻（一七五九年）に依拠している。ちなみにF・ヴェントゥーリによると、『犯罪と刑罰』の私家版ロシア語訳作業（フランス語訳からの重訳）に従事していた当時のロシア人歴史家M・M・シチェルバートフが、女帝エリザヴェータ［在位一七四一―一七六二］は確かに一七五三年と五四年の勅令で死刑を廃止したが、代替刑の執行方法はきわめて残酷だった、などと指摘しているという（Cesare Beccaria, Dei delitti e delle pene, in F. Venturi, a cura di, *Illuministi italiani, tom. III: Riformatori lombardi, piemontesi e toscani*, Ricciardi, Milano-Napoli, 1958, pp. 73-74）。古代ローマへの言及についても、諸注釈において、さまざまな史実による反証が挙げられている。

（4）もし死刑の犯罪抑止効果が存分に発揮されれば、死刑に値する犯罪がめったに起きなくなり、その結果、死刑を頻繁に執行することができなくなるから。

（5）「死刑に値するような犯罪が頻繁に起きれば起きるほど、今度は、それだけ死刑の犯罪抑止効果は大したことがなかったということになり、したがって死刑は有益ではないという逆説が生ずる」という趣旨（*ENI*, p. 91-n. 2による）。

（6）『法の精神』第二四編第一四章（下　四二頁）参照。

（7）ベッカリーアにおける「想像」や「記憶」という心的現象についての考え方は、個人的にも交流のあった、フランスの哲学者コンディヤックの影響が大きい。たとえば『人間認識起源論』第一部第二章第二節25参照。

(8) ここでいう「普遍的法則」とは、真理というものは多くの人には行きわたらず、人類を包み込む長く闇深い夜と比べれば、一瞬の閃光のようなものにすぎないという一般的傾向性。

(9) 三人とも、一般に名君とされているローマ皇帝。ティトゥス帝は在位A. D. 79-81, エルサレム攻略で有名であるが、善政を敷いたことでも後世の評価が高い。アントニヌス・ピウス帝は五賢帝の四人目で、在位A. D. 138-161, 高潔な人格で「ローマの平和」(Pax romana)を確立したといわれる。トラヤヌス帝は五賢帝の二人目で、在位A. D. 98-117, ローマ帝国最大版図を実現したほか、内政安定にも大いに寄与した。

(10) ベッカリーアは晩年、ロンバルディア刑法典草案のための死刑廃止上申書において、以上の内容を概略繰り返したうえで、さらに、誤判の場合に死刑は取り返しがつかないという論点を付け加えている。「14 犯罪の徴候と審理形式」(訳注3)、および「訳者解説」参照。

29

(1)「勾留」の原語はprigioniaである。もちろん「勾留」は理論的には「刑罰」ではないが、実際には一種のペナルティとしての機能を果たしている。「勾留はひとつの刑罰である」という言い方には以上のような含蓄が込められている。一見すると雑多な主題を寄せ集めたように見える本章の構成については、「訳者解説」参照。

30

(1) 長期の懲役刑に該当するような重罪に対しても、未決勾留や国外逃亡(追放刑と同じような性質をもつとみなされる)の期間を刑期に算入することによって、懲役の年数を割り引くことができる、という意味。

(2) 凶悪犯と財産犯の区別は、連続的な(微分可能な)量的差異によるものではなく、非連続的な質的差異による、という趣旨であろう。

31

(1) 近世刑事裁判の実務における「半証拠の推定」の具体例として、石井三記『18世紀フランスの法と正義』名古屋大学出版会(一九九九年)の第二章「カラス事件」を参照。

(2)『法の精神』第一六編などの風土論に影響された箇所と見られる。

(3)『法の精神』第二三編第二一章(とくに中 三七八頁)を参照。ベッカリーアは、のちの『公共経済の諸要素』第一部Ⅲ「人口について」(とくに五四—五九頁)でも、人口論の見地からではあるが、婚姻の自由を賞揚している。ベッカリーア自身の結婚をめぐる父親との確執については、「訳者解説」参照。

(4) おそらくベッカリーア自身の経験にもとづくカトリック系男子寄宿舎や、全寮制神学校のことを念頭においた批判であろう。

(5) 嬰児殺は、ヨーロッパの中世・近世においては厳罰をもって処された。しかし、一八世紀を境にして、嬰児殺に対する処罰の考え方は大きく変わり、一九世紀においては、未婚の女性による自らの名誉を守るための嬰児殺罪に対する刑の減軽などを規定する立法例が多くの国で出現した。この点につき、さしあたり小谷眞男「西欧近代における〈名誉コード〉と〈刑罰コード〉――家族と国家の比較法社会史へ」(田中真砂子・白石玲子・三成美保編『国民国家と家族・個人』早稲田大学出版部、二〇〇五年、所収)を参照。

32

(1) 『ペルシア人の手紙』「第七六の手紙」参照。なお、ダンテの『神曲』地獄編第一三歌には、自殺した者たちに対する罰のありさまが描かれている。

(2) 一八世紀ヨーロッパ諸国の多くは、労働力供給を維持する目的から、自由な出国を禁ずる法律を制定していた。

(3) 原語は legge che non sia armata、直訳的には「武装していない法律」。

(4) 「見張りを見張る」という言い回しは、古代ローマ時代の掉尾を飾る諷刺詩人ユウェナーリス(Decimus Junius Juvenalis)(A. D. 60-130)の代表作 *Saturae*(『諷刺詩集』)の第二巻第六歌三四七―三四八行が出典。

(5) 原語は ben essere で、英語の well-being に相当する表現。直訳的には「在ることの質の良さ」、つまり、生活の質が良いこと、福祉、幸福を意味する。

(6) ここでいう「贅沢(lusso)」は、現代の経済学でいう「個人消費」という概念に近いように思われる。奢侈論は同時代の社会・経済思想において盛んに論じられた問題のひとつ。たとえば、P・ヴェッリの「奢侈についての考察(Considerazioni sul lusso)」(*Il Caffè*, pp. 155-162)は、ここでのベッカリーアの議論と接点が多く、やはり奢侈のマクロ経済学的効用を説いている。ベッカリーア自身は、のちの『公共経済の諸要素』第四部V(二三六―二四四頁)でも、あらためて奢侈の効用について積極的な検討を加えている。

(7) T・ヴェブレン『有閑階級の理論』(一八九九年)における、「衒示的消費」(conspicuous consumption)の概念を想起させる箇所。

(8) 贅沢と人口と領土の相関関係については、『社会契約論』第三編第八章、とくにその後半部分を参照。

33

(1) ここで「密輸」と訳した contrabbando とは、輸出入関税を免れる違法行為だけではなく、国内の検問所において、通行税の支払を免れる違法行為をも含んでいる。当時のロンバルディア地方では、他のヨーロッパ諸国と同様、国内輸送にも重い通行税をかけ、厳しくコントロールしていた。実際、この章でベッカリーアが念頭においているのは、どちらかというと国内における違法取引のほうである。

（2）原語は un tanto apparato di gravi formalità であるが、具体的に何を指しているのかは不明。民衆の「道徳的感化」を標榜するカトリック教会における壮大な儀式に対する皮肉のようにも思えるが、刑事裁判システムの厳格な形式性を示唆しているという解釈もある。

（3）通行税が軽ければ密輸のメリットも減り、そうなればあえてリスクを冒してまでも密輸をしようという人も減る、という意味であろう。ちなみにベッカリーアは、『犯罪と刑罰』初版公刊直後の一七六四年一〇月に、密輸による利得とリスク、関税や通行税の高さとペナルティ金額とのあいだの関係を代数学的手法を用いて分析した短い論考「密輸に関する分析の試み（Tentativo analitico su i contrabbandi）」を発表している（*Il Caffè*, pp. 173-175; *EN2*, pp. 35-37）。ベッカリーアを「イタリアのアダム・スミス」と非常に高く評価するJ・A・シュンペーターは、この短い論考の数学的分析手法に着目し、「現代の無差別曲線による分析の基礎となっている考え方の発見を意味する」と評している（東畑精一・福岡正夫訳『経済分析の歴史』岩波書店、二〇〇五年［原著一九五四年］、上 三二一頁）。現代風に言えば、さしずめ「法の経済学的分析」の先駆的一応用例ということになろう。

34

（1）破産につき本人に全く過失がなかったような場合を指す。故意ではないが、過失のある場合をどうするかが本章後半で問題となる。ちなみに、当時のヨーロッパにおいては、無過失の破産者をも拘禁刑によって処罰するとともに、弁済の圧力をかけた。このような古来からの法慣行が廃止されるのは、おおむね一九世紀においてである。しかし、イタリアなどいくつかの国では、その廃止は二〇世紀初頭にまでずれ込んだ。

（2）原文の inconvenienti politici を「犯罪（＝破産）によって生ずる損害」ではなく、「犯罪（＝破産）を処罰しないことによってもたらされる社会的不都合」と解釈し、言葉を補って訳出した。

（3）原語は mali. この場合、商業の安全や財産所有権の保障のために、破産者の投獄という個人の自由を不当に奪う措置をとること。

（4）ベッカリーアは、本章「債務者について」の本文を、第五版改訂に際してほぼ全面的に書きあらため、さらにこの原注3を付け加えた。

35

（1）「庇護（asilo）」とは、国家権力による刑事的追及の手が届かない空間（いわゆる「アジール」）において犯罪者を保護することをいう。歴史的には、日本でも西洋でも、中世から近世にかけて、寺社（「駆け込み寺」）や教会、修道院、封建領主の荘園などの、「アジール」が数多く存在した。とくに、教会権力の庇護権が国家法の貫徹を妨げていた。ちなみに現代においては、国際法上、政治亡命と他国の庇護権との関係が問題になる（大使館は、亡命を求める者にとっては現代における一種の「アジール」である)。

(2) 国家権力の手が及ばないため、アジールからは、しばしば体制を根本から覆すような運動や思想も生まれてきた、という趣旨であろうが、具体的に何をイメージしていたのかは不明。

36

(1) 原語は buona fede.

(2) 私的な利害や忠義の関係が、公共の利益や国家法よりも優先されるべきであるという道徳規範が、広く一般に通用していた、という意味。

37

(1) 現代イタリアのマフィア裁判などで採用されている、司法当局協力者(pentito)に対する刑の減免制度がまさにこれに当たる。『いいなづけ(I promessi sposi)』で知られる一九世紀イタリアの文豪マンゾーニ(ベッカリーアの孫に当たる)が、P・ヴェッリの『拷問論』などに材料を求めて書いた歴史物、『恥辱の柱』(A. Manzoni, *Storia della colonna infame*, 1840)という作品にも、そのような場面が描かれている。

(2) 結局、ベッカリーアは、司法当局側に寝返った犯罪者を不処罰とする処置には反対ということである。しかし、ベンサムはこのような「便法」に賛成の立場を取った。

38

(1) 「市民としての死亡」という法的擬制については、「13 証人について」、「25 追放刑と財産没収」を参照。「アリストテレスばりの」の原語は peripatetico であるが、ここでは特定の法学派というより、アリストテレス・スコラ学的な思考様式の伝統が揶揄されているのであろう。

(2) その他の証拠が犯罪を立証するに足りない事案においては、法廷での被告人の自白が必要とされることを強調する叙述であるが、「16 拷問について」から「18 宣誓について」にかけての、自白強要を批判する基本的姿勢と整合的とはいえない。ちなみにホッブズは、『市民論』第二章一九や、さらに『リヴァイアサン』第一部第一四章(I 二三二頁)、同第二部第二一章(II 九六頁)などにおいて、黙秘権を明確に認めている。

39

(1) P・ヴェッリの *Orazione panegirica sulla giurisprudenza milanese* の一節(p. 126)から取った表現。

(2) この場合、イエスの教えを指しているように思われる。つまり、教会が、本来のイエスの教えから離反していることを暗示している。

(3) 原語の peccati は、英語で言えば sin に該当し、もっぱら宗教上の罪を指す。これに対して「犯罪」の原語は delitti である。なお、「罪(sin)」と「犯罪(crime)」の峻別については、『リヴァイアサン』第二部第二七章(とくに冒頭部分)を参照。

(4) 文献学的検証によると、本書の下書き原稿においては、本章のテーマが「異端と迷信」、すなわち宗教上の罪であることは、本文中に明記されていた（*EN1*, p. 117-n.1）。さらに初版の初校校正刷り段階においても、明白な教会批判の文言が、まだ残されていたことが分かっている（*EN1*, p. 269）。校正の過程で、これらの文言は、おそらくは検閲による処分等を避けるために、「殉教者になることなく人々の守護者たらんとした」（一七六六年一月二六日付けのベッカリーアからモルレ宛ての書簡より）ベッカリーア、およびP・ヴェッリの手によって、自発的に削除ないし粉飾されていった。そして初版刊行以降、本章に関しては、一切加除修正が施されていない。以上の結果、本章は、意図的に分かりにくい内容にゆがめられている。それにもかかわらず、本章の批判の対象が教会にあることはおのずと明らかであり、教会の立場を代弁するファッキネイの本書への批判も、この点に集中した。ちなみに、一七八一年、皇帝ヨーゼフ二世は、ベッカリーアやヴェッリ兄弟ら啓蒙思想家たちの主張を取り入れて、ロンバルディア地方を含むハプスブルク君主国全域における宗教寛容令を発布し、プロテスタントやユダヤ教徒の自由な信仰実践を認めた。

40

（1）本章の原形は、ベッカリーア自身の下書き原稿では、「7　刑罰の尺度についての誤り」に該当する文章の前あたり、つまり、本書全体の総論的セクションのなかに置かれていた。しかし、本章は、本書の人間観を基礎付ける「効用（utilità）」の概念、ないし感覚主義の考え方を吟味するという形を取りながら、実質的には悪法論、ないし立法論・法政策論という実践的テーマを扱う内容に発展した。そのため、推敲を重ねる過程で、主権者による一貫した刑罰権行使を肯定的に扱うセクション（35章～40章）の小括的位置に移されたものと推測される。と同時に、次章以下の犯罪予防策への橋渡しという役割も兼ねている。本章の位置付けと全体構成の理解の仕方について、「訳者解説」参照。

（2）ベッカリーアによると「全個人の善の総和」から区別された「公共善」という概念は認められない。つまり、「公共善」の名の下に個々人の利益を侵害することは許されない、ということになる。「46　恩赦について」参照。名称と実質の問題については、「38　誘導尋問・供述」も参照。

（3）Helvétius, *De l'esprit*, III-16; *ibid.*, III-22 等参照。

41

（1）この一句（"È meglio prevenire i delitti che punirgli."）は本書の全主張を集約する言葉として有名である。

（2）Helvétius, *De l'esprit*, II-17 参照。

42

（1）ここでベッカリーアが批判しようとしているのは、ルソーが『学問・芸術論』で示した歴史観であろう。ベッカリーアの念頭には、つねにF・ベーコンの『学問の尊厳と進歩』があったはずである。のちに、このテーマは、「諸国の野蛮と文明化についての考察、および人間の原始状態について」（*EN2*, pp. 284-292）という断片において、主題的に展開されることになる。しかし、諸国民の発展史という壮大な構想の著作は、ついに完成されずに終わった。

43

（2）以上の文明史的叙述には、ヴィーコの『新しい学』の反響を、はっきりと聞き取ることができる。

（1）裁判所のことであるが、この場合、具体的に念頭におかれていたのは、ミラノ貴族勢力の伝統的拠点、元老院（Senato）であろう。ちなみに、本書が書かれた頃のミラノ元老院の定員は一〇名前後だった。本章については、マキアヴェッリの『ローマ史論』第一巻七との関連が指摘されている。

44

（1）褒賞の是非は、一八世紀に盛んに論じられたテーマのひとつであり、ベッカリーアに強い影響を与えたと目されるホッブズの『リヴァイアサン』や、エルヴェシウスの『精神論』でも、刑罰と褒賞はセットで論じられている。実際、同時代の批評には、このテーマに関するベッカリーアの関心が低いことを嘆く声が散見されるほどである。しかし、たったこれだけの分量をわざわざ一章として立てた趣旨を忖度してみると、そこには、短いがゆえに、逆にこのテーマは独立の問題として別個に扱うのがふさわしいほど大きな問題であるという認識を、読者に表示する意図が込められていたのではないかと考えられる。「訳者解説」も参照。なお、本章に触発されて書かれた同時代の文献に、G. Dragonetti, *Delle virtù e de' premi*, Venezia, Graziosi, 1767があり、ナポリ王国や独立戦争時代のアメリカで非常によく読まれたという。

45

（1）ルソーの『エミール』（一七六二年刊行）を指していることは間違いない。しかし、『エミール』は、『犯罪と刑罰』初版刊行より前の一七六三年一〇月六日に、早くもカトリック教会によって禁書とされていた。そのため、この箇所もまた、フアッキネイの槍玉に挙げられるところとなった。

46

（1）「40　効用についての間違った考え方」（訳注2）参照。

（2）本章が、第五版に至ってはじめて、本書の終結部分に独立の章として挿入された意義については、「訳者解説」を参照。

訳者解説

ベッカリーアの生涯

生い立ちから処女作まで

チェーザレ・ベッカリーアは、侯爵家の長男として、一七三八年三月一五日にミラノで生まれた。チェーザレ（Cesare）とは、カエサル（Caesar）のイタリア語読みである。ベッカリーア家は、もともと商人階級に属していたが、一七一一年に侯爵位を得て貴族の仲間入りをした。

当時のミラノ公国は、ハプスブルク君主国（オーストリア）の支配下にあったが、ウィーンの干渉にはしばしば抵抗し、一定の自治を保っていた。封建制的特権に支えられた都市貴族の中には、パトリツィアートとよばれる支配層が存在し、統治機構の官職や法曹職を独占していた。新興貴族ベッカリーア家がパトリツィアートとして承認されるのは、一七五九年のことである。

ベッカリーアは、ミラノのブレーラ通りに臨む邸宅で幼少期を過ごし、八歳のとき、同じオーストリア支配下にあったパルマ公国のイエズス会系寄宿学校に入学した。「生来の引っ込み思案から脱却するために、勉強にいそしんだ」という。とくに語学と数学に才能を示したようで、同級生から付けられた綽名《あだ な》は、「小ニュートン」だった。一六歳でパヴィーア大学法学部に入学しているが、大学生活の様子は伝わっていない。

ところで一七五〇年代のミラノにおいては、ハプスブルク家啓蒙専制君主と改革派の官僚たちによって、諸改革が実施されつつあった。女帝マリア・テレジアは、トスカーナ大公国の啓蒙思想家P・ネーリや、ジェノヴァ共和国の法律家B・クリスティアーニの助力を得て、土地台帳作成や新地方行政制度の導入をミラノ公国で進めた。オーストリア宰相カウニッツ公は、教会統治における国家主権の優位性の確立を目指すエラストス主義的な教会改革をミラノで実践し、ローマ教皇庁と政教協約《コンコルダート》を締結した。さらに、ハプスブルク君主国全体の法体系を統一化するため、民法典や刑法典の編纂作業もおこなわれていた。ウィーンは、これらの諸改革を円滑に進めるために、元老院の権限を制限するなどしてミラノの貴族勢力の弱体化を図ろうとしたが、頑強な抵抗にあって改革は停滞した。ピエトロ・ヴェッリをリーダー格とする若い啓蒙知識人たちは、このような状況に苛立ち、内外の啓蒙思想書等を読みあさっては具体的な社会問題について議論を闘わせ、親の世代を批判し、カウニッツ公やウィーンから派遣されてくる開明的な政府高官（K・J・フィルミアン伯など）と親交を結んで、精力的に言論活動を展開した。

五八年に大学を卒業して、このようなミラノに戻ってきた青年ベッカリーアは、父親が属していた学芸サークルに加入する。そして、侯爵邸に集められた最先端の思想書を乱読し、社交や詩作の日々を送るようになる。父ジャン・サヴェリオは教養人として知られ、発禁書の自由な閲覧も特別に認められていたという。

一七六〇年、二二歳になったベッカリーアは、テレーザ・ブラスコという年下の娘に出会い、「陸軍中佐という格下の家柄で、嫁資（一種の持参金）も期待できない」という父親らの猛反対にもかかわらず、彼女に結婚を誓う。怒った父は懲戒権発動の許可を取り、ベッカリーアを自宅に拘禁してしまう。一方、テレーザの父親ドメニコ・ブラスコはマリア・テレジアに直訴して、娘テレーザとベッカリーアとの結婚の承認を求めた。結局、政府の指示を受けた裁判所がベッカリーアの身柄解放を命じて、テレーザとの結婚は六一年二月に成立する。しかし、結婚式には新郎側からは誰も出席せず、父の家から追放されたベッカリーア夫婦の生活は困窮を極めた。六二年五月、ベッカリーアはミラノ青年貴族たちのサークル「拳《こぶし》の会」（*Accademia dei Pugni*）における盟友P・ヴェッリの仲介によって父の家に乗り込み、第一子妊娠中のテレーザを父親の足元にひざまづかせて和解したという。同年七月に生まれた長女ジュリアは、のちに一九世紀イタリア最大の文豪、アレッサンドロ・マンゾーニの母となる。そして、この年には、処女作『ミラノ貨幣改革論』が上梓された。

『犯罪と刑罰』の出版とその反響

一七六四年七月、『犯罪と刑罰』の初版が、P・ヴェッリの手配により、検閲が緩やかなトスカーナ大公国のリヴォルノで匿名出版される。すなわち、表紙には書名・出版年・エピグラフは記載されていたが、著者名や出版地は示されていなかったのである。リヴォルノは、北ヨーロッパや地中海各地との交易が盛んなトスカーナ大公国最大の自由港で、とくに出版業が盛んであった。信仰の自由や刑事手続の保障においても先進的な都市だったという。

この本の執筆事情は、当時の書簡等によれば次のようであった。

「拳の会」のメンバーは、夜になるとひとつの部屋に集い、自由に語り合った。所在なさげなベッカリーアに対し、P・ヴェッリは、犯罪と刑罰というテーマを示唆した。しかし、ベッカリーアは刑事法について不案内だったので、資産のない囚人たちの嘆願を聞いて回る「囚人保護委員」の任に就いていたアレッサンドロ（ピエトロの弟）が支援を約束した。ベッカリーアは、アイディアをばらばらの紙片に書き留め始め、ヴェッリ兄弟は熱心に彼を助けた。昼食のあとの散歩でも、「拳の会」でも、刑事裁判について皆で論じあった。夜になるとベッカリーアは執筆に向かった……。

A. ペレーゴ画「拳の会」(S. ヴェッリ・コレクション（ミラノ），全集版第一巻より）
(左から二人目がA. ヴェッリ，四人目がベッカリーア，六人目がP. ヴェッリ）

六三年三月頃の下書き執筆開始から初版刊行に至るまでの間に、ベッカリーアがヴェッリ兄弟の深い関与を受けたことは間違いない。「拳の会」での議論を、随所で活用したことも確かである。他方で、この本は、詩的な想像力と数学的な厳密さが組み合わさった、独特の文体で構築されている。「詩は、もともとベッカリーアにあった。論理、それは会話にあった」と後にP・ヴェッリは述懐している。本書は、いわば一種の〝共著〟であるのだが、それは、この当時の書物の作られ方の典型的なスタイルでもあり、結局、ヴェッリとともに「この作品はベッカリーアのものだ」というほかはない。ときにベッカリーア、二六歳であった。

その「拳の会」は、『犯罪と刑罰』刊行と相前後して一七六四年六月に『イル・カッフェ（「コーヒーハウス」の意）』という旬刊雑誌を創刊した（六六年五月終刊）。同誌には、学芸に関する諸々の論考が掲載され、「イタリア版『百科全書』」と評された。とくに、ヴェッリ兄弟による裁判実務批判やローマ法批判、そして法典編纂を主張する論考などは、本書とも抜き差しならない関係にある。ベッカリーア自身も、法の経済学的分析の先駆というべき「密輸に関する分析の試み」や、文体論やジャーナリズム論など、計七本の論考を同誌に掲載した。

他方、一七六五年一月にヴェネツィアで刊行された、ベネディクト会バッロンブローザ修道院（トスカーナ）のF・ファッキネイ修道士による『「犯罪と刑罰」と題する本についての注記と考察』が、教会の立場から『犯罪と刑罰』を徹底的に攻撃し、果たして翌六六年二月には、本書はローマ教皇庁の禁書目録に入る（一九六六年解除）。それでも、この「幸運な小冊子」（マンゾーニ）、『犯罪と刑罰』は版を重ね、次々と各国語に翻訳された。「大型本全二十巻の『百科全書』では、決して革命を起こせない」との考えを抱いていたヴォルテールは、隠遁地フェルネーで「『犯罪と刑罰』への注釈」を執筆し、六六年夏に、ジュネーヴで匿名出版している。

六六年一〇月、フランス啓蒙思想家たちの熱心な招待に応じて、ベッカリーアはA・ヴェッリと共にパリに赴くが、長期滞在の予定を切り上げて約一カ月で突如帰国の途につき、ヴォルテールの待つフェルネーにも立ち寄らず、ミラノに帰ってしまう。ベッカリーアの気弱な性格にはディドロやダランベールら当代一流のパリ知識人たちとの付合いが苦痛だったため、あるいは異国で体調を崩したため、はたまたイタリアに残した妻テレーザのことが心配だったため、などと言われているが、ともかくこの行動はヴェッリ兄弟の期待を裏切り、やがて彼らとの盟友関係は、決定的断絶に至る。六七年には、『犯罪と刑罰』の影響が色濃い「大訓令《ナカーズ》」を発布したロシアのエカチェリーナ二世が、法典編纂のためベッカリーアをサンクト・ペテルブルクに招聘したが、オーストリア側からの牽制もあって、実現には至らなかった。

ベッカリーアの後半生

その後、宰相カウニッツは、弱冠三〇歳のベッカリーアをミラノ帝室学校（Le Scuole Palatine di Milano. ミラノ大学の前身）の官房学（scienze camerali. 内容的には公共経済学）教授に就任させる（六八年一二月）。学生たちに好評を博したというベッカリーアの経済学については、価格理論などに見られる数学的技法の活用に加え、産業論や政策論などに見られる現実主義的なセンスも評価されているようであるが、彼の生前は、書物の形にはまとまらなかった（本人の意図に反して、ベッカリーアの死後、講義録にもとづくP・クストディ版『公共経済の諸要素』が出版される）。七〇年に刊行した『文体の性質をめぐる研究　第一部』は、『犯罪と刑罰』における人間論を突き詰め、文学上の美（文体または雄弁）の形而上学的分析を通して、感覚や想像力と、正義や公共精神との関連性を探究しようと試みた意欲作であるが、これも未完成に終わった（死後にごく短い第二部が出版されたにとどまる）。独力で本を書き上げ、完成させることの難しさ、リヴォルノでの出版交渉の難航、夫婦仲の冷え込みや親族内の財産争いなどのために、ベッカリーアは、学問や著述という精神的労苦から徐々に遠のいていく。

一七七一年四月、再びカウニッツの計らいにより、ベッカリーアは、ミラノの公共経済最高評議会（一七六五年に設置された、ウィーン直属の行政・司法の両権限を有する統治機構）の評議員（定員九名）に任命される。続いて同年九月、オーストリア政府の方針により、公共経済最高評議会は廃止、元老院の役割も司法に限定され、あらたに行財政の中枢機関として官房機構が設置された際、ベッカリーアは、食糧政策や国勢調査、通貨などを担当する経済系部局に配属された。その翌年には、教会公法教授のA・ロンゴに帝室学校の官房学講座を引き継ぎ、以後は官職に専念する。それ以降の著作としては、さまざまな政策課題に関する政府への答申書など、数千点に及ぶ公文書が残されている。

七四年に妻テレーザを病気で失うが、数カ月後には裕福な家庭の娘アンナ・バルボと再婚し、翌七五年には、長男ジュリオが誕生している。父からは家産の運用を任されるようになり、アンナの嫁資に関する取り決めも、今度は自らの権限でおこなっている。アンナのもたらした潤沢な嫁資は、身内の財産争いを解決するのに大いに貢献したという。

一七八六年、ヨーゼフ二世がミラノ公国の大規模な行政改革を断行し、ロンバルディア統治評議会（全七省）が新設された際には、ベッカリーアは「第三省」（農工商省）、次いで「第二省」（司法省）の担当官となる。トスカーナ大公時代に死刑と拷問を廃止したハプスブルク家のレオポルドが九〇年に皇帝になると、ベッカリーアを抜擢して、刑事司法・警察行政改革の担当とした。それに応えて、ベッカリーアは、ロンバルディア新刑法典編纂事業にかかわり、同僚らとともに「死刑廃止上申書」を提出している（九二年）。そこでベッカリーアは、本書に示された死刑反対の論拠に加え、誤判の場合に死刑は救済不能であるという論点をも付け加えている（本書訳注14（3）参照）。『犯罪と刑罰』は、出版後、次々と各国語に訳されて全欧的ベストセラーになるなど、著者の手を離れて勝手に独り歩きをしていたふうであったが、その眼目ともいうべき主張を、政策の場で再び展開する機会が、ベッカリーアの人生の最期に巡ってきたのであった。

一七九四年一一月二八日、ベッカリーアは脳卒中のため急死した。肥満が一因だったといわれる。享年五六歳であった。

『犯罪と刑罰』のテキスト問題——第五版系統とモルレ版系統

ふたつの『犯罪と刑罰』

本訳書の底本は、「原著第五版系統」に属する、『ベッカリーア全集』第一巻（一九八四年）に収録されたテキストである。ここでは、従来の邦訳がもっぱら依拠してきた「モルレ版系統」との違いを説明し、本訳書の意義を示す。

前述したように、『犯罪と刑罰』の初版は、一七六四年七月にリヴォルノで匿名という形で刊行された。

同年秋には、章立てを整えた全四一章構成の第二版が、フィレンツェから出される。そして翌六五年三月、全四五章構成の第三版が再びリヴォルノから刊行された。それは、ファッキネイの攻撃に対する「『犯罪と刑罰』と題する本についての注記と考察』という書物に対する応答」（実際にはヴェッリ兄弟が執筆したもの）や、トスカーナ大公国ピーサ大学の哲学教授G・G・デ＝ソリアによる「評定」（ホッブズとの比較で『犯罪と刑罰』の人間愛を評価したもの）などを含み、本文についても相当量の増補改訂を施したものであった。そののちも、ベッカリーアは、さらなる加筆修正作業を続けていた。そして、増補箇所を、交信のあったパリのダランベールに、手稿の状態で順次送付していた。他方、聖職者の身でありながらフランス啓蒙思想の運動に加わっていたA・モルレが、第三版の仏語訳作業を進めていた。モルレは、ある程度まで翻訳作業が進んだ段階で、ダランベールから増補箇所の手稿を受け取ったのである。

六五年末に、A・モルレ編訳のフランス語訳が、『犯罪と刑罰に関する概論 著者によって増補改訂されたイタリア語第三版の翻訳（イタリア語版においてはまだ反映されていない著者の加筆を含む）』という長いタイトルを付けられて、パリで刊行された。内容は第三版にもとづく翻訳であるが、ダランベールを介して受け取った「第五版」用の増補手稿をも、原著者ベッカリーア自身による挿入箇所の指定とは異なる場所に、訳者モルレの判断で適宜組み込み、かつベッカリーアには無断で、構成も全面的に組み替えて、「フランス人の読者にとってより自然な順序、真理に辿り着くためのより容易な配列」の、全四二章構成としたものである。このような操作を釈明する、二〇頁以上にも及ぶ長い「訳者まえがき」があり、イタリア語第三版との目次対照表も付されている。増補手稿の仲介役を担ったダランベールや、スコットランドの啓蒙思想家ヒューム（当時パリ在住）はモルレの操作を肯定し、このテキストが、いわゆる「モルレ版系統」の起点となった。そのうえ、すでに第五版の校正刷りを手にしていたベッカリーアも、一七六六年一月二六日付けのモルレ宛て書簡で、モルレの操作による「フランス式配列」を、「全面的に、あるいはほぼ全面的に」受け入れると表明したのである。ベッカリーアの真意は、実は文面からは不明であるが、後述するヴェントゥーリの解釈が示されるまでは、一般にそれ以上深く吟味されることはなく、ベッカリーア自身もモルレによるフランス語訳の配列の方がすぐれていると判断したのだと、額面通りに受け取られていた観がある。

そして、六六年三月、第五版が刊行される（「第四版」の存在は確認されていない）。出版地は「ハーレム」とあるが、実際には、またもやリヴォルノであった。出版直前に下された禁書処分の影響で、出版地や著者名を急遽秘匿する必要が生じたためか、異本が他に四種類あり、うちひとつは匿名ではなく、著者としてベッカリーアの名が表紙に印刷されている。同年八月と九月に、それぞれ第六版、第七版が刊行されるが、いずれも本の扉の微修正等にとどまる。

この第五版では、さらなる章の増補や加除修正が随所で施され、最終的には計四七章構成となっている（第三版、第五版での加筆挿入箇所が、別々の記号で逐一表示されている）。これは、モルレ版が刊行される前に準備がほぼ整っていたものであり、モルレ版とは異なる、ベッカリーア独自の内容と構成の最終到達点を示していると考えられる。これが、いわゆる「原著第五版系統」の起点となる。しかし、第五版の巻末に付された「読者へのお知らせ」には、〝フランス語訳の配列のほうが原著の配列よりも望ましいと、実は自分自身も考えている〟旨の著者ベッカリーアの注意書きが認められる。この文章や、右記モルレ宛て書簡の言明もあり、これ以後は、モルレ版がヨーロッパ各地で広く流布することになる。

イタリア語各版の変遷

かくしてふたつの系統の起点が形成された。その後の、各種イタリア語版および各国語訳の両系統の分布状況はおおよそ以下のようである。

まず、イタリア語版については、トスカーナ大公国以外で出された最初の刊本である一七七〇—七一年の

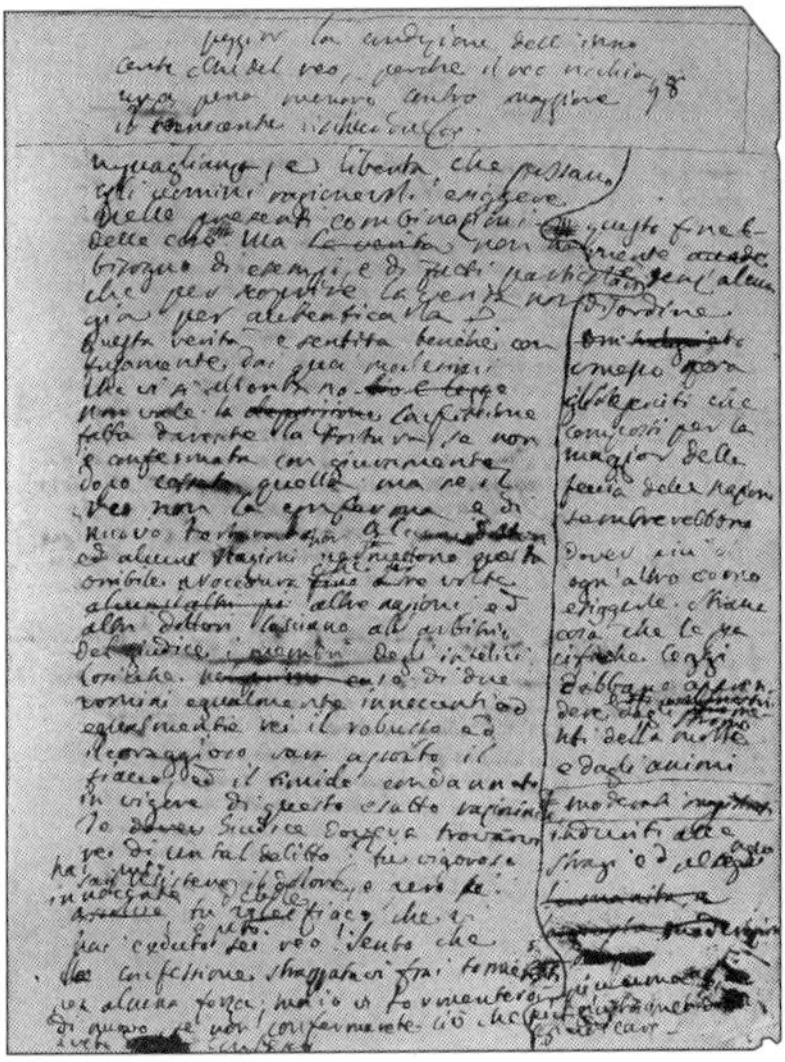

『犯罪と刑罰』ベッカリーア自筆原稿（アンブロジアーナ図書館（ミラノ）蔵，全集版第一巻より）

ナポリ版『ベッカリーア侯爵著作集』（全三巻）などでは、まだ原著第五版系統が採用されている。ところが、一七七四年の通称「ロンドン版」（実際はリヴォルノ刊と推定されている）が、イタリア語版としては初めて、モルレ版の構成を逆輸入して採用した。これが決定的転回点となって、以後、モルレ版系統に属する刊本が、各種イタリア語版においても断然支配的になっていく。とくに、一七八九年のバッサノ版（ヴェネツィア、全四巻）や、一八〇七年および二四年のベットーニ版（ブレッシア）、一八五四年のP・ヴィッラリ編『ベッカリーア著作集』や一九四五年のP・カラマンドレイ版（いずれもフィレンツェのル・モニエ社より刊行）、さらに一九五八年のS・ロマニョーリ編『ベッカリーア著作集』（フィレンツェのサンソーニ社、全二巻）などの重要な刊本が、すべてモルレ版系統を採用した。

　これに対して、例外的に第五版系統に属するのは、最初の妻テレーザの親戚に当たるL・パロレッティ編による、一七九八年の刊本と、一八七四年のウテット版（トリノ）ぐらいである。

　このような状況のもとで、「啓蒙思想の政治史」を追究するF・ヴェントゥーリは、R・リッチャルディ社刊行の『ロンバルディア、ピエモンテ、トスカーナの改革者たち』（イタリアの名著〝歴史とテキスト〟第四六巻「イタリア啓蒙思想家」の第三分冊、一九五八年刊行）の編集担当者として、その巻頭に収録する『犯罪と刑罰』については、第五版系統のテキストを採用すべし、という判断を下したのであった。その理由は、まず第一に、〝それ以後ベッカリーア自身による実質的な改訂がないことから、この第五版こそが、著者自身のオリジナルな思想の真の最終的到達点である〟という認定であった。ヴェントゥーリによれば、ベッカリーアは、刑法学のテキストというよりも、〝諸国民の洗練〟についての作品を書こうと考えた、あるいは、〝法学研究を通して、文明発展のダイナミズムを概観しようとした〟。前述した、ベッカリーア自身のモルレ訳に対する態度は、〝彼の弱気な性格もあって曖昧である〟が、書簡等に示されたモルレ訳承認の言は、基本的にはこの作品を世界に広めてくれたフランス語訳者への〝謝意〟を儀礼的に表現したものであり、内容的是認ではないという。実際、イタリアにモルレ版系統を逆輸入した一七七四年の「ロンドン版」の刊行に、ベッカリーア自身が関与した形跡は、まったくない。さらに、モルレ訳に対しては、刊行直後から厳しい批判が寄せられていた。たとえば、〝モルレ訳は翻訳ではなく、ひとつの歪曲である。無礼きわまりない、信じられないほど馬鹿げた話で、まるでアルルカンの服装のようなツギハギだらけの代物だ〟(M・グリム)、〝モルレは、色彩豊かに燃え輝くような哲学的思想と、感情のメロディーが充溢する作品に、フランス風の流儀と方法を持ち込んで、抹殺した〟(D・ディドロ)、などである。モルレの操作によって、社会思想の〝総合的な建築作品〟は、単なる刑事法改革のための〝道具〟に変貌した、というのである。

この一九五八年におけるヴェントゥーリ版の登場以降、イタリア語版は両系統の併存状態がしばらく続く。しかし、一九八四年に、ミラノの有力銀行メディオバンカが出版元になって刊行が始まった、『国民版チェーザレ・ベッカリーア全集』第一巻に『犯罪と刑罰』を収録する際に、編者のL・フィルポとG・フランチョーニらは、ヴェントゥーリの判断を採用するという方針を取り、第五版系統の諸刊本を相互対照して校訂版テキストを確定した(本訳書の底本)。この全集版の選択は、イタリアにおけるヴェントゥーリ説の優位を決定づけるものとなった。これ以降もイタリアでは、ガルザンティやフェルトリネッリ、リッツォーリなどの大手出版社から、独自の編者注釈や解説を組み込むなど、異なるスタイルの『犯罪と刑罰』がいくつか出版されているが（「凡例」参照）、どれも本文に関しては、全集版テキストがそのまま転載されている。

そして、ヴェントゥーリ版の出現、言い換えれば、第五版系統の復権は、各国語への翻訳、ひいてはベッカリーア研究の国際的進展にも、計り知れないインパクトを与えることになった。

外国語訳の分布

まず、フランス語訳については、前述のような批判があったにもかかわらず、各種訳本はモルレ版系統ほぼ一色だった。例外は、一七七三年に出版された、原著第六版の全訳である（原著の構成に忠実な翻訳を出すことの意義が冒頭に説かれている）。他方、モルレ版系統に立つ最も重要なフランス語訳が、一八五六年のF・エリー訳である。長大な序文、大胆で自由奔放な訳文と注釈は、諸外国での解釈にも大きな影響を及ぼした（ちなみにM・フーコーが『監獄の誕生』で参照しているのも、このエリー訳である）。

一九五八年のヴェントゥーリ版の出現によって、このような状況は一変した。まず、一九六五年に、ヴェントゥーリ版を底本とするM・シュヴァリエ訳が登場し、広く普及する（その一九九一年新書版には、ミッテラン政権下で死刑を廃止したR・バダンテール元法相による長大な序文が収録されている。「凡例」参照）。さらに、二〇〇九年には、『全集版』に依拠した伊仏対訳本（P・オドジャン訳。注や解説も詳細をきわめる）が出版された。なお、一九六六年には、『犯罪と刑罰』刊行二〇〇年記念版の新訳が出版されたが（後述する佐藤晴夫訳の底本）、これがモルレ版系統に属するフランス語訳の掉尾を飾ることになった。

ドイツ語圏については、一七六六年に出版された最初のドイツ語訳はモルレ版からの重訳であった。そのような訳本には批判もあり、ザクセンの高名な啓蒙主義法学者、K・F・ホンメルによる詳細な注釈が施された、第五版系統に立つドイツ語訳（訳者はP・J・フラーデン）が、七八年に刊行されている。しかし、長期的にはモルレ版系統の翻訳がドイツ語圏でも支配的となった。

一九五八年のヴェントゥーリ版のインパクトはドイツ語圏にも及び、ヴェントゥーリ版を底本とするW・アルフ訳が一九六六年に刊行された。しかし、モルレ版系統も流布し続けており、さらに、二〇〇四年にモルレ版系統に属する新訳が出版された。このように、ドイツ語圏では現在でも両系統が拮抗して流通している状況にある。

これと対照的なのが英語圏で、一七六七年にロンドンで刊行された最初の翻訳から、二〇〇九年の最新訳まで、英訳本は一貫して第五版系統に与する。W・ブラックストーンもJ・ハワードも、J・ベンサムも「アメリカ建国の父たち」も、みな第五版系統で『犯罪と刑罰』を読んだはずである。英語圏では、趣向を凝らした新訳も次々と出現している。

スペイン語圏では、一七七四年の初訳以来、第五版系統が一貫して優勢である。しかし、モルレ版系統が支配的だった時代のイタリア語版に依拠したスペイン語訳も、いくつか存在する。

その他、オランダ語訳（一七六八年）、スウェーデン語訳（一七七〇年）、ギリシャ語訳（一八〇二年）、ロシア語訳（一八〇三年）、ポルトガル語訳（一九三七年、刊行地はリオ・デ・ジャネイロ）などは、すべてモルレ版系統に属する（例外として、ソ連時代の代表的な刑法学者であるM・M・イサーエフによる一九三九年のロシア語訳は、第五版からの翻訳である）。本書の内容と題名に着想を得て『罪と罰』（一八六六年）を書いたと目されるドストエフスキーも、モルレ版系統のロシア語訳を読んだと思われる。なお、ヴェントゥーリ版発表直後に出たポーランド語訳（一九五九年）や、ベッカリーア没後二〇〇年記念翻訳事業として刊行されたロシア語訳（一九九五年）、そして最近のアラビア語訳（二〇〇八年、刊行地はベイルート）は、第五版系統を採用している。

日本語訳の状況

では、日本語訳はどうであろうか。本邦初訳は、一九二九年の風早八十二訳（a）であるが、その底本は、一八〇七年刊行のモルレ版系統に属するイタリア語刊本（ベットーニ版）である。イタリアでもフランスでも、モルレ版系統が優勢だった時代状況から見れば、この選択は無理からぬところであろう。風早訳は、一九三八年に岩波文庫に収録され、戦後、風早八十二と風早二葉の夫婦共訳（b）という形で、全面改訳された（この改訳の際、前述のエリー訳から決定的影響を受けたように思われる。結果として、（b）は、第五版系統からはもちろん、モルレ版系統に属する各種イタリア語テキストからも相当に自由な訳文となっている）。佐藤晴夫訳（c）は、前述の通り、モルレ版系統の最後尾に位置するフランス語訳（一九六六年）からの重訳である。団藤重光『死刑廃止論』に見出される抄訳（d）は、刑法学の深い造詣に裏付けられたすぐれた訳文であるが、モルレ版系統のロマニョーリ編『ベッカリーア著作集』（一九五八年）に忠実に依拠している。

日本において、ヴェントゥーリ版を底本としてなされた初めての翻訳は、ベッカリーアとヴェッリ兄弟の法思想に関する本格的な歴史研究に着手していた嶋津英郷による試訳（e）である。しかし、残念ながら、それは、連載の第一回だけ（第一二章まで）にとどまり、未完に終わった。ヴェントゥーリ版に依拠した本格的なベッカリーア研究が堀田誠三によってまとめられた（堀田誠三『ベッカリーアとイタリア啓蒙』名古屋大学出版会、一九九六年）が、今のところ第五版系統に立脚する日本語全訳は、本書を除くと、大学紀要に連載され、完結した石井三記・福田真希訳（f）だけである（底本は本訳書と同じく全集版）。

（a）風早八十二訳『犯罪と刑罰――封建的刑罰制度の批判』刀江書院、一九二九年
（b）風早八十二・風早二葉（のち五十嵐に変更）二葉訳『犯罪と刑罰』岩波文庫、一九五九年
（c）佐藤晴夫訳『ベッカリヤの「犯罪と刑罰論」』財団法人矯正協会、一九七六年
（d）団藤重光訳「第Ⅱ部5　死刑廃止論の思想的系譜（その一）――西洋」（同『死刑廃止論』有斐閣、一九

九一年、所収。「死刑について」の章のみの抄訳）
（e）嶋津英郷訳「犯罪と刑罰について（一）」（『法政理論』一八（四）、一九八六年、所収）
（f）石井三記・福田真希訳「翻訳 ベッカリーア『犯罪と刑罰』第五版（一）―（三）」（『名古屋大学法政論集』二二八―二三一、二〇〇八―〇九年、所収）

以上を総括すると次のようになろう。

（1）『犯罪と刑罰』のテキストには、大きく分ければ、「原著第五版系統」と「モルレ版系統」の二種類がある。
（2）「第五版系統」は、当初イタリア本国で版を重ねたのち、主として一七七〇年代に相次いで各国語に翻訳された。しかし、その後は、フランスやドイツ語圏でマイナーな位置付けに転落し、本国イタリアでもほとんど姿を消すに至った。これに対して、英語圏とスペイン語圏では、スタンダードとしての地位を確立した。
（3）「モルレ版系統」は、フランスで圧倒的に優勢となり、本国イタリアにも逆輸入されて一挙に普及した。その影響はドイツ語圏にも及び、ギリシャ、北欧、ロシア、ブラジル、そして日本にまで伝播した。
（4）一九五八年のヴェントゥーリ版の出現によって、このような状況は一変した。まず、イタリア本国で「第五版系統」が復権し、フランスでも二〇〇年にわたる「モルレ版系統」の時代に終止符が打たれた。英語圏やスペイン語圏でも、「第五版系統」に与する新訳が次々と現れている。なお、ドイツ語圏に関しては、現在でも両系統が併存して流通している。
（5）日本でも、「第五版系統」の復権に敏感に反応する動きはつとに認められるが、全訳の出版という形にまでは至っていない。

第五版系統とモルレ版系統の内容的比較

モルレ版の構成

それでは第五版系統とモルレ版系統とでは、具体的にはどのように内容が異なるのだろうか。両系統の構成を比較すると、表1のようになる（モルレ版系統の構成と章題に関しては、一七六六年版のフランス語訳刊本によった）。

モルレは、第三版各章の内部にまで分け入って、段落レベルで（場合によっては段落の中まで入りこんで）、全部をバラバラに分解したうえ、これらの断片を自由につなぎ換えた。さらに、ベッカリーアから別途送られてきていた第五版用の加筆部分を、自己の判断で適宜挿入した。以下、モルレによる組み換え操作の内容を具体的に跡付けてみよう。

• 原著の「序論」から「5　分かりにくい法律」までの構成は、モルレ訳でもほぼそのまま保持されている。第五版で追加された原稿「この本を読む人へ」も、ベッカリーアの指示通り巻頭に置かれた。ただし、モルレ訳の「1　序論と本書の意図」には、原著の「8　犯罪の分類」と「11　公共の平安について」からも一部の段落が移植されている。

• これに対して、原著の「6　犯罪と刑罰のあいだのバランス」から「12　刑罰の目的」までは、章ごとに切り離されたうえ、モルレ訳の「24　犯罪の重さの尺度について」以下の犯罪各論を扱うブロックなどにランダムに取り込まれている。たとえば、原著の「9　名誉について」は、モルレ訳では「28　名誉毀損について」に移され、かつ、原著の「23　名誉剝奪」の一部の文章が切り取られて、28章冒頭に挿入されている（この結果、モルレ版系統の28章の筋立ては混乱を来しているように思われる）。

- 一方、原著の「13　証人について」から「18　宣誓について」までは、多少の順番の入れ替えはあるが、ほぼこのまま、モルレ訳の「8　証人について」から「12　拷問について」に、平行移動している。ただし、第五版で新規に挿入された「17　国庫について」は、内容的には刑事手続き上の問題を扱っているが、モルレは巻末に回して、補論という位置付けを与えている。
- 他方、原著の「19　刑罰の迅速性」から「40　効用についての間違った考え方」までは、一旦徹底的に分解され、モルレが再構成した刑罰各論や犯罪各論などの素材として、各章に再吸収された。たとえば、原著の「29　逮捕について」は四つに分解され、モルレ版の「6　未決勾留について」「19　刑罰は迅速で、犯罪と類似し、公開されねばならない」「20　刑罰は確実で不可避でなければならない。恩赦について」「21　庇護について」に、再分配されている。逆に、モルレ版系統の6章は、右記の原著29章だけではなく、原著20章、21章から切り取ってきた断片をもつなぎ合わせ、新たな章として再編されている、という具合である。なお、「26　家族の精神について」は、モルレ版では巻末の39章に移され、補論という形で位置付けられている。
- 原著の「41　どのようにして犯罪を予防するべきか」から「45　教育」までについては、モルレ訳ではひとつの章にまとめられている。解体や置換の憂き目に遭わなかったという意味では、最もダメージの少ないセクションだったといえる。
- 最後に、原著の「46　恩赦について」と「47　結論」の運命を確認しておこう。恩赦論は、第五版という最終的エディションで「結論」の直前に挿入されることになった章であるが、モルレは、この部分の加筆原稿を原著の27章や29章と一緒にして、新たに「20　刑罰は確実で不可避でなければならない。恩赦について」という章を立てた。さらに原著の「結論」を二つに切断して、その前半部分を、原著の27章と12章とを組み合わせた「15　柔和な刑罰について」の一角に接合している。

系統とモルレ版系統の対照表

《原著第5版系統》	《モルレ版系統》
24　無為徒食の輩たち	23　刑罰と犯罪のあいだのバランスについて
25　追放刑と財産没収	24　犯罪の重さの尺度について
26　家族の精神について	25　犯罪の分類
27　柔和な刑罰	26　大逆罪について
28　死刑について	27　個人の安全を侵す罪．暴力について
29　逮捕について	28　名誉毀損について
30　訴訟と時効	29　決闘について
31　立証が難しい犯罪	30　窃盗について
32　自殺	31　密輸について
33　密輸	32　破産者について
34　債務者について	33　公共の平安を乱す犯罪について
35　庇護	34　無為徒食について
36　懸賞金について	35　自殺について
37　未遂・共犯・不処罰	36　立証が難しい犯罪について
38　誘導尋問・供述	37　ある特殊な種類の犯罪について
39　ある特殊な種類の犯罪について	38　立法における誤りと不正義の原因について．特に効用についての誤った考え方について
40　効用についての間違った考え方	39　家族の精神について
41　どのようにして犯罪を予防するべきか	40　国庫の精神について
42　学問について	41　犯罪予防の手段について
43　司法官	42　結論
44　褒賞	
45　教育	
46　恩赦について	
47　結論	

表1 『犯罪と刑罰』原著第5版

《原著第5版系統》		《モルレ版系統》	
	この本を読む人へ		この本を読む人へ
	序論	1	序論と本書の意図
1	刑罰の起源	2	刑罰の起源と刑罰権の基礎について
2	刑罰権	3	上述の原理からの帰結
3	いくつかの帰結	4	法律の解釈について
4	法律の解釈	5	分かりにくい法律について
5	分かりにくい法律	6	未決勾留について
6	犯罪と刑罰のあいだのバランス	7	犯罪の徴候と審理形式について
7	刑罰の尺度についての誤り	8	証人について
8	犯罪の分類	9	密告について
9	名誉について	10	誘導尋問について
10	決闘について	11	宣誓について
11	公共の平安について	12	拷問について
12	刑罰の目的	13	訴訟期間と時効について
13	証人について	14	未遂と共犯について
14	犯罪の徴候と審理形式	15	柔和な刑罰について
15	密告	16	死刑について
16	拷問について	17	追放刑と財産没収について
17	国庫について	18	名誉剥奪刑について
18	宣誓について	19	刑罰は迅速で，犯罪と類似し，公開されねばならない
19	刑罰の迅速性		
20	暴力	20	刑罰は確実で不可避でなければならない．恩赦について
21	貴族に対する刑罰		
22	窃盗	21	庇護について
23	名誉剥奪	22	懸賞金の慣行について

表2　モルレ版系統の構成

	構　成	内　容
I	「この本を読む人へ」～「5 分かりにくい法律について」	刑事法の諸前提
II	「6 未決勾留について」～「14 未遂と共犯について」	刑事手続きなどに関する総則的事項
III	「15 柔和な刑罰について」～「23 犯罪と刑罰のあいだのバランスについて」	刑罰の種類と適用ルール
IV	「24 犯罪の重さの尺度について」～「37 ある特殊な種類の犯罪について」	犯罪各論
V	「38 立法における誤りと不正義の原因について」～「42 結論」	補論，防犯対策，結論

以上のような驚くべき複雑な操作の結果、イタリア語の原著は、表2のように、大まかにいって五つのブロックによって構成されるフランス語訳の書として再編され、ほとんど別個の作品群とすらいうべき「モルレ版系統」が誕生したのである。

刑事法学の書としては、これは確かに整然とした体系といえるかもしれない。当のベッカリーア自身が、真意はどうあれ、この配列のほうが優れているとあちこちで書きつけているほどなのだ。それが、良くも悪くもさまざまな国に次々と伝播し、イタリア本国にまで逆輸入され普及した所以であろう。その限りで、モルレ版系統の歴史的意義は非常に大きい。実際に各国で広く読まれてきたヴァージョンは、どちらかといえばモルレ版系統のほうなのだから（なお、フランスにおける『犯罪と刑罰』の受容については、石井三記『18世紀フランスの法と正義』名古屋大学出版会、一九九九年、が詳しい）。

さまざまなる解釈

これに対して、第五版系統の構成は、一見確かにどういう体系性をもっているのか分かりにくい。むしろ、矛盾に満ち混沌としているようにすら見える。構成だけではなく、文体も含蓄に富み、良くいえば霊感に溢れ、悪くいえば曖昧で言葉足らずの箇所が多い。改行もきわめて少ない。未完成の作品とすらいえる。しかし、それは、原著が内在的構造を有さないということを意味しない。ベッカリーア自身、その『文体の性質をめぐる研究』において、「最も偉大で、最も普遍的で、そして最も内容の豊かな諸定理は……何か詩的なもの、人の想像を越えるものをもっている」と述べている。本書は、あたかも一冊の詩集のように、多様な「解釈」に向かって開かれた、ポジティブな意味での「未完の作品」となっているといえないだろうか。モルレ版系統もまた、結局のところ、そのような原典解釈のひとつの方向性を示した例、ただし、配列の全面的解体と再編という、非常識な形式を取ったことによって、かえって驚嘆すべき明晰さと歴史的成功をおさめた特異な事例といえるだろう。エリー訳などは、その更なるヴァリエーションである。しかし、異なる方向での解釈も、また当然に成り立つはずだ。古典とは、新たな批判的解釈をつねに待っている作品のことなのである。実際、堀田は、第五版系統の構成に則して、いわば経済思想史的な角度から、一貫性のある解釈の試みを提示することに成功している。堀田の読解は、「ヴェントゥーリの未遂の課題は見事に果たされた」と評されており、画期的な成果である。しかし、それでも、解答例のひとつが新たに示されたということにすぎない。本訳書も、虚心坦懐に一度は原点に立ち戻って、ありのままのテキストを味わってみようという志向においては、当然ヴェントゥーリ＝堀田と連帯の関係に立つ。しかし、逆に原点に戻れば、必然的に堀田のような解釈が導かれるというわけでは必ずしもなく、本書をどう理解するかについては、依然としてさまざまな可能性に向かって開かれたままであると考える。

訳者の見方

以上を前提として、訳者の見方を以下に素描する。訳者は、まず第一に、この作品を単なる法律書として読もうとするのは、人間の本質と社会の原理に関する哲学的立場の含意を封殺する貧しい見方であると、ヴェントゥーリ＝堀田とともに考える。本書誕生を取り巻く歴史的状況や、ベッカリーアの思想と人生の全景

表3　原著第5版系統の構成

	構　成	内　容
I	「この本を読む人へ」〜「12 刑罰の目的」	刑事法学総論 + 功利主義（人間論），自然状態と社会契約（社会論），市民の法と名誉の法の対比（名誉論）
II	「13 証人について」〜「18 宣誓について」	証拠法 + 階級と権力（国家論，自然権），刑罰権に対する限界としての刑法
III	「19 刑罰の迅速性」〜「28 死刑について」	実体法ルール（法益，犯罪各論・刑罰各論） + 身分と階級（所有権と生存権），市民と家長（法主体論），家族と共和国（公と私）
IV	「29 逮捕について」〜「34 債務者について」	主権者による刑罰権行使の内在的限界 + 自由と安全（権力行使の謙抑性），自然としての人間（生と性），商業と契約（法の経済学的分析） ［備考：破産罪については第5版で全面的に書き改められた］
V	「35 庇護」〜「40 効用についての間違った考え方」	主権者による一貫した刑罰権行使を妨げる外的障害 + 法律とは何か・真の政治とは何か（信義論），異端と迷信（教会論），感覚と感情（人間論再考）
VI	「41 どのようにして犯罪を予防するべきか」〜「45 教育」	刑罰以外の犯罪予防策 + 学問と教育（啓蒙論）
VII	「46 恩赦について」〜「47 結論」	刑罰論の結論 + 文明の発展史（寛容論） ［備考：恩赦論は第5版の段階で新たに挿入された］

を考慮に入れれば、なおさらであろう。しかしながら第二に、本書の刑事法学の書としての基本的性格もそれほど軽くみるわけにはいかない、という立場に訳者は立つ。いくら人間と社会に関する原理的な考察が随所に散りばめられているとはいっても、本書におけるすべての議論は、刑事法学の論理展開を基軸にして構成されている。したがって、ここでは第五版系統のテキストを、あくまで刑事法学という主題の展開を基本線としながらも、人間と社会に関する、原理的レベルでの命題が要所要所で深く打ち込まれているという、高度に緊密な二層的構造を有する建築的作品として理解してみたい（表3参照）。前述したところから明らかなように、このような訳者の読み方をどう考えるかは、読者の自由である。もし「私ならこう読み解く」というような批判的解釈や議論が現れるのであれば、これ以上望ましい結果はない。

（Ⅰ）「この本を読む人へ」から「12　刑罰の目的」までのセクションは、刑事法学としての構成上は〝総論〟に該当する部分である。すなわち、裁判官による法解釈を許容すべきではないこと、罪刑法定主義、刑罰論としては、応報ではなく予防の考え方をベースとして、罪刑均衡の観点も加味すべきであること、などの原則が定立されている。同時に、そのような議論の基礎となる、哲学的立場の表明がなされている。具体的には、予防論的な刑罰観の前提となっている感覚主義的な人間観、「最大多数の最大幸福」原理（功利主義）の標榜、自然状態と社会契約の概念図式（刑罰権の根拠としての「自由の部分的寄託」）、宗教上ないし道徳上の罪悪と法律上の犯罪の峻別（行為の罪深さ等の主観的基準の排除）、そして本書を貫通する原理的問題系のひとつである〝名誉〟についての基本的考え方、などである。とくに「9　名誉について」は、この書物におけるすべての議論を枠付ける、市民の法と名誉の法の対比という大きな構図を提示しており、訳者の見るところ、本書を読み解くうえでの決定的なカギを握る章となっている（モルレ版系統では、名誉の問題は、単に名誉毀損罪との関係で論及されるにすぎない「各論的事項」のひとつに格下げされ、いわば、刑事法学の体系内に閉じ込められてしまっている）。

（Ⅱ）「13　証人について」から「18　宣誓について」までのセクションは、刑事法学上の主題としては、証拠や証言の問題を批判的に扱う。と同時に、拷問論がその中核に据えられていることからも容易に想像できるように、とくに自白というテーマを批判の糸口にして、階級と統治機構の問題、国家権力と自然権の関係という、社会哲学上の原理的問題が掘り下げられている。すなわち、このセクションは、刑法の任務が、国家刑罰権の明確な限界を画する点にあることを示す。陪審制度や公訴論、刑事裁判の対審構造などの主張は、権力に関する原理的考察から、刑事法学上の論点へのフィードバックである。

（Ⅲ）「19　刑罰の迅速性」から「28　死刑について」までは、実体法のルール、すなわち、法益論、犯罪および刑罰各論を扱ったセクションである。しかし、各章は順不同に並んでいるわけではない。たとえば、「20　暴力」「21　貴族に対する刑罰」「22　窃盗」は、いずれも個々の犯罪を法益という見地から批判的に論じながら、より原理的には、身分と平等という巨大な議論の空間を立ち上げており、その次元において、たとえば所有権と生存権の関係をどう考えるべきか、という根本的問題が提起されている（モルレ版では、当然そのような有機的連関は分断されている）。「26　家族の精神について」は、表面上はいかにも脱線的に見えるが、原著の二層的構造に則して考え直せば、「25　追放刑と財産没収」において発せられた「刑事政策の対象となる現実的な法主体は、人か市民か家長か」という問いに応えるべく、家族と共和国の対比や「公と私」の二項対立、そして社会契約の目的としての公共善の理念を打ち出した章と理解できる。このような広い視点からみれば、26章の家族論は、刑事法学上最大の眼目をなす「27　柔和な刑罰」から「28　死刑について」へという論理展開の、いわば原理的レベルにおける跳躍台となっていることが分かる。

(Ⅳ)「29　逮捕について」から「34　債務者について」までは、主権者による刑罰権行使の内在的限界を論じたセクションとみなすことができる。たとえば、モルレが四つに分解してしまった原著29章には、確かに関連性が薄いように見える事項がいくつか取り上げられているが、大づかみに一望してみると、刑罰権行使に対する空間的制約という、29章をつらぬくテーマが浮かび上がってくる。そのテーマに対応して、この章で新たに切り開かれた原理的な論点は、政治的自由とは何か、という問題であった。この論理展開は、次の30章が基本的には刑罰権行使に対する時間的制約を論じつつ、自由の保障と安全の要請とのあいだの矛盾をどう解決するかという、アクチュアルな課題をも探究する内容だったことからみても、安易に揺るがせにはできない緊密な構成に裏打ちされていたことが分かる。さらに、生命・性・家族に関わるトピックスが、30章から32章にかけて取り上げられているが、これは、刑罰権行使の限界としての人間的自然が問題となっているからであり、つまり、「市民社会」というよりも、「人と市民の社会」における刑罰権行使の謙抑性という、大きな見取り図が示唆されているように思われる。他方、32章以下は、出国禁止措置、密輸、破産に対する刑罰権行使の限界線を批判的に論じながら、「経済学者ベッカリーア」を彷彿とさせる奢侈論や商業論が展開されており、経済学の手法で犯罪と刑罰を分析する発想の歴史的先駆となっている。

(Ⅴ)「35　庇護」から「40　効用についての間違った考え方」までについては、主権者による一貫した刑罰権行使を妨げる、外的障害を扱ったセクションと考えることができる。それが、教会権力への牽制をここに位置付けた理由であろう。そして、国家の刑罰権を肯定的に捉えようとしているセクションだからこそ、「犯人の首に懸賞金をかけることの是非」とか、「共犯者を明らかにすることと引き換えに処罰を免除することの是非」といった具体的論題を手がかりにして、議論は、法律とは何か、真の政治とは何か、といった原理的考察にあらためて立ち戻ることになり、社会契約の最終的な根拠は〝信義〟にあるという、社会思想史上の根本的立場が明らかにされるのである。そして、効用とは何かという問いが示され、感覚主義的人間観の核心があらためて哲学的吟味にかけられるのだが、そこから議論は悪法論等を介して、法政策論的な実践へと再び回帰していく。

(Ⅵ)「41　どのようにして犯罪を予防するべきか」から「45　教育」までは、刑罰以外の犯罪予防策という明確なまとまりをもったセクションである。しかし、学問論（啓蒙論）、司法制度論、名誉の積極的な利用による刑事政策、そして教育論は、それぞれ未来に向かって開かれた巨大な主題群をなしており、単純な防犯対策論の枠には収まりきらない。たとえ分量的にはごく僅かだとしても、それぞれを、あえて独立の章とし、その含意の質的な重みを表示しようとしているのである。

(Ⅶ)最後に、「46　恩赦について」と「47　結論」だが、この恩赦論は、第五版で「結論」の章の直前に挿入された。ここでの眼目は、第五版系統の仕上げ段階で、文明の発展史という長期的時間軸の視点が導入されたことである。これによって本書は、刑罰論としての結論と、もうひとつの隠された結論としての、歴史的パースペクティブに立脚した寛容論という、奥行きを備えた議論の空間を立ち上げたのである。

以上に見たような高度に緊密な議論の構成は、しかし、本質的に開かれた構造をもっている。第Ⅳセクションで集中的に追究された刑事法と経済学という主題は、後に公共経済学講義という形で展開された。また、第Ⅴセクションの主題に見られる人間論の原理的探究は、後の『文体の性質をめぐる研究』へと結実していったのである。

本書の最大の魅力は、犯罪と刑罰の問題を議論するに当たって、人間とはどういう生き物か、社会の構成原理は何か、国家権力について基本的にどう考えるべきなのか、といった原理的な問いに立ち戻って、根本からひとつひとつ考え直そうとしている点である。ベッカリーアの議論の運び方に対する評価や、結論的命題に賛成するか反対するかは、読者各々の人間観・社会観に従って、さまざまであろう。しかし、デモクラシーにとって肝腎な点は、専門家や政治家だけではなく、一人ひとりの市民が、お互いに自由に意見を交わし、自らの考えを深く耕し続け、鍛え直していくことである。本書は、そのための絶好の手がかりを提供してくれるに違いない。

思想史・法制史的意義

思想史上の位置付けについて

最後に、『犯罪と刑罰』を広い歴史的文脈に位置付け、今後の研究の課題を展望しておく。

この作品の第五版系統を、思想史的文脈に関連付けて理解しようとする場合、モンテスキューやルソーによる感化を把握しなければならないことは当然として、とくに注意深く検証する価値があるのは、孤高の功利主義思想家エルヴェシウスの『精神論』(一七五八年)から受けた影響の如何であろう。エルヴェシウスの徹底した感覚主義は、本書の基礎をなす人間観をほぼ全面的に規定しているといっても過言ではなく、さらにその影響は、刑罰論・名誉論・共和制論などにまで及んでいるように思われる。

この意味では、『犯罪と刑罰』の人間論は、J・ロック『人間知性論』(一六八九年)、ヒューム『人性論』(一七三九―四〇年)、コンディヤック『人間認識起源論』(一七四六年)などからエルヴェシウスへといった、経験論哲学ないし感覚論的認識論の系譜に立つといえるだろう。『犯罪と刑罰』から『文体の性質をめぐる研究』への展開も、この脈絡において綿密に解析される必要がある。

次に、社会契約論に関しては、一般意思の存立を絵空ごととして否定する点においてはルソー『社会契約論』(一七六二年)と相反し、自由の部分的放棄という構図を採用する点では、むしろホッブズ『市民論』(一六四二年)、『リヴァイアサン』(一六五一年)との相似性が認められよう。ベッカリーア自身は自然状態論に関してホッブズとの立場の違いを強調しているが、それ以外にも、罪刑法定主義の理論的根拠や、犯罪の重さを測定する尺度を実害とする点など、実は至るところにホッブズの影響がうかがえる。いずれにせよ、イタリアにおける社会契約説の継受というテーマが、ここに浮かび上がってくる。

一八世紀イタリア思想史の文脈に視点を移すと、本書は、モーデナの司祭で、オーストリア・カトリック啓蒙主義の形成にも一役買ったムラトーリの『司法の欠陥について』(一七四二年)におけるローマ法批判や法曹批判、同『公共の福祉について』(一七四九年)における統治論や貧困対策論に影響を受けた世代の作品のひとつ、という位置付けが一般的であろう。しかし、歴史的観点の導入に際しては、ヴィーコ『新しい学』(第三版、一七四四年)が開いた巨視的なパースペクティブを参照したとみられる点には、注意を促しておきたい。

『犯罪と刑罰』の実質的な共著者ともいうべきヴェッリ兄弟の著作は、当然ながら本書を理解するうえで最も直接的な関係にある。兄ピエトロの著作としては、『幸福に関する省察』(一七六三年)、『ミラノの司法についての礼賛演説』(一七六三年)、「法律の解釈について」(一七六五年)、そしてピエトロの死後出版された『拷問論』(一八〇四年)などの思想書があり、弟アレッサンドロについては、「ユスティニアヌス帝とその法律」(一七六四年)、「市民法論」(一七六五年)などの専門的法学論文を挙げることができる。ヴェッリ兄弟に関する研究は、本国イタリアでも比較的未開拓の沃野であり、今後の研究が待たれる。

西洋古典の博引旁証といった人文主義的な色彩は薄いのが、ベッカリーアやヴェッリ兄弟などミラノ啓蒙に共通のスタイルであるが、公訴論などの公共哲学を支える教養の基盤は、マキアヴェッリの『ローマ史論』だったと見られる。また、全集版の編者脚注に従えば、基本的な学問観・法律観などに関して、エピグラフにも引用されているF・ベーコンの諸著作、とくに『学問の尊厳と進歩』(一六二三年ラテン語版)に方向づけられた部分が大きい。さらに、グロティウス『戦争と平和の法』(一六二五年)の刑罰論に依拠している箇所も存外多い。このような人文主義的伝統が、ベッカリーアにとってどのような意味があったのかも、今後探究されるべき重要なテーマであろう。

以上のように、『犯罪と刑罰』には、ヨーロッパ社会思想史上のさまざまな系譜が流れ込んでおり、個別的な論点に分け入って探究することは、いずれも今後の課題である。

しかしながら、『犯罪と刑罰』以前には、刑事法全般の改革を主題とする一冊のまとまった啓蒙思想書はなく、ベッカリーア以上に死刑廃止の主張を明確に打ち出した人もいない。そして、理性や道徳に支えられた強い人間よりも、感覚や情念に依存しがちな「弱い人間」を前提に刑罰理論を構築しようとした試みもまた、ベッカリーア独自の点だったと言えよう。ベッカリーアの死刑廃止論の最奥部には、「人間とは過ちや誤りをおかすものである。死刑という制度は人間的ではない」という、いかにもイタリア人らしい、身体に正直な倫理感覚がある。

後続世代への影響

次に、『犯罪と刑罰』が、続く世代に与えた影響についても概観しておこう。

イタリア語圏では、ナポリ王国の啓蒙思想家たちが本書を熱心に読み、批評しあったことがよく知られている。たとえば、ジェノヴェージ『正義と道徳の哲学』(一七六七年)をはじめ、フィランジェーリ『ナポリ王国司法改革論』(一七七四年)、同『立法の科学』(一七八一—八九年)、さらに、パガーノ『刑事訴訟に関する論考』(一七八七年)、同『刑法典の原理』(一七九五年)、同『証拠の理論』(一七九五年)など、ナポリ啓蒙の法思想を代表する作品群には、『犯罪と刑罰』に対する批判的考察が、多かれ少なかれ織り込まれている(この点については、近年イタリアで著しい研究の進展が見られる)。シチリアでも、『刑罰の実効性と必要性に関する政治的考察』(一七七二年)において独自の死刑廃止論を展開した法律家ナターレが、「ベッカリーア氏の死刑論の論理構造に関する書簡」(一七七二年)という批判的論評を書き残している。ロンバルディア啓蒙に属するベッカリーアの正統的継承者としては、ロマニョージ『刑法の起源』(一七九一年)を挙げることができるだろう。そして、一九世紀のイタリア半島社会における刑事法学者たちは、所属国家や立場の違いがはなはだしかったにもかかわらず、おしなべて「私たちは皆、ベッカリーアの末裔」という、共通のアイデンティティを形成していった。一九世紀イタリア最大の文豪マンゾーニは、ベッカリーアの孫に当たり、P・ヴェッリの著作『拷問論』に題材を取った拷問批判の文学作品『恥辱の柱』を残している。一九世紀末、イタリア王国統一刑法典を編纂するために、多様な伝統を有する各地方から集結した刑法学者たちを結びつける太い絆は、紛れもなく『犯罪と刑罰』であった。そして、一八八九年公布の刑法典(通称ザナルデッリ刑法典）において、死刑廃止が無条件で実現されたことによって、それは「イタリア法文化」形成の原点ともなった（刑法統一の時期尚早論を唱え、死刑制度の存置を強く主張したロンブローゾは、この意味では、例外的存在である）。

オーストリア啓蒙との関連では、ウィーン大学教授で後期官房学者《カメラリスト》の代表格であったゾンネンフェルスが『拷問廃止論』（一七七五年）を刊行し、ハプスブルク君主国における拷問廃止令発布を慫慂《しょうよう》した。

ドイツ語圏では、周知のように、カント『人倫の形而上学』（一七九七年）が、絶対的応報刑論の立場から『犯罪と刑罰』の刑罰論を厳しく批判した。他方で、P・J・A・フォイエルバッハは『ドイツ普通刑法綱要』（一八〇一年）などにおいて、本書と同様に一般予防論にもとづく刑罰論の体系化を試み、刑法学の発展に大きな足跡を残した。ヘーゲルも『法の哲学』（一八二一年）において、ベッカリーアの立場と自己の立場を対比しつつ、抽象法における本質的刑罰概念（普遍者による応報）と市民社会における現象としての刑罰の現実（ある程度の偶然性を含み、予防的考慮も認められる）という二段構造の刑罰論を構築している。

イングランドでは、コモンローの象徴のように言われるブラックストーンの『イングランド法釈義』（一七六九年）が、実はその第Ⅳ巻において、ベッカリーアの名をしばしば引き合いに出していることが注目される。また、『道徳および立法の諸原理序説』（一七八九年）などの著作で知られる「コモンローの敵」ベンサムが、ヒュームやエルヴェシウスはもちろん、とくにベッカリーアの功利主義的刑事法思想の立場を意識的に継承し、固有の立法学の体系を築き上げていったことはよく知られている。

以上のような思想史的位置付けを考える場合にも、第五版系統を基軸に置いて再検討することが、今後求められる。

実定法の歴史を変えた古典

思想史上の文脈に勝るとも劣らず重要なのが、『犯罪と刑罰』が実定法の歴史に及ぼした影響力である。

ハプスブルク君主国領域内では、トスカーナ大公ピエトロ・レオポルドによって、一七八六年一一月三〇日に発せられた一連の人道主義的刑事法改革立法（通称レオポルディーナ）が、『犯罪と刑罰』初版刊行地にふさわしく死刑と拷問を廃止し（宣誓義務や大逆罪、財産没収刑も廃止）、他のイタリア半島諸国家で進められていた刑事法改革に大きな衝撃を与えた。続いて翌八七年には、レオポルドの兄ヨーゼフ二世によって、犯罪と刑罰に関する一般法典（通称ヨゼフィーナ）が、ウィーンで公布・施行される。ヨゼフィーナは、『犯罪と刑罰』の提唱した諸原則の多くを体系化し、平時における死刑と拷問の廃止や、身分特権の廃止などの原則を定めた。「貴族の犯罪者が一般の罪人のように通りを掃いている姿ほど、ヨーゼフの治世を強く喚起させてくれるイメージはないだろう」といわれる。全体的にレオポルディーナ以上に進歩的とされるが、たとえば、刑罰の犯罪防止効果を重視するあまり、死刑に代わる苛酷な懲役終身刑を設定するなどの非人道性も指摘されている。ロンバルディアは、ヨーゼフの強硬路線に反発し、この刑法典の適用を拒んだ。また、後の皇帝フランツ二世は、大逆罪に対しては死刑を再導入した（一七九五年）。このような紆余曲折の末に制定されたのが、一八〇三年のいわゆるオーストリア一般刑法典であり、これは、一八一〇年のナポレオン刑法典と並んで、一九世紀以降の世界各国の刑法典編纂事業にとってのモデルのひとつを提供することになった。この刑法典は、ナポレオン刑法典と比べて「政治的というよりも学問的」、「実践的というよりは理論的」な特徴を有するといわれるが、殺人罪等に対しては死刑を復活させたものの、全般的には寛容を旨とし、たとえば、嬰児殺罪減軽規定を初めて明文的に導入した点などで注目される。

革命フランスにおける一七八九年の「人と市民の権利宣言」や、一七九一年に定められたアメリカ合衆国憲法修正条項などで謳われた、「人身の自由」「罪刑法定主義」「無罪の推定」等の原則は、『犯罪と刑罰』で主張されたテーゼに由来するものであり、一九世紀以降の世界各国の憲法にも取り入れられていった。さらに、一八世紀末葉におけるヨーロッパ各地での拷問廃止や裁判実務をめぐる論争、あるいは二〇世紀以降の死刑廃止に向けた世界の動向も、『犯罪と刑罰』をひとつの歴史的原点としていることを忘れてはならない。他方で、M・フーコーを始めとする、近代刑法システム全体を権力による身体の規律化とみる立場にとっても、ベッカリーア批判は要の位置を占める。

このように、本書『犯罪と刑罰』が後世に与えた影響は、さまざまな意味で非常に大きい。近代刑法の出発点となったそのような古典を、裁判員制度の時代を迎えた今こそイタリア語の原著にできる限り忠実な日本語訳で提供し、犯罪と刑罰に関する問題、ひいては人間と社会に関する問題を、一から考え直す手がかりにしてもらうこと、それが本書邦訳の動機である。法は、法律家や法学者だけに任せておくには、重要すぎる問題なのだ。ここから先は、したがって、読者一人ひとりの手に委ねられる。

参考文献

AA. VV., *Atti del Convegno Internazionale su Cesare Beccaria: Torino, 4-6 ottobre 1964*, promosso dall'Accademia delle scienze di Torino, Torino, Accademia delle Scienze, 1966.

AA. VV., *Cesare Beccaria tra Milano e l'Europa: convegno di studi per il 250° anniversario della nascita promosso dal Comune di Milano*, prolusioni di S. Romagnoli e G. D. Pisapia, Milano, Cariplo; Roma-Bari, Laterza, 1990.

Beccaria, C., *Dei delitti e delle pene, con una raccolta di lettere e documenti relativi alla nascita dell'opera e alla sua fortuna nell'Europa del Settecento*, a cura di F. Venturi, Nuova edizione, Torino, Einaudi, 1965.

Beccaria, C., *Le traité des délits et des peines*, introduction de M. Ancel et G. Stefani, Paris, éditions Cujas, 1966.（佐藤晴夫訳『ベッカリヤの「犯罪と刑罰論」』財団法人矯正協会、一九七六年）

Beirne, P., *Inventing criminology : essays on the rise of homo criminalis*, Albany, State University of New York Press, 1993.

Centro nazionale di prevenzione e difesa sociale, organized by, *International Congress. Cesare Beccaria and Modern*

Criminal Policy: Milan（*Italy*）, *Castello Sforzesco, December 15-17, 1988*, Milano, Giuffrè, 1990.（田中久智・里見理都香・田中希世子「《紹介》『国際会議。チェーザレ・ベッカリーアと現代刑事政策』――特にチェーザレ・ベッカリーアのオーストリア、アメリカ合衆国、中国に及ぼした影響について」『国士舘法学』二七、一九九五年）
Cordero, F., *Criminalia: nascita dei sistemi penali*, Roma-Bari, Laterza, 1986.
Deimling, G., hrsg., *Cesare Beccaria : die Anfänge moderner Strafrechtspflege in Europa*, Heidelberg, Kriminalistik Verl., 1989.（九州ベッカリーア研究会「資料：ゲルハルト・ダイムリンク編『チェーザレ・ベッカリーア／ヨーロッパにおける近代刑事司法の始祖』（一九八九年）」（一）―（三）『法政研究』五八（二）―五九（一）、一九九二年）
De Maddalena, A., Rotelli, E. e Barbarisi, G., a cura di, *Economia, istituzioni, cultura in Lombardia nell'età di Maria Teresa*, v. III: *Istituzioni e società*, Bologna, il Mulino, 1982.
Ferrone, V. e Francioni, G., a cura di, *Cesare Beccaria: la pratica dei lumi*（*atti del convegno, 4 marzo 1997*）, Firenze, L. S. Olschki, 2000.
Ippolito, D., Antonio Genovesi: lettore di Beccaria, in *Materiali per una storia della cultura giuridica*, 37（1）, 2007.
Ippolito, D., Beccaria, la pena di morte e la tentazione dell'abolizionismo, in *L'Acropoli*, 8（6）, 2007.
Manuppella, G., Cesare Beccaria: panorama bibliografico, in *Boletim da Faculdade de Direito*（Universidade de Coimbra）, 39, 1963.
Venturi, F., a cura di, *Riformatori lombardi, piemontesi e toscani*（La letteratura italiana : storia e testi, v. 46. Illuministi italiani, t. 3）, Milano-Napoli, R. Ricciardi, 1958.
Venturi, F., *Settecento riformatore*, v. I: *Da Muratori a Beccaria*, Torino, Einaudi, 1969.
Young, D. B., Cesare Beccaria: utilitarian or retributivist ?, in *Journal of Criminal Justice*, 11, 1983.

石井三記『18世紀フランスの法と正義』名古屋大学出版会、一九九九年
ヴェントゥーリ、F（加藤喜代志・水田洋訳）『啓蒙のユートピアと改革――一九六九年トレヴェリアン講義』みすず書房、一九八一年

奥田敬「書評　堀田誠三著『ベッカリーアとイタリア啓蒙』」（『三田学会雑誌』九〇（四）、一九八八年）
川井繁巳「ミラノ啓蒙主義に見られる家族改革モデル――ヴェッリ兄弟とベッカリーアの場合」（『エウローペー』四、一九九五年）
ギンスブルグ、N（須賀敦子訳）『マンゾーニ家の人々』白水社、一九八八年
黒須純一郎「チェーザレ・B・ベッカリーア――公共経済学の原像」（坂本達哉編『黎明期の経済学』日本経済評論社、二〇〇五年、所収）
小谷眞男「未完のプロジェクトとしての〈イタリア法〉――統一刑法典編纂過程の分析から」（北村暁夫・小谷眞男編『イタリア国民国家の形成――自由主義期の国家と社会』日本経済評論社、二〇一〇年、所収）
嶋津英郷「ヴェッリ兄弟とベッカリーア」（一）（二）（『南欧文化』一―二、一九七四年）
シュンペーター、J・A（東畑精一・福岡正夫訳）『経済分析の歴史』（全三巻）、岩波書店、二〇〇五―〇六年
瀧川幸辰「ベッカリーアとロムブローゾ」（『刑法雑筆』文友堂書店、一九三七年、所収）
瀧川幸辰「チェザー《(ママ)》レ・ベッカリーアとトマソ・ナタレ――刑法学の先駆者」（団藤重光ほか編『瀧川幸辰刑法著作集第一巻』世界思想社、一九八一年、所収）
竹村典良『犯罪と刑罰のエピステモロジー』信山社、一九九九年
東京刑事法研究会『啓蒙思想と刑事法（風早八十二先生追悼論文集）』勁草書房、一九九五年
堀田誠三『ベッカリーアとイタリア啓蒙』名古屋大学出版会、一九九六年
堀田誠三「『百科全書』リヴォルノ版について――オーベールの手紙から」（『福山市立女子短期大学紀要』三七、二〇一〇年）
モース、R（吉田敏雄訳）「チェーザレ・ベッカリーアのオーストリア刑法に与えた影響」（一）―（二）（『北海学園大学法学研究』三九（二）―（四）、二〇〇三―〇四年）
森村敏己『名誉と快楽――エルヴェシウスの功利主義』法政大学出版局、一九九三年

追補——犯罪と刑罰に関する一般法典の違警罪をめぐる短い考察

長きにわたる深い信頼関係に鑑み、私に対していかなることでも命令しうる閣下〔＝ウィルチェク伯〕だけのために向けられた考察を、閣下の命令に従って以下に書き記すことにする。この法典[1]は、その劈頭に主権者〔＝ヨーゼフ二世〕の厳かなる名前が掲げられてはいるものの、ここ〔＝ミラノ公国〕ではまだその聖なる権限によって効力を発するにはいたっていない。このことを踏まえたうえで、時間の制約があり、各種の公務に拘束されているという、私を取り巻く周知の環境が許容する限りでの最善の方法、すなわち単純な注釈の積重ねというやり方で私はこの仕事を進めることにしたい。

本法典の第二篇は違警罪[2]を扱う。その第二篇の1条をみると、この法典は、法典自らが違警罪に該当するとみなしたものだけを扱うという。そうすると、特定の行政的取締によって扱われているその他すべての法規違反は、違警罪の範疇に含めることはできないし、またそうすべきでもないということになる[3]。実際、特定の行政的取締というのは当惑させられるほど多種多様であり、しかも、これらの法規が定める処罰はほとんどすべて罰金なのである。これを違警罪に含めてしまうと、法典第二篇10条と整合性を取ることが容易ではなくなるように思われる。というのも、10条によれば、違警罪に対しては、禁止されている遊戯の罪〔＝ギャンブルなどの賭博〕を唯一の例外として、罰金刑を言い渡してはならないとされているからだ。

そのような次第で、まずは犯罪には三つの等級があることを確認する必要がある。すなわち、長期の刑罰など重罰が科されるべき刑事犯[4]、相対的には短めの刑罰などが科される違警罪、罰金刑が科されるにすぎない行政犯、の三等級である。この分類に基づいてまず第一に考察しうるのは、これらのうち第三等級の行政犯はせいぜい罰金刑を科しうる程度にすぎないものであるはずなのに、この法典ではその大部分が違警罪のうちに数え上げられ特定されているということである。この混乱の結果、1条末尾における留保[5]が無用になってしまっている。第二に、逆に法典の違警罪リストから漏れてしまっている第二等級の犯罪が多く存在する場合、そのような事態は法典の冒頭に置かれた皇帝の宣言が明示する「刑事司法の実務運営からあらゆる恣意性を遠ざけるために明確な指針を与える」という法典制定の基本目的に反するように思われる。すなわち、処罰がただの気まぐれによって決定されているという印象をもたらすことのないように、刑事犯と違警罪との間に適切な境界線を引き、犯罪と刑罰との間の適正なバランスを設定するという目的である。

この聖なる格率はそれを定めた主権者に相応しいものであるが、その格率に勇気づけられて、刑法典においては刑事犯の本質と違警罪の本質とが厳密に区別されるべきだと私は声を大にして言いたい。

すなわち、犯罪と総称されるものを、以下のように区別しておくことが肝要であるように私には思われる。刑事犯とは、社会的紐帯の破壊を直接の目的とするような犯罪を意味し、厳重な処罰を定めて抑止を図ることが不可避である。これに対して、違警罪という名称が意味しているのは、社会の完全性を部分的には損ないつつも、なおその破壊までは直接の目的としていないような法律違反または過失[6]のことである。

この区別を踏まえると、二種類の犯罪に対応する各刑事立法を基礎付ける、明白に異なる二種類の原理が直ちに導かれる。すなわち、刑事犯に対する処罰は特定個人の矯正というより、むしろ不特定多数の者たちへの誡め[7]を企図するものになる。これに対して違警罪に対する処罰は、他人への誡めというよりは、むしろ主として特定個人の矯正を企図するものとなる。もっとも、どちらの処罰も上記両方の企図を一定程度含んでいることは確かなのだが。

違警罪は、真の犯罪というよりはむしろ過失ないし法律違反に過ぎないが、人から公式に名誉を剝奪するに値し他人にとって見せしめになることのみが運命付けられるような真の犯罪者になってしまう一歩手前の、準備的行為とみなされねばならない。したがって、違警罪は、刑事法規が保持しておきたいような市民、法律が見せしめの必要があるからといって失うことまでは強いられないような市民を、適切なやり方で矯正し存続させるような最も効果的な手段をもって処罰されねばならないのだ。

これに対して刑事罰は、永続的に感知できるような他人への誡めに役立たねばならないので、一時的ではなく長続きするような威嚇効果が必要である。死刑が全面的に廃止されるのはよいとして、それに代わるような、犯罪の程度に応じた長期間の重い刑罰が適当だろう。しかし違警罰においては、矯正が第一の目的であり、誡めは二次的な目的にすぎないから、見せしめ的な要素が矯正効果という主目的を損なうことのないよう、慎重に按配されたものでなければならないはずだ。つまり違警罰は、その性質において上述の刑事罰とは非常に異なり、はるかに緩やかで、より短期の、できる限り名誉剝奪の烙印を押さないようなものでなければならない。名誉剝奪の烙印がいったん押されてしまうと、あらゆる矯正への希望は消滅してしまうからだ。矯正こそは、違警罰に期待され必要とされていることだというのに。

ここで、先に私が述べた区別から生ずる、違警罪・違警罰と刑事犯・刑事罰との間の、もうひとつの極めて重要な違いを指摘しないわけにはいかない。

刑事犯は、社会の破壊を目的としているため、その性格付けには実定法をもってする必要がない。なぜなら、刑事犯とは何かということは、すでに自然法と万民法によって定まっているからだ。刑事犯は、どのような気候、どのような時代においても、野蛮でも未開でもない市民的な国民のもとにあるあらゆる形態の政府によって、おおむね等しく認知され憎まれている。これに対して違警罪は、社会の動きを阻害し損傷を与えはするが、しかし破壊するというわけではないため、その扱いは主として個々の実定法によって与えられる。実定法は、時代、気候、さまざまな政府の形態、要するにひとつの国民を取り巻くありとあらゆる諸条件に応じて多様でありうるし、そうあるべきだ(8)。刑事犯に関するほとんど不動の世論はおおむねどこでも同じであるのに対して、違警罪に関しては社会のあらゆる多様性に応じて世論もまた多様に違いない。そしてこの世論というものに、主権者は真の意味で直接的な影響を及ぼすことはできない。せいぜいでも賢明な法律の制定という手段によって、単に屈折した影響力を及ぼす程度である。

まずは以上のような一般的考察を示しておくことが適当であるように私には思われる。なぜなら、この考察は、先に言及した勅令の賢明このうえない格率と整合性があるように思えるからである。しかし、たとえ多くの条文において、否、ほとんどの条文において、とくに違警罪総則については、冒頭規定や格率に即した上述のような考察が当てはまるとしても、違警罪各則とそこで定められた個別の処罰に関する多くの条文においては必ずしも然りとはいえないという指摘が許されるように思われる。

違警罪と刑事犯を異なる規範によらしめたいという意図を、法典第一篇〔刑事犯と刑事罰〕と第二篇〔違警罪と違警罰〕におけるそれぞれの2条が明確に示す。それらによれば、刑事犯としての訴追には、「悪しき意図と自由意思」が前提となる〔＝第一篇2条〕。これに対して違警罪としての訴追の前提は、「自由意思に由来する有害な行為」である〔＝第二篇2条〕。したがって法典によれば、刑事犯の本質的要素は悪意であるが、違警罪の本質的要素はこれと異なり実害ということになる。

違警罪を刑事犯から区別する、もうひとつの顕著な特徴を第二篇4条に見出すことができる。そこでは、単なる未遂は違警罪として訴追できないとされている。これに対して、刑事犯については、単なる未遂であっても刑事犯として訴追できる（第一篇9条）。

実際、私の立てた原則に従えば、社会を破壊しようとする行為の未遂が繰り返されることは、他人への誡めとして処罰せずに済ませるには危険すぎる事態である。他方、違警罪においては事情が異なる。そこでは、矯正のためであれ誡めとしてであれ、実行された行為のみを処罰すれば十分である。もし違警罪の未遂犯まで処罰するということになれば、そのような法律違反未遂は頻発するだろうから、課される制裁のほうが元の害悪よりも大きな害をもたらすという事態になりかねない。

以上のような考察を前提として、また違警罪の性質に関して法典じたいが示す枠組みと精神に従い、違警罪・違警罰の各規定を検討していこう。〔第二篇の〕第二章は違警罪に対する処罰の種類について定める。すなわち、その10条は違警罰として、打擲による懲罰、さらし台への繫留、監獄への禁固、鉄の鎖につながれた状態での公共労役奉仕、一定の区域からの追放、を限定列挙する。罰金刑は、禁じられた遊戯に対する処罰を唯一の例外として、全面的に排除されている。

さて、これらの処罰は、鎖刑[9]を別とすると、おおむね刑事犯に関する第一篇21条に定められている処罰と同じであることが指摘できる。違いがあるとすれば、刑罰の期間が長いか短いかであり、あるいは監獄に関する何らかの特別な条件ぐらいである。とくにさらし台や打擲は、そのような処罰を受ける人に消しがたい名誉剝奪の刻印を残し、まさにそれゆえの他人への誡め、威嚇として、無辜の民に犯罪を思いとどまらせるのに役立ちうるだろう。しかし、違警罪に関する処罰の主目的であったはずの犯罪者の矯正と再犯抑止には何の役にも立たない。それどころか、本来は犯罪者の矯正と再犯抑止を企図していたはずのこれらの処罰を課されると、そういった処罰を受けた者たちは、かえってより重大な、真の意味での犯罪へと促され、鼓吹されるだけだろう。なぜなら、世評に深く根付いた汚名を負った者は、それだけであらゆる羞恥心を徐々に失っていき、しまいには重大な刑事犯の元凶となるような最も野蛮な情念に身をまかせるようになってしまうからである。

この悪循環の力は、さらし台や打擲がいかなる人たちに対しても、たとえば公務に就く貴族[10]、商人、職人[11]に対してであっても、区別なく一律に定められている点において、ますます大きくなるだろう。というのも、本来こういった身分の人たちに関しては、たとえば〔第二篇の〕14条と15条が定めるように、これらの制裁を伴わない単なる軽禁固刑であれば、自宅軟禁に替えることができるということになっているのだから。

こと違警罪においては、人の属性は、均衡の取れた処罰を量定するために大いに考慮しなくてはならない本質的与件である。

刑事犯の計画を練る人はそれほど多くないのに比べて、法典に列挙された違警罪を犯す者、犯すであろう者は極めて多数いる。というのも、人間的な弱さ、情念の強さ、その他多くの身体的・精神的動機が、人間たちをして違警罪を犯すよう突き動かすからである。その結果、さらし台、苦痛を与えるような懲役、打擲刑などの措置が過度に多くなってしまうと、国民は矯正されるどころか、劣化するだけである。なぜならそのような事態は貴族階層、市民階層にある人たちの名誉感情を損壊し、これらの人たちから名誉の掟と国家の法律の遵守によって自らの身を保つ主たる動機を奪ってしまい、彼らを最低の状況にまで引き下げて、堕落した状態と下劣な習俗を広く蔓延させてしまうからだ。

　名誉の喪失は有責行為[12]から生じるのであって刑罰からではないということ、またその性質上世評における名誉喪失をもたらすような有責行為に対しては名誉剝奪刑がふさわしいということも、よく知られているだろう。しかし名誉喪失をもたらさないような行為の場合は、このことは当てはまらない。悪意を伴わず、自由意思に基づく〔何らかの行為が〕純然たる実害をもたらしただけで、その結果名誉喪失をもたらすほどの有責行為とはみなすことができないような違警罪の大半においては、たとえ犯罪者の人格に何らかの軽微な名誉損傷をもたらす場合においても、もし違警罰の目的が人を矯正し、より重大な犯罪を犯さないように抑止することにあるというのが本当ならば〔名誉剝奪刑を科すのは適当でない〕。

　これに対して刑事犯に関しては、それらは大抵強い悪意や悪質性を伴っており、その結果明確な名誉喪失をもたらすので、貴族だろうが庶民と同等の処罰に服させるということに私は何ら不都合を見出さない[13]。より高い身分にある者たちは、そのような犯罪を犯すことによって自らをより深くおとしめる。その結果、名誉剝奪刑が適用されうる。死刑に置き換えられた苦痛に満ちた長期の刑罰は、より長く、より人の感覚に訴えかけるような影響を犯罪者の無辜の家族に対してまで及ぼす。従って、その点から〔犯罪者の〕家族にまで必然的に名誉剝奪の効果が生ずる。さらに、より高い身分の者たちはより大きな社会的便益に与っているのだから、庶民と同じ刑事犯を犯した場合は実際にはより重大な犯罪を犯していることになる。それゆえ同等の処罰といっても、実際にはより重い処罰を正当にも与えられることになる。なぜなら、貴族においてはより大きな悪意が想定されるのであり、かくして刑罰も、その性質上犯罪の重大さに応じた量定がなされるからである。

しかし違警罪は、悪意によるものではなく、自由意思によってもたらされた実害を伴っているにすぎない。社会を直接に破壊することは企図しておらず、自然法に反しているわけでもない。それは純然たる過失であり、故意[14]によるものではない。ローマ法の用語でいえば *maleficia*〔犯罪〕ではなく、*quasi maleficia*〔準犯罪〕にすぎない。その場合、そのような行為におよんだ人がどのような人であるかが量刑と密接に関係してくる。なぜなら、悪党を矯正しうる打擲刑というものが、貴族、正直な商人、誰であれ市民階級に属する人に対して適用されると、そういう人たちをむしろ歪め、台無しにしてしまい、さらにその家族全員をも最も痛ましい不名誉に陥れてしまいかねないからである。このように、過度に重い刑罰はなされた犯罪に見合っているとはもはやいえない。刑罰を課すことによってもたらされる害が、元の過失行為が社会に与えた害とは比べものにならないほど大きくなってしまうのである。

違警罪に対して苦痛を与える名誉剝奪刑を科すことから生ずるもう一つの重大な不都合は、そのような刑事立法の公布によって市民たちの間に広がるであろう恐怖と悲嘆である。大多数の人間たちは重大な刑事犯など犯したくないと強く念じており、また名誉を傷つけられるような形でそのような罪に容易に問われることもないと信じている。というのも、刑事犯に関する訴訟法規[15]が無実の者のためにあらゆる手立てを提供してくれており、自らを防御する方法には事欠かないからである。しかし、こと違警罪に関してはそうはいかない。違警罪は誰でもうっかり犯してしまいかねないものであり、そのような状況に陥るリスクはより大きく、実際事件は頻繁に発生する。違警罪犯として罪に問うためには自由意思に基づく実害発生で十分なのだから。人口の大きな、したがって統制を徹底しえない社会において必然的に生ずるこのような違警罪の多さは、訴訟の簡略化、案件処理の迅速性を要請する。さもなければ、被疑者たちはついに処罰されずに終わってしまい、刑事立法の目的が損なわれてしまうことになってしまうだろう。しかし、まさにこのような訴訟手続の迅速簡略化によって、あらゆる人が自らを恐れるようになる。憎悪に満ちた誹謗中傷を恐れ、人を見ればスパイではないかと疑い、他人の意地悪や自らの不用意な言動によって、たやすく簡略訴訟の犠牲者になってしまうのではないかと疑心暗鬼になる。このような恐怖心と不信感が蔓延すると、陰に陽に社会をむしばむ有害な悪徳が生ずる。その悪徳から逃れることができる人はすべて、それから逃れようとして行動を起こす。すなわち従順でおとなしい国民であれば国内で扇動や騒乱などが生ずることはないにせよ、ほとんど気付かれないような仕方で、しかし同時におそらく速やかに、国外への移民が不可避的に生ずる。われわれがまさにそうであるように、人口はとても多いが窮屈な国境線に締め付けられており、かつ継続的な外交関係を保っているがゆえに移民を受け入れるにはやぶさかではないような隣接諸国によって取り囲まれている場合、たとえ自分たちの農業に重大な損害が生じ、再生しつつある産業に極めて重大な支障が生じるとしても、国外移民はいともたやすく実行されるだろう。近隣諸国民と比べれば、ミラノの人々はおとなしく従順で、暴力に訴えて騒ぎを起こすようなことはまったくないが、生来怠惰であり、遊蕩に陥りがちなので、主権者の父性的深謀遠慮に基づく最上の教育による鼓舞を常に必要としている。そんなところへ苦痛を与える違警罰を頻発すれば、教育の効果を帳消しにし、処罰が企図するところとは正反対の結果を生んでしまうだけだろう。

違警罪・違警罰の法典において、過度の苦痛を与え、名誉剝奪の程度が過ぎるような処罰を含むことに反対する見解を述べるよう私を突き動かす理由がさらにあと二つある。いずれもわれわれの国を取り巻く固有の地域的状況に関係する点だ。第一に、多くの貴族や市民階級の家族が諸外国に莫大な固定資産を占有しているという点である。これらの多くの資産は、彼らの家産の主要部分をなす。彼らは、祖国愛のため、皇帝一家への純粋な愛着のため、親族や身についた習慣のために、われわれの間〔＝ミラノ〕で生活している。

しかしこれらの絆はすべて、こういった違警罪の処罰があまりにも安易に科されるのではないかという、確固たる根拠もない恐怖感がひとたび彼らの魂に浸潤していくと、簡単に消失してしまいかねない。彼らとミラノの絆の消失は比較を絶する損失であり、それは違警罰と、さらに刑事罰のなかのいくつかについて、何らかの寛刑化をはかることによって避けることができるはずのものなのである。第二に、違警罰のなかに列挙されている名誉剝奪刑に関する点である。われわれの隣接諸国との親族関係、婚姻関係、あらゆる種類の相互関係は非常に強いものであり、これらの関係を考えると、名誉剝奪的な違警罰のもたらす致命的な悪影響をよくよく慎重に考慮しないですませることはできない。一国の主権者は、広大な国土と国民を統治する場合でも、法律という手段を用いて臣民たちの意見にある程度までは影響を及ぼすことができる。しかし、他の政府や君主に服している国民の意見に対しては、何の影響も及ぼすことができない。今われわれが置かれている状況とはまさにこれに類するのであり、偉大な君主に服すという同じ栄光に与りつつも、ドイツ・ボヘミア・ハンガリーといった広大な支配領域に適用されうる法規すべてがわれわれにとっても常に適当とは限らない。われわれは四方を諸外国[16]によって取り囲まれており、それらの隣国と緊密な相互関係を保っている。それゆえに、それらの国々が及ぼす影響力によって、「一大君主国の一般法が広大な支配領域内に無差別一律に適用されるとすれば、それは一般法典編纂によってもたらされるであろう利益よりも遥かに大きな個別の損害を引き起こしかねないという危険と抱き合わせだ」という世論が支配的になっているのだ。

ここまで述べてきたところから、違警罪と違警罰を法典において定められた範囲よりも狭く限定するのが適当ではないかと私は思う。違警罪は、詐欺・暴力・公然かつ悪辣な意図による悪事への誘惑といった類の要素を含んでおらず、ただの気まぐれ、過熱状態の想像力、正当な支配権を有する者への公然たる反抗に由来するような、純然たる過失と法規違反に限定されることが望ましい。要するに、それはすべて犯罪への途上にはあるがまだ真の意味での犯罪ではないような行為であり、社会秩序を確かに混乱させてはいるが真正面から社会と敵対しているわけではないようなものである。そして、違警罪に関する立法は、生じつつある悪の拡大を阻止し、重大な犯罪へと至る無分別を抑制し、些細で日常的な法規違反を厳密な寛大さで矯正しなければならない。つまり違警罪裁判所[17]は、裁判官ではなく権威ある父親、人間的行為に対する復讐者ではなく矯正者であらねばならない。同様に違警罰については、法典が賢明に確定した範囲内で以下のごとき種類に限定するのが適当であろう。すなわち、刑事犯刑務所とは完全に分離された、個人の個別的状況に応じた自宅または刑務所における自由の拘束、比較的長期の拘留、公職の剥奪または停止、罪状を記した公札を首からぶら下げた状態での一定期間の禁錮、特定の都市圏域内への行動制限、特定の町や農山部への追放、公の警告、等である。

法典は、窃盗、詐欺、公然たるスキャンダル行為、正直な人を不品行に誘い込む露骨な行為などを違警罪のほうに列挙しているが、これらは真の犯罪的意図の存在を想定させる行為だから、私が先に示唆したよりは重く、かつ法典第一篇21条の規定よりは軽い刑罰を伴って、むしろ刑事犯のほうに配されるべきである。この種の、一見すると取るに足らないように見えて実は真の犯罪に関する第一の誤謬は、それらを刑事犯ではなくより温和な違警罪の規範に照らして考えようとすることにある。確かに、どのような犯罪的意図を伴うものであっても、初犯段階ではまだ常習的悪意が想定されるわけでもないし、個人の矯正可能性の希望が取り去られることもない。しかし、累犯段階となると、もはやこのような平面において処遇を考えるわけには到底いかない。そして法典の規定に従えば、繰り返された行為だからといって必ずしも刑罰が二倍になるわけではないが、仮に二倍になるとしても、またたとえその行為の繰り返しが刑事犯としての訴追に値するような根深い明白な犯罪的意図を想定させるものであっても、その罪の位置付けじたいが刑事犯のカテゴリーに移行するわけではない。このような考察に当てはまる例は、法典第二篇29、30、31、32条である。これらの条文は、価額二五フローリン以下の財物の窃盗に関する規定である。毎日のように二五フローリン以下の財物を盗んでいる泥棒は、違警罰によっては矯正しがたく、他者にとっての誡めとなるような法律の峻厳な対処によってのみ有効に処罰できるような正真正銘の刑事犯と見做されなければならないはずであるが、そうであるにもかかわらず、現実には上記価額以下の窃盗行為をいくら繰り返したところで処罰が質的に変わるわけではない。

違警罪として列挙されているなかに、44条の姦通罪がある。この罪については以下のように考える。婚姻の絆とは、お互いにとっての財産の一種であり、家族の平和、子息の教育、習俗と社会的諸関係、相続の諸権利などの基盤である。このような婚姻の絆を純潔に保つことの重要さを考えると、この罪は刑事犯のほうに分類するのが相応しいのではないだろうか。しかし、もし姦通を違警罪とするほうがよいといえないこともないとすれば、せめて男性による行為と女性による行為を区別するのが便宜であろう。というのも、姦通を行う女性は、父親に彼のものではない子を与えうる。これに対して独身女性と交わることで姦通を行う男性は、同等の損害を社会に与えるわけではない。したがって同じ罰にも値しない。なお、ここでは姦通罪の訴追に伴う公然たるスキャンダルという問題については度外視しているが、これについては別途配慮が要請されるのであって、この点に関わる問題発生を避けるために法典が以下のような手段を採用していることは実に賢明と思う。すなわち、姦通行為によって被害を受けた側の者であって、自らは潔白であり、配偶者の姦通を一貫して許容しない意向を示している当事者からの申し出がなければ、姦通行為の処罰は許されない、という規則〔＝法典第二篇45条〕がそれである。

69条は、「公然たるスキャンダルの惹起」という文言が省略された[18]ことによって、女性を勧誘したと指をさされる人を、あまりにも安易に淫行勧誘罪という曖昧な訴追にさらす危険があるように見える。この罪の性質を考えると、まさに法の精神が避けようとしているような「公然たるスキャンダル」を引き起こさないために、場合によっては事実を白日のもとに晒すよりは隠したままにしておくほうが賢明ということもありうるだろう。

75条は売春行為を全面的に禁止しているが、これはあまりにも厳格すぎないだろうか。というのも、人口の多い都市においてこの悪習を避けようとすれば、血気盛んな若者は、夫婦の寝室に侵入すべく忍び回り、正直な人を密かに堕落させて自らを満足させるためのあらゆる方策を追求するという危険を冒すことになるだろうからである。売春が欲得づくで公然たるスキャンダルとなるような、あからさまな誘惑行為を伴っているときは懲罰を加えるとして、その他の形態は必要悪として放っておくのが適当に見える。実際、明示的ではないものの、続く76条においてそのような趣旨が示されているようにも思える。

もし時間と状況が許せば、違警罪各条文をこのように逐一取り上げながら、それらの条文の趣旨を明らかにし、寛刑化するために役立ったはずの、もっと多くの考察を施すことができたであろう。実際、違警罪に関する各条文は、実をいえば内容それじたいというよりその表現の仕方のせいで、あらゆる階級の市民たちを大いに驚愕させてしまったのである。群衆というものが、法律の趣旨に関する最良の解釈には疎遠であり、えてして見慣れぬことについては邪推しがちであるということを知る者にとっては、これは何ら驚くべきことではない。だからこそ新しい制度や新しい法律が問題になるときは、その本来の趣旨を明らかにして衝撃を緩和しておくことが、法典の施行にとってこの上なく重要なのである。人間というものは、一般的にいって理性の働きよりは慣習の力によって自らを律しているのであり、本当は大したことがないくせに何か目新しく見えるだけの悪よりも、より深刻で根深く蔓延している悪を耐え忍ぶことのほうに耐性があるものなのだ。

私は、閣下が私に付託して下さった、違警罪犯に対する取調べ・判決言渡し・刑の執行の手続に関する違警罪司法官服務規定(19)をも読み、全般的に適切と評価している。いくつかの箇所では、法典じたいの峻厳さを執行方法において和らげているようにさえ見える。この服務規定も、公布される前にわれわれ固有の状況に合わせていくつかの修正を施すべきであろう。そうすれば人は誰でも、違警罪司法官当局がいかなる規制のもとにあるかを知ることができるから、違警罪法典が市民を公権力の行使に与っている人たちの憎悪と気まぐれのもとに置こうとしているという間違った理解に由来する恐怖からも解放されるだろう。

この服務規定に関しては、とくに検討に値すると思われるいくつかの点についてのみコメントしておこう。

（1）その10条については再考の余地があろう。10条は、合法的な証拠を得るために、犯人を現行犯で捉え警告を発し逮捕までしたような、規律・公序・公安を遵守尊重する旨の宣誓をした司法警察職員の供述を許容している。そして、厳格に同一の形式に則り、宣誓をすませ、被疑者と対面させた、あらゆる異議申立ての余地を認めない他の二人の証人の供述と、この供述証拠とを、突き合わせるとしている。たとえそれが司法当局職員によるものだとしても、たったひとりの人の宣誓に、あらゆる異議申立ての余地を認めない二人の人の宣誓と同じ価値を与えることは、およそ許容されえないように思われる。たとえ証言する人の宣誓に、その人の公的職務がいかほどかの信憑性を付加しうるとしても、である。とりわけ、そのような特権を有する司法職員とは誰のことなのかということがはっきり定義されていないとすればなおさらであろう。10条の表現に従えば、犯人を現行犯で逮捕しなければならない人たちとは、犯人が特定されることに関心を持つような現場の担当職員たちのことであろう。実は職階がもっと上の人たちであったとしても同じなのだが、とくにこのような人たちは規律等を遵守する旨の宣誓をしているにもかかわらず、たとえば復讐のために、あるいはただ安易に、このような特権を大いに濫用しかねないものだ。以上に指摘したことは、事実関係の確たる痕跡が残りにくいような犯罪において、とりわけよく当てはまる。そこでは犯罪があったことを示す確かな罪体[20]が欠けているために、被疑者の命運がたったひとりの人の恣意に委ねられることになってしまうのだ。

（2）14、15条は、違警罪司法官に対して、打擲、晒し台、追放の刑罰を科す前に、犯人が貴族階級に属する者や主権者に仕える者でないときは管轄区行政当局[21]から、貴族や役人の場合は地方長官自身[22]から、執行に関する承認を得る必要があるとしている。もし被告人が品行方正で良き世評を確立している商人や職人ならば、彼らを公共労役に奉仕させるにも、貴族や役人の場合と同じ保留条件が課されるという。この規定については多くの議論がありうるが、話を極力短くするために、ここでは以下の三点を指摘するにとどめる。

（a）良き世評だとか品行方正だとかいうような曖昧な判断が、先に引用した条文の文言に従えば、違警罪司法官ひとりの判断に委ねられているように思える。これでは自らの判断の承認を行政当局等に求めるも求めないも、ひとえに彼一人の匙加減ひとつにかかることになってしまうだろう。

（b）打擲、晒し台、公共労役は人に激しい苦痛を与える処罰であるから、本来違警罪・違警罰の法典からは排除されるべき刑罰であろう。もし今、これらの処罰も違警罰に含めなければならないのだとしても、このような懲罰執行が管轄区行政当局、われわれの場合でいえば総督、総督が欠けるときは副官[23]の承認で足りるとしていることは、無実の者たち、少なくとも極めて軽微な責任しかない者たちの人身の安全に対して、十分周到に準備された制度になっているようには見えない。というのも、総督ないし副官の承認を得るだけで、違警罪司法官の長であるひとりの司法裁判官の判断で、商人や職人を違警罪を理由として打擲させたり、晒し台に晒したりができるようになるからだ。これが刑事犯であれば、複数の担当官で構成される第一審の刑事委員会でさえ、さらに控訴裁判所の承認なしには同様の懲罰を与えることができないのである。

（c）何にせよ管轄区行政当局等の承認さえ得られれば、貴族とか公務に就いている人を打擲したり晒し台に繋いだりすることができるし、商人を公共労役に奉仕させることもできるという問題がある。

ここで、貴族や市民階級に属する犯人に違警罰を科すことの不適切さについて私がすでに述べた内容を繰り返さないために、端的に以下の点を熟慮いただくよう閣下に請願する次第である。このような場合に市民たちの命運を合議体によって定めることができるように見えることに鑑み、さらにそれが個々人の判断で決まってしまう場合を控訴裁判所の判断を要する場合と比較し、また政府においても内閣というものが合議制によって構成されている仕方とも比較してみることによって、閣下の光明があまねく浸透しているにもかかわらず、むしろ違警罪の被告人は、刑事犯の被告人に比べてより不利な状況に置かれているということが十分お分かりになることであろう。このような大胆な考察を記したからといって、私を罪に問うには閣下の魂は偉大すぎよう。この考察を、現在の状況にすぐさま適用することは確かにできないだろう。しかし将来的には、現在の状況が不適当であると分からせてくれる事態が訪れることもありうるだろう。そして閣下は、法律と法典は持続性を備えていなければならず、決して現時点でたまたま公権力を手中に保持している人たちのために作られてはならないということを、私よりも余程よくご存知であろう。

以上の考察は、ひとえに私の上長としての閣下が私に下すあらゆる命令に従うことのみならず、私にとって特別の主人であり守護者としての閣下が私に示しうるあらゆる指図に従うこともまた私にとって光栄であるという理由によって、書き記された。最後に、私はこの覚書に含まれているであろう誤りや省略について閣下のご海容を乞う。それらはすべて私の能力の至らなさに、また元々私には実務経験が欠けていた刑事事件の問題から、そのうえ長らく遠ざかっていたことに、そして閣下もよくご存知の公私にわたる私の置かれた状況に、帰せられるであろう。

訳注

(1)「法典」とは一七八七年一月一三日公布のオーストリア一般刑法典、通称「ヨゼフィーナ」を指す。「解題」参照。

(2)「違警罪」の原語は i delitti politici である。ベッカリーアの説明によれば、実定法に基づく犯罪(法定犯)、良き統治のためのさまざまな政策的配慮によって禁止された諸行為といったような意味であるが、本訳稿では法制史学の通例にならって違警罪と訳すことにする。ここで用いられているpoliticoという形容詞には、「政治的」という意味と、「警察（polizia）・行政に関する」という意味が輻輳的に含まれており、日本語でそのニュアンスを過不足なく表現することは容易でない。

(3) このパッセージのイタリア語原文は、［EN9］と、［KE］［TV］［JS］が依拠する［CC］ないし［SR］とでは大きな食い違いがある。本訳稿は、基本的には［EN9］に依拠しているが、脈絡の一貫性の見地からこの箇所に限り［SR］に従う。

(4) 刑事犯の原語は（delitti）criminaliで内容的には自然犯、本来的犯罪を意味するが、ここでは直訳的に刑事犯と訳す。違警罪との対比をなす。行政犯の原語はdelitti costituzionaliである。本書「8　犯罪の分類」、「11　公共の平安について」など参照。

(5)「この法典で規定されていない法律違反は特定の行政的法規によって扱われうる」という文言を指す。

(6) 原語はcolpaである。いわゆる過失犯を指すが、ここでいうcolpa（複数形colpe）は、民事法でいう「故意または過失」というときの「過失」とは異なる概念であり、［KE］がschuldhafte Handlungとドイツ語に訳出しているように、たとえ犯意に欠けていてもなお刑事責任を負わせるのがふさわしいような当罰性のある有責行為を特定的に意味していることに注意。

(7) 原語はesempioで他人への警告のために処罰の範例を示して見せること。見せしめ。

(8) このあたりのパッセージにはモンテスキューの影響が看取される（L. Garlati, 2010, *s.* 9などの指摘による）。

(9) 鎖刑の原語はincatenazione（法典第一篇25条）。鉄の鎖で壁に繋がれた状態での禁固刑。違警罪に鎖刑は含まれていない。

(10) 原語はnobili in caricaである。［KE］［TV］［JS］はnobiliとin caricaの間に〝,〟を入れる［CC］ないし［SR］に従い、いずれも「貴族、役人」と二語に分けて訳出しているが、本訳稿では法典第二篇15条の条文をも参照し［EN9］の読みに従う。

(11) 原語はartistaであるが、本訳稿では、この語をZunftgenossen（ツンフト組合員）と訳出している［KE］にならい、芸術家ではなく職人の意ととる。いずれにせよ技芸を身につけている人の意。

(12) 原語はcolpaだが［KE: Verfehlungen］［TV: Schuld］［JS: guilt］とそれぞれ訳出されているように、ここでも単なる過失というより刑事責任を帰せられるような行為の意と解される。

(13) 本書「21　貴族に対する刑罰」参照。

(14) 原語はdoli（単数形はdolo）。

(15) 原語はnorma del processo criminale. 本考察執筆推定時期（一七八七年六月）から見ても、一七八八年のいわゆるヨゼフィーナ刑訴法ではなく、一七八六年に制定された「オーストリア領ロンバルディアのための刑事訴訟暫定規則（Norma interinale del processo criminale per la Lombardia austriaca）」を指すと思われる。

(16) 当時のミラノ公国を取り囲んでいたのは、スイス（ティチーノ州）、サルデーニャ王国（ピエモンテ）、パルマ公国、モーデナ公国、教皇国家、ヴェネツィア共和国である。なお「隣国」のひとつマントヴァ公国もハプスブルク家の支配下におかれていたが、当時はミラノ公国と短期間ながら合体させられていた。後掲地図参照。

(17) 原語は il Tribunale politico.

(18) [SR] では ammettere と読んでいるが、本訳稿では [EN9] の ommettere を採る。法典第二篇69条は、公道を通行する品行の正しい女性に対する淫行への勧誘を明確に示す言動であり、被害者の告訴を要するという規定はあるが、「公然たるスキャンダルの惹起（espressione di pubblico scandalo）」という文言はない。

(19) 一七八七年二月一二日制定の警察官職務執行規則のこと。「解題」参照。

(20) 原語は corpo del delitto. [TV] や [JS] は元のラテン語 *corpus delicti* に訳し戻している。[KE] の訳は Beweisstücken（証拠物、物証）。

(21) 原語は Ufficio del Circolo provinciale. [KE] の Kreisamtes という訳に従う。

(22) 原語は lo stesso governo provinciale. [KE] は Landesstelle（ラント政府）とほぼ直訳しているが、ここでは [TV] の Provinzgouverneur selbst、[JS] の provincial governor himself の訳出例のように、属州総督・地方長官、すなわち Kreishauptmann の意に解する（cfr. 田熊一九一頁）。

(23) 「総督」は Intendente、「副官」は aggiunto.

史料・文献リスト

史　料

イタリア語原文

[EN9] Brevi riflessioni intorno al Codice generale sopra i delitti e le pene per ciò che risguarda i delitti politici, in *Edizione nazionale delle opere di Cesare Beccaria, vol. IX, Atti di governo* (*serie IV: 1787*), a cura di Rosalba Canetta, Mediobanca, 1998, n. 1846, pp. 477-90.

[CC] Brevi riflessioni intorno al Codice generale sopra i delitti e le pene, per ciò che risguarda i delitti politici, in Cesare Cantù, *Beccaria e il diritto penale: saggio*, Barbèra, 1862, Appendice, pp. 345-55.

[SR] Brevi riflessioni intorno al Codice generale sopra i delitti e le pene, per ciò che risguarda i delitti politici. 1791, in *Cesare Beccaria. Opere*, a cura di Sergio Romagnoli, vol. 2, Sansoni, 1958, LV, pp. 705-18.

ドイツ語訳

[KE] Kurze Betrachtungen über das »Allgemeine Gesetz über Verbrechen und derselben Bestrafung«, soweit es von den politischen Verbrechen handelt, in *Über Verbrechen und Strafen von Cesare Beccaria*, übersetzt, mit biographischer Einleitung und Anmerkungen versehen von Karl Esselborn, W. Engelmann, 1905 [=Scientia Verlag, 1990], Anhang 1, ss. 173-90.

[TV] Kurze Betrachtungen zum Allgemeinen Gesetzbuch über Verbrechen und Strafen im Hinblick auf politische Verbrechen (1791), in Ettore Dezza & Loredana Garlati, *Beiträge zur Geschichte der habsburgischen Strafgesetzgebung in Italien*, Übersetzt und herausgegeben von Thomas Vormbaum, LIT Verlag, 2010, Anhang, ss. 125-36.

英　訳

[JS] Brief Observations on the General Code on Crimes and Punishments as Concerned with Policy Offences, translated from the Italian by JR Spencer, in *Re-reading Beccaria: on the contemporary significance of a penal classic*, eds. by Antje du Bois-Pedain and Shachar Eldar, Hart, 2022, Appendix 1, pp. 303-14.

一七八七年オーストリア一般刑法典（ドイツ語・イタリア語二カ国語併記版）

Allgemeines Gesetz über Verbrechen, und derselben Bestrafung. Codice generale sopra i delitti, e le pene, Vienna e Roveredo, Francescantonio Marchesani Stamp. Imp. Reg., 1787.

引用・参考文献

Cadoppi, Alberto, Il "modello" rivale del code penal: le "forme piuttosto didattiche" del codice penale universale austriaco del 1803, in *Codice penale universale austriaco (1803): Ristampa anastatica*, a cura di Sergio Vinciguerra, CEDAM, 1997, pp. XCV-CXLI.

Cavanna, Adriano, *La codificazione penale in Italia : le origini lombarde*, Giuffrè, 1975.

du Bois-Pedain, Antje, Criminal Justice Reform in the Austro-Hungarian Empire, Habsburgian Lombardy and Tuscany: Beccaria's Policy Memoranda in Context, in *Re-reading Beccaria: on the contemporary significance of a penal classic*, eds. by Antje du Bois-Pedain and Shachar Eldar, Hart, 2022, pp. 279-301.

Garlati, Loredana, Die "großartige Besessenheit". Das Strafensystem im Josephinischen Gesetz von 1787: Widersprüche eines "aufgeklärten Systems", in Ettore Dezza & L. Garlati, *Beiträge zur Geschichte der habsburgischen Strafgesetzgebung in Italien*, Übersetzt und herausgegeben von Thomas Vormbaum, LIT Verlag, 2010, ss. 1-30.

Garlati, Loredana, Beccaria: filosofo acclamato del passato e giurista misconosciuto del futuro, in *Dialogando con Beccaria: le stagioni del processo penale italiano*, a cura di Giovanni Chiodi e L. Garlati, Giappichelli, 2015, pp. 1-30.

Moos, Reinhard, Der Einfluß Cesare Beccarias auf das österreichische Strafrecht, in *Juristische Blätter*, 113 (2), 1991, ss. 69-136.（吉田敏雄訳「〈資料〉チエザ《（ママ）》ーレ・ベッカリーアのオーストリア刑法に与えた影響（一）―（三）」『北海学園大学法学研究』三九（二）―（四）、二〇〇三―〇四年）

足立昌勝『国家刑罰権力と近代刑法の原点』白順社、一九九三年。

荒井貴洋「近代初期刑法における嬰児殺規定の検討――ドイツ・オーストリアを中心として」『関東学院法学』八（二）、一九九九年、五七―八七頁。

田熊文雄「十八世紀オーストリアにおける国制改革」『西洋史学』九九、一九七五年、一七九―九六頁。

村上淳一『近代法の形成』岩波書店、一九七九年。

解題

本資料の成立経緯

この資料は、神聖ローマ皇帝ヨーゼフ二世によって一七八七年一月一三日に公布されたオーストリア一般刑法典、通称ヨゼフィーナ（*Josephina*）に関するベッカリーアの考察である。当時ミラノ公国はオーストリア・ハプスブルク家の支配下に置かれていたのだが、それにしてもなぜベッカリーアがこの刑法典についての考察を書くことになったのだろうか。

オーストリア一般刑法典の正式名称は「犯罪と刑罰に関する一般法典」（*Allgemeines Gesetz über Verbrechen, und derselben Bestrafung.* イタリア語名 *Codice generale sopra i delitti e le pene*）といい、当時のハプスブルク家支配下の広大な領域への適用が想定されていた。すなわち、オーストリア大公領、ボヘミア、ハンガリー、ガリツィア、ミラノ公国、クロアチア、南部ネーデルランドなどである（次頁地図参照）。なおトスカーナ大公国については、一七三七年以降大公位を与えられていたハプスブルク家の強い影響下にはあったが一応独立を保っており、ヨゼフィーナ制定前年の一七八六年に当時の大公ピエトロ・レオポルド（ヨーゼフ二世の弟）が死刑と拷問の廃止で知られるトスカーナ刑事立法改革（通称レオポルディーナ）を実施済みだった。

この大帝国を統べるハプスブルク家のマリア・テレジアやヨーゼフ二世などのいわゆる啓蒙絶対君主は何とかして中央集権的な体制を構築しようとしたが、他方で各地のラント（領邦）は各々固有の自律性を死守して抵抗した。法的側面についていえば中央の君主権力による立法事業と、各地方の強固なラント法共同体（普通法、慣習法、地方固有法）が錯綜する多元的法体制が存続していた。「犯罪と刑罰に関する一般法典」の

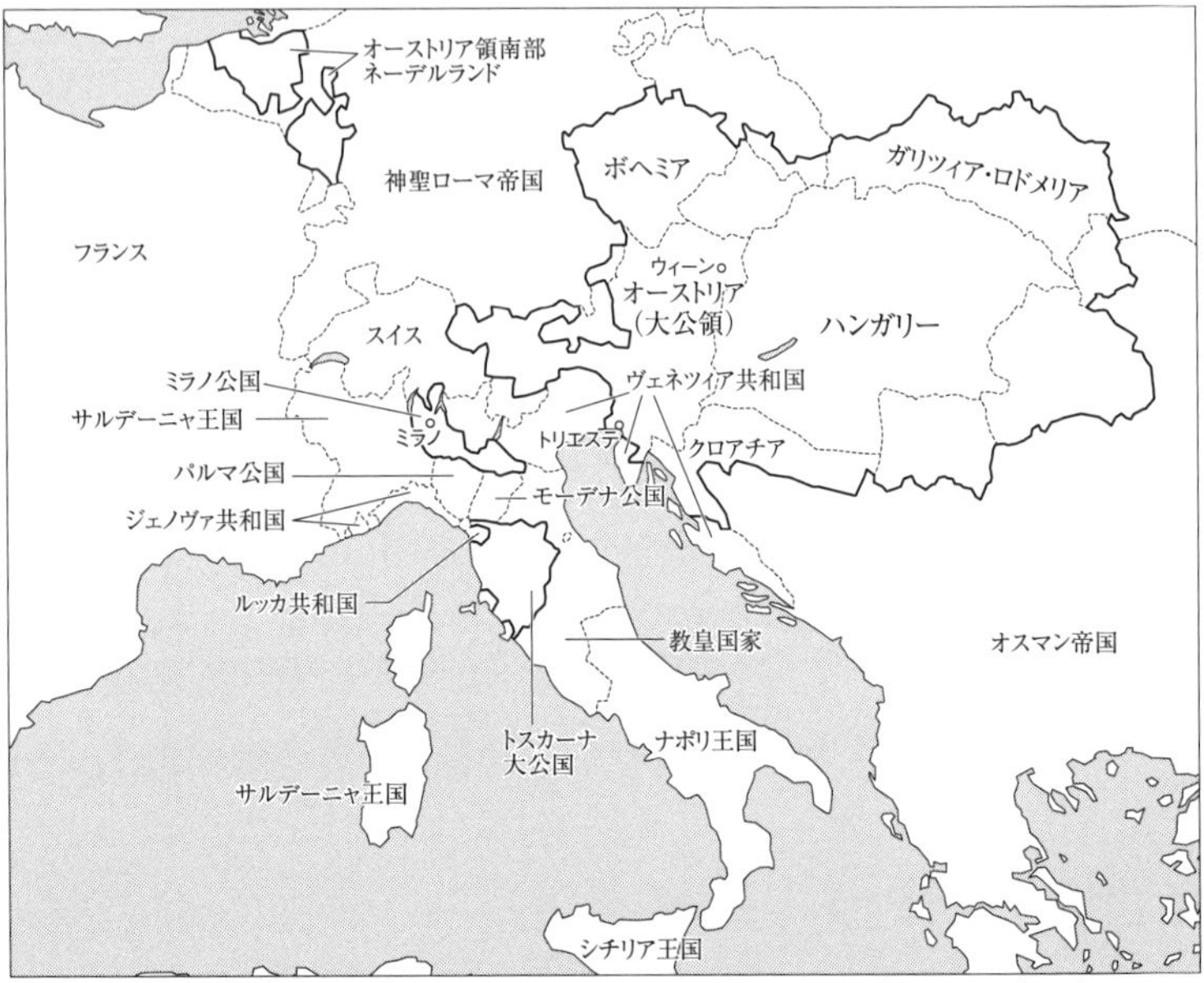

太線で囲まれた領土がハプスブルク家の支配領域を示す（南塚信吾編『新版 世界各国史 19 ドナウ・ヨーロッパ史』山川出版社，1999 年，140 頁／北原敦編『新版 世界各国史 15 イタリア史』山川出版社，2008 年，313 頁などをもとに小谷作成）

1787 年のヨーロッパ

「一般」たる所以は、そのような多元的法状況を一変させて領土全域に通用する「普遍的（allgemein）」な国家法秩序を実現しようという趣旨を示す。そのうえロンバルディアはウィーンにとって特別の意味を持っていた。この地域では一八世紀半ば以来、啓蒙君主による大規模な社会改革の試みが現に実を結びつつあり、対応する市民階層もまたミラノを中心に実質的に形成されつつあったといえるからである。

　このような歴史的事情を背景として、ときのオーストリア宰相カウニッツは、ヨゼフィーナや同年二月の「違警罪服務規定」（後出）をロンバルディアにも適用すべく、一七八七年四月三〇日ロンバルディア総督ウィルチェクに意見を求める書簡を送った。この要請を受けてウィルチェクは、当時ロンバルディア統治評議会の担当官であり『犯罪と刑罰』の著者としてあまねく知られていたベッカリーアの意見を徴したものと思われる。同年七月にはミラノ最高裁判所によるヨゼフィーナに関する意見書がウィルチェクに提出されているが、その内容にはベッカリーアの本考察を参照したとみられる箇所があるという。つまりベッカリーアは、直接にはウィルチェクの求めに応じて、実質的にはカウニッツのために、おそらく一七八七年六月頃にヨゼフィーナのロンバルディア適用の是非を判断するという趣旨のもとに本考察を記してウィルチェクに提出したとみられる（当時のウィーンとミラノの抜き差しならない関係については本書「訳者解説」も参照）。

本資料の意義

本資料におけるベッカリーアの筆致は、支配者ハプスブルク家のヨーゼフ二世らに対する礼譲と、ミラノ市民階層に属する一員としての立場とが複雑に織り合わさったものであり、安易な解釈を許さない（cfr. du Bois-Pedain, p. 295）。また短い文章ながら、遠く青年時代に著した『犯罪と刑罰』における社会構成原理と、刑事事件の実務に疎遠だったとはいえ相応の行政経験を積んだ高級官僚としての実際的政策判断との両要素が議論に立体的な奥行きを与えている。やや時代を感じさせる箇所も散見されるが、「この与えられた機会において、今度ばかりはヴェッリ兄弟のいずれもが傍にいなかったにもかかわらず、ベッカリーアは、短い分量のなかで、とても素人の考察とは思えない法的議論を展開している」（Garlati, 2015, p. 11）

与えられたミッションを果たすべくベッカリーアが選択した標的は、今の目から見ればやや意外にも思われるが、違警罪をめぐる諸規定であった。しかし実効力を備えた警察制度の構築はハプスブルク家による地方支配戦略の要のひとつであり（その象徴が公安警察の組織化を手掛けたペルゲン）、逆にミラノの有力貴族や市民階層たちから最も強い懸念が示されていたのが、まさにヨゼフィーナの違警罪規定だったのである（Cavanna, pp. 46-49による）。この際に焦点のひとつをなしていたのが市民階層における〈名誉〉の問題で

ハプスブルク刑事立法史　略年表

1713　ユトレヒト条約．ミラノ公国，スペインからオーストリアの支配下へ

1740　マリア・テレジア，ハプスブルク家の家督を相続．オーストリア継承戦争勃発

　1749　マリア・テレジアによるロンバルディア土地台帳作成事業（～1759 完成）

1753　オーストリア宰相にカウニッツ登用（-1792）

　1764　ベッカリーア『犯罪と刑罰』初版刊行

1765　ヨーゼフ2世，神聖ローマ皇帝に即位（-1790）．弟ピエトロ・レオポルド，トスカーナ大公に即位（-1790）

1768　テレジアーナ刑事法

1776　拷問廃止令，死刑の大幅な制限（自然法学者マルティーニ，ゾネンフェルスらによる）

1780　マリア・テレジア死去．ヨーゼフ2世，単独親政開始（-1790）

1781　死刑の原則廃止（船曳刑を導入），一般裁判令（統一的な国家裁判制度の創出を企図），検閲緩和令，臣民勅令（封建領主の刑罰権を制限），寛容令（信仰の自由公認，修道院の領地接収），農民解放令（国家による農民の直接支配を企図）など

1782　ヨーゼフ2世，ペルゲンを警察組織の長に起用（-1791）

　1782　フィルミアン伯の後任でウィルチェク伯がロンバルディア総督に着任（-1796）

1783　婚姻法（純粋な契約的構成を採用し教会の影響力を排除）

　1784　ヨーゼフ2世，ミラノにマルティーニを派遣し司法改革推進

1786　オーストリア民法典第一部（総則，人の法）制定，商業自由令（ツンフト特権の否認）

　1786　オーストリア領ロンバルディアのための刑事訴訟暫定規則

　1786　ミラノ公国の元老院廃止．ロンバルディア統治評議会にベッカリーア着任

　1786　トスカーナ刑事立法改革（レオポルディーナ）．死刑と拷問を廃止

1787.1　オーストリア一般刑法典（ヨゼフィーナ）公布

1787.2　違警罪服務規定（オーストリア本国では翌3月施行）

　1787.4　カウニッツ，ヨゼフィーナ等の適用に関してウィルチェクに諮問

　1787.6　ベッカリーア「犯罪と刑罰に関する一般法典の違警罪をめぐる短い考察」

1788　一般刑事裁判令（ヨゼフィーナ刑訴法）公布・施行

1790　ヨーゼフ2世死去．弟ピエトロが「レオポルト2世」として皇帝即位（-1792）

　1792　レオポルト2世によるロンバルディア新刑法典編纂事業にベッカリーアも参加し，他の同僚とともに死刑原則廃止の上申書を提出

1792　レオポルト2世死去．フランツ2世即位（-1806）．カウニッツ宰相辞任．死刑復活

1793　ペルゲン，警察組織の長に復帰し治安維持行政を強化（-1804）

　1794　ベッカリーア死去

1803　オーストリア一般刑事法典（フランツィスカーナ）

1811　オーストリア一般民法典（ABGB）

　1816　ロンバルド＝ヴェネト王国にフランツィスカーナや ABGB の適用開始

あったことに注意したい。ヨーゼフ二世は死刑を原則廃止したが、その代わりに「死刑よりも苛酷な」船曳刑を導入したことで悪名高い。そして名誉剥奪刑も刑事犯に対してであれ違警罪に対してであれ積極的に活用した。「絶対主義的な紀律化が共同体からの排除という伝統的な刑罰観にとって代ることができず、むしろこれを利用せざるをえなかったゆえに生じた刑罰形態であったと思われる」（村上二一七頁）

ベッカリーアも刑事罰についてはこの方針に賛同するが、逸脱しそうになっている市民を引きとどめ、矯正を目的とする違警罰に関しては罪人の名誉を損なわないように注意しなくてはならないという。さらに本考察の末尾部分は、一七八七年二月一二日制定の「違警罪犯に対する取調べ・判決言渡し・刑の執行の手続に関する違警罪司法官服務規定」（*Instruktion für die politischen Behörden, über die Anstrengung einer Inquisizion, Aburtheilung, und Strafvollziehung, wider einen eines politischen Verbrechens Beschuldigten.* イタリア語名 Instruzione per li magistrati politici sul modo dell'inquisizione, condanna ed esecuzione contro i rei di delitto politico）、すなわち違警罪に関する刑事手続規則（一七八八年の一般刑事裁判令、いわゆるヨゼフィーナ刑事訴訟法とは異なる点に注意）についての批判的コメントである。ベッカリーアの議論は単なる寛刑化論ではなく、手続的保障までもが視野に入り、後世の市民的刑事法の発展を大きく展望するものだったといえるだろう。

ベッカリーアによる率直な論評のためか、ヨゼフィーナのロンバルディア適用は断念された。だが本考察の歴史的意義はそれにとどまらない。ベッカリーアの批判の矢は、ヨゼフィーナそのものの「失敗」の原因を的確に射抜くものでもあったと考えられる。実際、近代刑法典の形式を初めて体系的に整えたという意味では画期的な立法作品とも評しうるヨゼフィーナは、オーストリア本国においても短命に終わった。制定直後からさまざまな改正を被り、一八〇三年には皇帝フランツ二世による「犯罪と重違警罪に関する一般法典」、通称フランツィスカーナに取って代わられる。この新しい刑法典については、刑事犯と刑事訴訟に関する第一部はツァイラーらに、「重大な違警罪」とその手続に関する第二部はゾネンフェルスの尽力によることが知られている。ゾネンフェルスは、その『拷問廃止論』（一七七五）によってオーストリアのベッカリーアとも呼ばれることがあると同時に、つとに一七六〇年代半ばには行財政の基本原理（官房学）に関する大部の著作を刊行していた。ベッカリーアの本考察における数々の指摘はフランツィスカーナ第二部の違警罪規定にことごとく反映されており（Cadoppi の指摘による）、本考察がゾネンフェルスの手を介してフランツィスカーナ編纂過程に決定的な影響を及ぼしたことは疑いない。ロンバルディア（およびヴェネト）を含めてハプスブルク家支配領域全体に一九世紀前半にわたって長く施行される正真正銘の「一般法典」となり、一八一〇年ナポレオン刑法典と並ぶ近代刑法典の二大モデルの一つとも評されるフランツィスカーナは、また一九世紀イタリア刑事法史にとっても決定的な重みを有する。その成立はベッカリーアの書き記した言葉の力によるところ大だったのである。

以上のように本資料は、『犯罪と刑罰』以後のベッカリーア刑事法学のもう一段の精緻化を示すものであると同時に、ハプスブルク刑事法史へのベッカリーアの関与を示す文書としても極めて興味深い。

翻訳について

本文書の訳出にあたっては、基本的に、最新の校訂版である［EN9］掲載のイタリア語原文および編者注に依拠し、かつて広く参照されていた［CC］や［SR］も適宜参照した。翻訳としては、ドイツ語訳二種［KE］［TV］と英訳［JS］を参照した。ただしドイツ語訳や英訳が依拠しているイタリア語原文はいずれも［CC］ないし［SR］に収録されたテキストであり、［EN9］とは若干異同がある。

ヨゼフィーナや違警罪服務規定は上述のようにイタリア語使用地域にも施行が想定されていたため、原文のドイツ語法文と並んで公式イタリア語訳が同時に作成されている。本訳稿でも、必要に応じて、表紙に“In Vienna, ed in Roveredo, 1787”と記されているドイツ語・イタリア語二カ国語併記版のヨゼフィーナの条文を参照した。ベッカリーア自身も参照したと目される法典史料である。

訳者あとがき

ベッカリーアの『犯罪と刑罰』を翻訳しようと思い立ったのは、そう古いことではない。いつかは誰かが原著第五版系統のテキストをきちんと訳し直す必要があると思ってはいたが、自分でやることになるとは全く考えていなかった。私自身は、一九世紀後半のイタリア法文化を中心的な研究テーマとしていたし、必要があればF・ヴェントゥーリ編のテキスト（エイナウディ社版）に当たり、一応はそれで用が足りていたからである。

しかし、イタリア刑事法史を調べれば調べるほど、『犯罪と刑罰』が想像以上に大きな存在であるということが分かってきた。もう一歩前に進むためには、まず、ベッカリーアについて自分なりの一貫した、確固たる理解をもつ必要がある、と強く感ずるようになった。

そこへもってきて、裁判員制度の導入である。もしイタリア法史研究などというきわめてマイナーな領域が、裁判員時代を迎えた日本において何か積極的な社会貢献をすることができるとしたら、まずは本書の翻訳をおいてほかにはありえない、と私には思えた。刑事法の普遍的原理を論じた最も重要な古典が、原文に忠実かつ正確に、そして出来る限り分かりやすい形で市民社会に提供されていることは、成熟したデモクラシーにとっての基礎的条件でもある。

そこで、二〇〇七年から〇八年にかけてのイタリアでの在外研究期間を利用して、本書を翻訳することに決めた。ところが、底本となる全集版テキストを入手して、いざ作業に取りかかってみると、ベッカリーアのイタリア語は、含蓄に富んだ、多義的な、ときには舌足らずに思えるほどであり、私自身の語学力不足はさておいても、どうにもこうにも日本語に訳しづらいものであることに気がついた。結局、帰国後も翻訳には四苦八苦し続ける羽目に陥り、予想以上に長い時間を費やす結果になった。

しかし、亀の歩みのようにしか進まないその翻訳作業は、いつしかまた楽しいものにもなっていった。文章が分かりにくい分、あれこれと諸注釈や他の古典や参考文献などを吟味していく過程で、おのずとテキストについての理解がぐっと深まっていく。こうして、ひとつの古典を丸ごと味わい尽くすという歓ばしい経験を、ベッカリーアのおかげで、私は初めて知ったような気がするのである。

それでも、本書に思わぬ誤りや理解不足があることを恐れる。読者諸氏のご教示を乞う次第である。

本書刊行に際しては、たいへん多くの方々のお世話になった。

帰国直後の、お茶の水女子大学での私の学部ゼミ「生活法学演習」(二〇〇八年度後期、二〇〇九年度前期)に参加したゼミ生たちは、まだ熟し切らない各章の下訳原稿を足掛け一年にわたって辛抱強く講読し続け、示唆的な議論を毎週のように展開してくれただけではなく、日本語の文章として分かりにくい箇所をひとつひとつ的確に批判してくれた。

笹倉秀夫氏と堀田誠三氏は、こうして出来上がった全訳稿を逐一原文と照合したうえ、専門的研究者としての立場から、疑問点を網羅的かつ懇切丁寧に指摘してくださった。東京大学出版会の山田秀樹氏には、企画・編集の面で何から何までお世話になったばかりでなく、内容面においても無数の有益な助言をいただいた。

そのほか、ここで名前を挙げ尽くすことができないほど多くの方々に、さまざまな形で、お力添えをいただいた。すべての方々に、この場を借りて、深くお礼申し上げたい。

最後に、イタリアでの在外研究期間中から常に身近で訳者を叱咤激励してくれたばかりでなく、初校校正刷り全文を通読して、数々の問題点を率直に指摘してくれた、妻・橋爪潤子にも心から感謝したい。

本書は、これらの方々との「共訳」でもある。

二〇一〇年師走

小谷眞男

増補新装版によせて

『犯罪と刑罰』（初版一七六四年）から二〇年以上を経て、オーストリア一般刑法典に関する「短い考察」という形でベッカリーアがもう一段の展開を垣間見せていたことは広く知られてはいない。黒須純一郎氏の『チェーザレ・ベッカリーア研究――『犯罪と刑罰』・『公共経済学』と啓蒙の実践』（御茶の水書房、二〇一三年）を介して「考察」の概要に初めて触れて以来、本資料のことは私の意識に引っかかり続けていた。今回、増補新装版刊行という機会を得て、この「考察」についてあらためて検討を加え、その全訳を新たに収録できたことは望外の喜びである。

本訳書刊行後現在に至るまでベッカリーアに関する欧文の文献資料は続々出版されている。とくに『犯罪と刑罰』初版刊行二五〇周年に当たる二〇一四年には、イタリアをはじめヨーロッパ各国で大規模な記念シンポジウムの類が多数開催された。その記録や論文集なども含め、ベッカリーア関係の文献リストはこの一〇年ほどで飛躍的に増大した（cfr. Sabina Curti, a cura di, *Rileggere "Dei delitti e delle pene" di Cesare Beccaria*, Wolters Kluwer, 2015, Appendice）。夥しい数にのぼる各国語文献資料の中身にここで立ち入ることはできないが、Elio Tavilla, Beccaria nella rilettura della scienza giuridica italiana più recente, *Beccaria : revue d'histoire du droit de punir*, V（2019）がその時点までの主要な研究成果を精選して紹介しており、国際的動向を大づかみするのに有用である。私自身のベッカリーア論については、小谷眞男「ベッカリーア『犯罪と刑罰』における市民・人・名誉――イタリアにおける市民社会論研究のために」（杉田孝夫・中村孝文編著『市民社会論』おうふう、二〇一六年、所収)をご参照いただければと思う。

一九八四年に刊行が始まったメディオバンカ編『国民版ベッカリーア全集』も、長年の懸案であった第三巻*Scritti economici*(経済学)を二〇一四年に上梓してついに全一六巻が完結し、今やベッカリーア研究を本格的に深める国際的環境が整ったといえる。本増補新装版が、ささやかながらその一助となれば幸いである。

今回の企画、編集についても再び東京大学出版会の山田秀樹氏に全面的に支えていただいた。今回も妻・橋爪潤子は大いに企画を喜び、私を励ましてくれた。これらの類い稀な幸運に心から感謝したい。

二〇二四年三月

小谷眞男

チェーザレ・ベッカリーア

年　譜

1738年3月15日　チェーザレ・ベッカリーア＝ボネサーナ，侯爵家の長男としてミラノにて誕生．当時のミラノ公国はハプスブルク君主国の支配下にあった

1746年　隣国パルマ公国のイエズス会系寄宿学校に入学（8歳）

1754年　パヴィーア大学法学部入学（16歳）

1758年　パヴィーア大学法学部卒業．ミラノに戻り詩作や読書の生活を送る（20歳）

1759年　ベッカリーア＝ボネサーナ侯爵家がパトリツィアートとして承認される

1760年　テレーザ・ブラスコと知り合い，父親らの猛反対にもかかわらずテレーザとの結婚を誓約．11月父親の懲戒権発動により自宅拘禁．テレーザの父親は女帝マリア・テレジアに娘の結婚の承認を求めて直訴（22歳）

1761年　ウィーンのカウニッツ宰相にベッカリーア家の紛争解決を指示されたミラノ政府の決定により，裁判所がチェーザレの身柄解放を命じ，2月テレーザとの婚姻成立．しかし父の家からは追放される（23歳）

1762年5月　ピエトロ・ヴェッリの仲介により父の家に戻り和解．7月　長女ジュリア誕生．この年，処女作『ミラノ貨幣改革論』刊行（24歳）

1763年　『犯罪と刑罰』を執筆（25歳）

1764年6月　ミラノ青年貴族のサークル「拳の会」，機関誌『イル・カッフェ』刊行開始（–1766年）

1764年7月　『犯罪と刑罰』（*Dei delitti e delle pene*）初版刊行（リヴォルノ，匿名出版）．同年秋『犯罪と刑罰』第2版刊行（26歳）

1765年1月　F. ファッキネイ『「犯罪と刑罰」と題する本についての注記と考察』刊行（ヴェネツィア）．ヴェッリ兄弟が直ちに「応答」を執筆

1765年3月　増補改訂を施した『犯罪と刑罰』第3版刊行

1765年末　A. モルレ編訳で『犯罪と刑罰』のフランス語訳刊行．いわゆる「モルレ版系統」の起点をなす

1765年　次女マリエッタ誕生．同年テレーザは梅毒に罹患．叔父ニコラが突然死去し，もう一人の叔父カルロとの財産争いが始まる（27歳）

1766年2月　『犯罪と刑罰』，カトリック教会の禁書処分リストに登録される（1966年に解除）

1766年3月　再度増補改訂を施した『犯罪と刑罰』第5版刊行（「第4版」の存在は確認されていない）．いわゆる「原著第5版系統」の起点をなす

1766年8月　『犯罪と刑罰』第6版刊行（微修正）

1766年9月　『犯罪と刑罰』第7版刊行（微修正）

1766年9月　ヴォルテール「『犯罪と刑罰』への注釈」刊行（ジュネーヴ，匿名出版）
1766年10–11月　啓蒙思想家たちの招きに応じてA. ヴェッリと共にパリに赴くが2カ月足らずで帰国（28歳）
1766年　『犯罪と刑罰』ドイツ語初訳刊行（ハンブルク，モルレ訳からの重訳）
1767年　P. ヴェッリ「『犯罪と刑罰』についての考察」（フランス語）
1767年　『犯罪と刑罰』英訳刊行（ロンドン，原著第5版系統から直接訳出）
1767年7月　ロシア新法典草案編纂委員会開催．女帝エカチェリーナ2世による「編纂委員会に対する大訓令」が発布される．法典編纂のためエカチェリーナはベッカリーアをロシアに招聘したが，オーストリア政府の干渉もあり，ベッカリーアは謝絶
1767年8月　長男誕生するも，数日後に死亡．このころ「ダランベールの『雑記』第5巻より抜粋」を，『ヨーロッパ文学抜粋』誌に掲載（29歳）
1768年4月　「官房学あるいは市民経済学講座のための教授計画」執筆
1768年12月　ミラノ帝室学校の官房学（実質的には公共経済学）の教授に就任（30歳）
1768年　『犯罪と刑罰』オランダ語訳刊行（モルレ版系統）
1769年1月　ミラノ帝室学校にて開講講義をおこなう（31歳）
1769年　ブラックストーン『イングランド法釈義』第IV巻刊行（随所でベッカリーアに論及）
1770年　『文体の性質をめぐる研究　第一部』を刊行．第二部は死後出版された（32歳）
1770年　『犯罪と刑罰』スウェーデン語訳刊行（モルレ版系統）
1770–71年　『チェーザレ・ベッカリーア＝ボネサーナ侯爵著作集』（全3巻），ナポリにて刊行．トスカーナ大公国以外のイタリア半島諸国家における，『犯罪と刑罰』の最初の本格的なイタリア語刊本（原著第5版系統）
1771年4月　ミラノ公国公共経済最高評議会の評議員に任命される（大学教授兼任）．9月，女帝マリア・テレジアとカウニッツの方針により，公共経済最高評議会は廃止され，代わりに行財政の中枢機関となった官房機構で経済政策担当部局に配属（33歳）
1771年「公共経済学講義計画」執筆
1772年　帝室学校教授を辞職．以後，官職に専念（34歳）
1773年　『犯罪と刑罰』原著第6版に忠実なフランス語訳が刊行される
1774年3月　妻テレーザ死去（享年29歳）
1774年4月　父がベッカリーア家の家産運用を子どもたちに委譲．財産承継に関する兄弟間協定を締結
1774年6月　アンナ・バルボと再婚（36歳）
1774年　モルレ版系統を逆輸入したイタリア語版『犯罪と刑罰』が初めて刊行される（「ロンドン版」）．以後モルレ版系統の構成が，イタリア語版においても徐々に普及
1774年　『犯罪と刑罰』スペイン語訳刊行（マドリード，原著第5版系統）
1775年　アンナとの間に長男ジュリオ誕生（37歳）
1776年　アメリカ独立宣言採択（『犯罪と刑罰』の影響あり）
1777年　蒐集した啓蒙思想書コレクションを売却処分（39歳）
1777年　ハワード『監獄事情』初版刊行

1778年　地方造幣局に配転，貨幣改革委員会委員となる（40歳）
1778年　『犯罪と刑罰』ドイツ語訳刊行（ブレスラウ，原著第5版系統．ホンメルによる詳細な注釈付き）
1779年　保健衛生監査局に配転（41歳）
1780年　18歳になった長女ジュリアを修道院運営の学校から家に引き取る（42歳）
1781年「新しい食糧行政システムに関する報告書と答申」（ベッカリーア，ヴェッリらの連名文書）
1781年　フィランジェーリ『立法の科学』刊行開始（–1789年，ナポリ）
1782年　長女ジュリア（20歳），ピエトロ・マンゾーニ（46歳）と結婚
1785年　長女ジュリア，アレッサンドロ（のち19世紀イタリア最大の文豪）を出産
1786年　トスカーナ大公国でレオポルド刑法改革（『犯罪と刑罰』の影響で死刑と拷問を廃止）
1786年　ヨーゼフ2世による大規模なロンバルディア行政改革（元老院と政府官房を廃止）．ロンバルディア統治評議会（全七省）を設置．ベッカリーアは，「第三省」（農工商省）の担当官となる（48歳）
1787年　ヨゼフィーナ刑法典がウィーンで公布・施行される（『犯罪と刑罰』の影響が濃厚．ただしロンバルディアではヨーゼフ2世の強硬路線に対する抵抗が強く，この刑法典は適用されなかった）
1787年　パガーノ『刑事訴訟に関する論考』初版刊行（ナポリ）
1788年　次女マリエッタが病死（享年22歳）．次女の死を契機に長女ジュリアとの間で財産争いが発生（50歳）
1789年7月　フランス革命．「人および市民の権利宣言」（『犯罪と刑罰』の影響が認められる）
1789年　バッサノ版『犯罪と刑罰』（全4巻）（ヴェネツィア，モルレ版系統）
1789年　ベンサム『道徳および立法の諸原理序説』（『犯罪と刑罰』の功利主義刑法学を継承）
1789年　ロンバルディア統治評議会の「第二省」（司法省）の担当官となる（51歳）
1789年12月「受刑者の処遇改善のために」（答申）
1791年2月　民事・刑事司法システム改革審議会委員に任命される
1791年6月　刑事司法・警察行政改革特別部会に配属
1791年9月「終身刑刑務所視察報告書について」（報告書）
1791年11月「矯正院について」（報告書）（53歳）
1791年　ロマニョージ『刑法の起源』初版刊行（パヴィーア）
1791年　革命フランスで新刑法典制定（固定刑主義を取るなど『犯罪と刑罰』の影響顕著）
1791年　アメリカ合衆国憲法修正条項制定（『犯罪と刑罰』の影響あり）
1792年　ロンバルディア新刑法典編纂事業に際して，同僚らとともに「死刑廃止上申書」を提出（54歳）
1792年2月　ジュリアとピエトロ・マンゾーニ，法定別居

1794年11月28日　チェーザレ・ベッカリーア，脳卒中のため急死（56歳）．家産をめぐる紛争に関して未亡人アンナは継娘ジュリアと妥協．他方，兄弟間紛争は終結しなかったという

1796年　P. ヴェッリ，ミラノ市庁で，ベッカリーア賞賛演説

1797年　カント『人倫の形而上学』（応報刑論の立場から『犯罪と刑罰』を批判）

1799年　ナポリで共和主義革命

1801年　P. J. A. フォイエルバッハ『ドイツ普通刑法綱要』（『犯罪と刑罰』と同じく一般予防論に立脚）

1802年　『犯罪と刑罰』ギリシア語訳刊行（モルレ版系統）

1803年　『犯罪と刑罰』ロシア語訳刊行（モルレ版系統）

1803年　オーストリア一般刑法典制定

1804年　ミラノ帝室学校講義録『公共経済の諸要素』刊行（クストディ版）

1809年　遺稿『文体の性質をめぐる研究　第二部』刊行

チェーザレ・ベッカリーア
Cesare Beccaria　1738年生まれ．ミラノ青年貴族のサークル「拳の会」のメンバーとして活動．帝室学校官房学教授を経て，ミラノ公国の高官となる．1794年没．［主要著書］『犯罪と刑罰』『文体の性質をめぐる研究』『公共経済の諸要素』など．

小谷眞男［翻訳・解説］
1963年生まれ．お茶の水女子大学基幹研究院教授．［主要著書］『現代イタリアの社会保障』（共著，旬報社，2009年），『イタリア国民国家の形成』（共編著，日本経済評論社，2010年），*Diritto e giustizia in Italia e Giappone: problemi attuali e riforme*（分担執筆，Cafoscarina, 2015），*Introduzione al diritto giapponese*（分担執筆，Giappichelli, 2021）など．

犯罪と刑罰　増補新装版

2011年2月10日　初　版第1刷
2024年5月16日　増補新装版第1刷

［検印廃止］

著　者　チェーザレ・ベッカリーア
訳　者　小谷眞男《こたにまさお》

発行所　一般財団法人　東京大学出版会
代表者　吉見俊哉
153-0041　東京都目黒区駒場4-5-29
https://www.utp.or.jp/
電話 03-6407-1069　振替 00160-6-59964

印刷所　中央精版印刷株式会社
製本所　牧製本印刷株式会社

ISBN 978-4-13-033207-1　Printed in Japan